POR QUE A DEMOCRACIA BRASILEIRA
NÃO MORREU?

MARCUS ANDRÉ MELO
CARLOS PEREIRA

Por que a democracia brasileira não morreu?

COMPANHIA DAS LETRAS

Copyright © 2024 by Marcus André Melo e Carlos Pereira

Grafia atualizada segundo o Acordo Ortográfico da Língua Portuguesa de 1990, que entrou em vigor no Brasil em 2009.

Capa
Estúdio Insólito

Infográficos
Bruno Algarve

Preparação
Richard Sanches

Índice remissivo
Luciano Marchiori

Revisão
Thaís Totino Richter
Ingrid Romão

Dados Internacionais de Catalogação na Publicação (CIP)
(Câmara Brasileira do Livro, SP, Brasil)

Melo, Marcus André
    Por que a democracia brasileira não morreu? / Marcus André Melo, Carlos Pereira. — 1ª ed. — São Paulo : Companhia das Letras, 2024.

    Bibliografia.
    ISBN 978-85-359-3757-2

    1. Corrupção – Brasil 2. Democracia 3. Eleições 4. Política – Brasil 5. Presidencialismo I. Pereira, Carlos. II. Título.

24-194648   CDD-321.8

Índice para catálogo sistemático:
1. Democracia   321.8

Eliane de Freitas Leite – Bibliotecária – CRB-8/8415

Todos os direitos desta edição reservados à
EDITORA SCHWARCZ S.A.
Rua Bandeira Paulista, 702, cj. 32
04532-002 — São Paulo — SP
Telefone: (11) 3707-3500
www.companhiadasletras.com.br
www.blogdacompanhia.com.br
facebook.com/companhiadasletras
instagram.com/companhiadasletras
twitter.com/cialetras

Para Rosane, Daniel, Isabella, Camila, Arthur e Lucas,
com amor.
Marcus André Melo

Para Mariana, Theo, Marcos e Pedro, com amor.
Carlos Pereira

Há duas espécies de movimento em política: um de que fazemos parte supondo estar parados, como o movimento da Terra que não sentimos; outro, o movimento que parte de nós mesmos. Na política são poucos os que têm consciência do primeiro, no entanto, esse é, talvez, o único que não é pura agitação.

Joaquim Nabuco, *Minha formação*

Sumário

Prólogo 13

PARTE I

1. Copo meio cheio ou meio vazio? 19
2. O presidencialismo de coalizão e suas patologias imaginárias 27
3. As instituições estão funcionando? 39
4. Antes da crise, o equilíbrio 44
5. O duplo choque e o "passaporte para o futuro" 49
6. Junho de 2013: O que estava errado? 55
7. Impeachment como bomba atômica: Da distribuição à contenção 60
8. Os trade-offs do desenho institucional do presidencialismo de coalizão 97
9. Coleira forte para cachorro grande 112
10. O ponto de virada: O julgamento do Mensalão 121
11. Vieses na percepção da justiça 130

12. A corrupção é bandeira anti-incumbente 135

13. Paradoxos dos movimentos anticorrupção 139

PARTE II

14. Por que a democracia brasileira não morreu? 145

15. O primeiro choque: A pandemia 181

16. O segundo choque: A corrupção e o colapso da aliança
com a Lava Jato 194

17. Os limites da estratégia populista de Bolsonaro 204

18. Lula 3: A "normalização" do presidencialismo
de coalizão? 207

19. O paradoxo: A torcida pode vaiar, mas o jogo continua .. 227

Agradecimentos 237

Posfácio — Barry Ames 239

Notas 249

Referências bibliográficas 263

Índice remissivo 271

Como a coruja de Minerva, que só alça voo com o início do crepúsculo, a mudança institucional de longa duração é difícil de ser capturada pelos atores que lhe são contemporâneos. Ela só pode ser plenamente percebida quando os processos evoluem, adquirem certa maturidade. Embora a análise desenvolvida neste livro volte-se para questões da conjuntura recente, nosso principal objetivo é que ela não seja "pura agitação", mas que capture o "movimento que não sentimos".

O analista da mudança institucional defronta-se com uma escolha que Lévi-Strauss definiu com grande precisão: "entre uma história que ensina mais e explica menos e uma história que explica mais e ensina menos".* Ele corre o risco "de perder em informação o que ganha em compreensão e vice-versa". Esse é o balanço — entre os fatos da conjuntura e o conhecimento acumulado da ciência política — que norteia esta pequena contribuição para a análise da democracia brasileira na última década.

---

* Claude Lévi-Strauss, "História e dialética". *O pensamento selvagem*. São Paulo: Papirus, 1990, p. 290.

Prólogo

Este livro tem como principal objetivo analisar o percurso da democracia brasileira no intervalo de 2013 a 2023. Nesse período relativamente curto, uma série de eventos gerou imensos desafios, chegando mesmo a pôr em xeque nossa democracia e — por que não dizer? — a funcionalidade do presidencialismo multipartidário.

Ora, vejamos: uma presidente legitimamente reeleita teve seu segundo mandato abreviado por um processo de impeachment sob a acusação de ter cometido crimes fiscais e orçamentários. Esse foi o segundo impeachment de um presidente brasileiro em menos de quinze anos. Além disso, o líder político de esquerda mais popular da história do Brasil foi julgado e condenado em dois processos por crimes de corrupção passiva e lavagem de dinheiro pelas três instâncias da Justiça. Perdeu os direitos políticos e cumpriu pena de reclusão em regime fechado por 580 dias. Entretanto, teve suas condenações anuladas pela Suprema Corte, que considerou que o tribunal responsável pelo julgamento estaria fora de sua área de jurisdição.

Esse período também testemunhou a surpreendente chegada de um político de extrema direita, integrante do "baixo clero" do Legislativo, à Presidência da República. De perfil populista, foi eleito com um discurso antipolítica e de confronto às instituições democráticas. Rejeitou, a princípio, montar uma coalizão que lhe permitisse governar com o amparo de uma maioria legislativa, mas, diante do fracasso da estratégia, do desastre de sua gestão durante uma pandemia e, ainda por cima, da possibilidade de ver seu mandato abreviado por outro processo de impeachment, acabou se rendendo às forças do presidencialismo multipartidário, montando uma coalizão de sobrevivência. Conseguiu terminar seu mandato, mas se tornou o primeiro presidente brasileiro pós-redemocratização a não conseguir se reeleger. Foi derrotado justamente pelo ex-presidente que recuperara os direitos políticos.

Diante de tal avalanche de acontecimentos, tem ganhado força a interpretação de que o equilíbrio das relações Executivo-Legislativo estabelecido pela Constituição de 1988, caracterizado por um Executivo forte, que dominava a agenda legislativa e um Legislativo supostamente fraco e reativo à dominância do presidente, se rompeu. Nesse contexto, têm sido cada vez mais frequentes as narrativas de que as condições de governabilidade no presidencialismo multipartidário brasileiro teriam se deteriorado. A justificativa é a de que o presidente teria perdido a preponderância em suas relações com os parlamentares, o que dificultaria a construção e a sustentação de coalizões majoritárias no Congresso. Custos altos de construção e gerenciamento de coalizões, derrotas legislativas ou mesmo ingovernabilidade seriam as consequências esperadas diante da sucessão de eventos dessa magnitude.

Ao idealizar o passado em um exercício ingênuo de frustração com o presente, tem sido comum encontrar pessoas que idealizam o presidencialismo de coalizão da época do ex-presidente Fernando Henrique Cardoso (FHC), como se seu governo tivesse sido a "belle époque" do sistema político brasileiro. Não restam dúvidas de que Fernando Henrique soube montar e gerenciar coalizões multipartidárias, alcançando grande sucesso legislativo a um custo relativamente mais baixo do que alguns de seus sucessores. Mas essa crítica nostálgica ao presidencialismo multipartidário atual é apresentada como se o sistema estivesse em colapso. Alegam que a qualidade dos líderes políticos piorou. Dizem que o Executivo se enfraqueceu e que o Legislativo, agora dominado pelos partidos amorfos do Centrão, se fortaleceu transformando o presidente em refém.

Com essa miopia saudosista, só conseguem enxergar legados de políticas públicas de baixa qualidade e/ou predatórias deixados pelos governos anteriores. Responsabilizam até o presidencialismo multipartidário pelo parco resultado econômico, como se o sistema atual fosse diferente daquele que, no passado, foi capaz de entregar estabilidade democrática, algum crescimento econômico e diminuição da desigualdade e da pobreza. Como se o presidencialismo multipartidário não fosse mais capaz de gerar as condições para que atores políticos e agentes econômicos estabeleçam estratégias cooperativas que levem a um desenvolvimento inclusivo.

O presidencialismo multipartidário, promessa dos revolucionários de 1930, não foi desenhado para gerar eficiência, mas para incluir, mesmo que de forma dissipativa, os mais variados interesses sociais no jogo político. Essa promessa tem sido cumprida e gerado "equilíbrio" democrático em uma sociedade extremamente diversa e heterogênea. Equilíbrio, aqui, não é interpretado como se o sistema político fosse eficiente ou superior, mas, em essência, como se as alternativas que se apresentam ao status quo gerassem retornos inferiores aos atores políticos e agentes econômicos. Por isso, as reformas, quando acontecem, se situam na margem, e não no âmago do sistema.

A lista do que teria causado as supostas restrições ao presidente é longa: aumento da fragmentação partidária; diminuição do tamanho do partido do presidente; perda de discricionariedade na execução de emendas individuais e coletivas dos parlamentares ao orçamento; maior conservadorismo do Legislativo; aumento da polarização, com um esvaziamento dos partidos de centro, que deixaram de ser âncoras do sistema político; crescimento sem precedentes do protagonismo do Judiciário etc.

Mas quais foram as mudanças institucionais, ou seja, nas "regras do jogo", que de fato ocorreram e que acarretaram maiores restrições ao presidente para exercer seu predomínio sobre o Legislativo? E, para além das mudanças formais nas regras do jogo, quais outros fatores influenciaram as relações entre os três poderes na última década? É isso o que buscamos responder nas páginas que se seguem.

O texto está organizado em duas partes e, em grande medida, segue uma ordem cronológica na evolução de nossa conjuntura política recente, embora contenha alguns capítulos mais analíticos voltados a esclarecer questões conceituais. A primeira centra-se na crise política que levou ao impeachment da presidente Dilma Rousseff e seus determinantes institucionais e contextuais. A segunda discute a ascensão e queda do governo Bolsonaro e as razões da sobrevivência da democracia brasileira em um quadro que a maioria dos analistas enxergava como uma ameaça existencial. O foco ao longo de todo o texto são as metamorfoses do presidencialismo de coalizão no país e as questões sobre a funcionalidade do nosso desenho institucional.

PARTE I

1. Copo meio cheio ou meio vazio?

Há duas teorias explicativas rivais sobre as crises políticas que marcaram a última década no Brasil, cujas primeiras manifestações remontam a 2013. Estamos nos referindo às crises que levaram ao impeachment da ex-presidente Dilma Rousseff, que perduraram com a instabilidade do governo Michel Temer, adquiriram contornos dramáticos sob Jair Bolsonaro e trouxeram Lula de volta à Presidência.

A primeira teoria entende que a crise representa a falência ou o esgotamento do modelo constitucional pós-1988, caracterizado pela combinação de presidencialismo com multipartidarismo, um presidente constitucionalmente forte e organizações de controle, como o Judiciário e o Ministério Público, igualmente fortes. Esse diagnóstico aponta para a necessidade de uma ampla reforma das instituições, a terapia ideal para a resolução de supostas patologias e disfuncionalidades do modelo vigente. Isso incluiria mudanças no sistema de governo (presidencialismo), nas regras eleitorais e nas organizações de controle. Em suma, nessa perspectiva, as instituições e suas vicissitudes exigiriam uma solução maximalista, com amplas reformas no âmago das regras do jogo político.

A narrativa rival — que desenvolvemos neste livro — entende que essa crise foi engendrada fundamentalmente por uma conjunção de eventos raros: choques econômicos e políticos que afetaram o equilíbrio institucional no período pós-Constituinte. A crise é então analisada não como um desdobramento teleológico de instituições defeituosas, mas como um jogo em que os atores interagem de modo estratégico e estão submetidos a choques que afetam a estrutura desse jogo. Uma interpretação mais otimista é a de que a crise se manifestaria, sim, por uma forte instabilidade institucional, mas esta se daria antes pelo fortalecimento das instituições — e não só das instituições de controle lato sensu —, e não por sua falência. A exposição exacerbada da corrupção que alimentou o impeachment de Dilma Rousseff, que levou Luiz Inácio Lula da Silva a ser condenado e preso por corrupção passiva e lavagem de dinheiro, além dos sucessivos pedidos de investigação de Michel Temer por crime comum e improbidade administrativa, bem como a condenação e o banimento eleitoral de Jair Bolsonaro por oito anos — num quadro de confrontações entre poderes — são produtos de um novo padrão de *enforcement* (capacidade de fazer valer a aplicação) das leis, e não o resultado de sua total inoperância. O mesmo raciocínio vale para a sobrevivência da democracia sob Bolsonaro, quando se observou grande resiliência dos poderes ante as inúmeras ameaças do Executivo, que se revelaram não críveis.

É importante destacar, entretanto, que resiliência não é sinônimo de situação "ótima" ou de que estaríamos em um contexto de equilíbrio superior. Ou seja, a democracia brasileira sobreviveu, mas a *malaise* (mal-estar) existente se transformou em polarização dilacerante e descontentamento generalizado. E, mais importante: nesse processo político, o Poder Judiciário — notadamente sua instância máxima, o Supremo Tribunal Federal (STF) — adquiriu um hiperprotagonismo. A Suprema Corte teve de escolher qual batalha enfrentar: a Lava Jato ou a contenção de Bolsonaro. E optou por esta última. Além de limitar o abuso de poder de um presidente de perfil iliberal, o STF teve de se defender de ataques diretos à instituição e a seus próprios ministros. Sua resposta hiperbólica é produto desse novo ambiente em que passou a operar. Se antes de Bolsonaro o STF respondia a ataques à sua arbitragem macropolítica, agora o faz em relação à própria instituição. A questão política e institucionalmente relevante é se e quando o STF voltará a seu papel de árbitro.

A visão alternativa que apresentamos aqui reconhece e identifica potenciais disfunções no modelo constitucional, mas não lhes confere centralidade na explicação. Até porque partimos do pressuposto de que não há um modelo ideal de desenho institucional. Sistemas políticos são fruto de escolhas específicas e idiossincráticas, baseadas em uma série de tentativas, erros e adaptações de cada sociedade ao longo de sua respectiva história. Essa perspectiva também se distingue de outras pelo otimismo — ainda que brando —, porque enfatiza o aprendizado social como ingrediente indispensável para a mudança institucional. E, mais importante, a democracia tem sobrevivido malgrado o diagnóstico de que pereceria ante a magnitude dos conflitos e da ameaça representada por Bolsonaro.

Assim, a percepção de *malaise* que permanece na democracia brasileira é, ela própria, produto do processo de mudança que o país vive. O enorme cinismo e a desconfiança em relação às instituições representativas ancoram-se, em parte, na efetividade dos controles democráticos, até então inexistentes. O desencantamento público em relação à democracia parece ser parte da mudança e, talvez, seja até mesmo precondição para a sua efetividade. Segundo o historiador Pierre Rosanvallon, a desconfiança é o princípio que norteia — "vertebra", para usar um termo seu — grande parte das mudanças nas democracias contemporâneas. Vivendo na "era da desconfiança",[1] as instituições de controle lato sensu,* comumente fontes de uma espécie de desconfiança generalizada, tornaram-se protagonistas importantes. Diante da efetividade das reações e respostas dessas organizações aos conflitos e ameaças vividas nesse período, a desconfiança recrudesceu.

Assim, malgrado a fortíssima *malaise* institucional e o até então inédito sentimento público de rejeição a "tudo o que aí está", a democracia não está em crise ou em colapso, como uma leitura apressada da situação poderia sugerir. Apesar de as taxas de rejeição aos governos e aos políticos terem atingido o mais alto nível já registrado, na realidade, elas estão em conformidade com a exposição sem paralelos da corrupção e do abuso de poder dos governos desses últimos anos. Ou seja, a desconfiança é sempre proporcional à "disrepresentação" política, para utilizar expressão de Gilberto Amado.[2]

Cientistas políticos e analistas diversos, de autores clássicos como Alexis de Tocqueville a contemporâneos como Robert Dahl, têm enfatizado a importância da confiança nos governantes como ingrediente fundamental da governança e da própria democracia. Confiança produz cooperação, permitindo assim que transações políticas, econômicas e sociais sejam realizadas tendo em vista um horizonte temporal mais amplo e previsível. A falta de confiança reduz tudo a barganhas à vista, ao mero "toma lá, dá cá" ou ao "curtoprazismo". Consequentemente, os custos dessas transações podem se tornar altos demais.

Ao mesmo tempo, a desconfiança é a base normativa do controle do abuso de poder. O princípio é claro: toda transmissão de

---

* Exemplos dos chamados órgãos de controle da integridade da gestão pública são: o Ministério Público, os tribunais de contas, o Judiciário, a Polícia Federal e as agências reguladoras.

poder implica desconfiança, uma vez que talvez o poder delegado não seja exercido de acordo com os interesses de quem o delegou. E ainda mais: a delegação pode ser revogada nas urnas ou por meio de instituições de *accountability* horizontal.* É nesse movimento que o povo se torna não só vigilante, mas também juiz.[3]

Embora existam diferenças entre democracias novas e velhas, os cidadãos brasileiros tornaram-se mais críticos e, talvez, positivamente mais cínicos. Esse desencantamento não deve ser entendido apenas em um registro negativo. Claro que a confiança permite ganhos, até porque nem tudo pode ser contratualizado, e isso vale para transações de qualquer tipo, inclusive econômicas e políticas. Nesse sentido, as boas instituições geram uma "economia de confiança": quando bem desenhadas, criam uma estrutura de incentivos que permite ganhos coletivos. Mas também é conhecida a afirmação de que, se os homens fossem anjos, as instituições não seriam necessárias e as promessas substituiriam os contratos. Como argumentado por Douglass North, laureado com o prêmio Nobel de economia em 1993, o próprio conceito de instituição como regra do jogo é o reconhecimento de que não existe um suposto *first best*. Essa modalidade de desconfiança é denominada por Rosanvallon de liberal. Foi ela que serviu de modelo para princípios de desenho constitucional como a separação de poderes e os sistemas de *checks & balances*.** Podemos denominá-la

---

* A noção de *accountability* (responsabilização) está relacionada ao uso do poder e dos recursos públicos em que o titular da coisa pública é o cidadão, e não os políticos eleitos. O objetivo dos regimes democráticos é aumentar a *accountability* dos governantes. A *accountability* horizontal ocorre por meio da mútua fiscalização e do controle existente entre os poderes ou entre os órgãos (ou seja, através da ação de instituições como tribunais de contas ou controladorias-gerais e agências fiscalizadoras).
** Literalmente, em português, "checar e equilibrar", mas comumente traduzido como "freios e contrapesos". Esse princípio denota o dever de cada poder de

concepção *madisoniana* de pesos e contrapesos, em alusão a James Madison, um dos pais da Constituição dos Estados Unidos.

A segunda modalidade, ainda de acordo com Rosanvallon, é a "desconfiança democrática", que vem sendo perseguida pelas democracias nos últimos trinta anos. Seu objetivo é maximizar o controle dos cidadãos sobre seus representantes para inibir os potenciais desvios em relação às promessas feitas e, assim, assegurar que o interesse comum prevaleça. O que resulta desse movimento é a "contrademocracia", que não é o oposto da democracia, mas justamente o que a aprofunda. Ou seja, é a desconfiança do cidadão nas ruas — ou mesmo na internet —, que busca o tempo todo denunciar, criticar, vigiar, julgar como modo de expressar sua atividade democrática.

A grande transformação que observamos no Brasil nas últimas décadas é que os políticos perderam parte da influência que exerciam sobre as organizações de controle, em um processo decerto não linear. Segundo dados do Latin American Public Opinion Project (Lapop), da Universidade de Vanderbilt, o Brasil foi o país que apresentou a maior preocupação com a corrupção no período entre 2004 e 2014. A Argentina obteve escore mais alto em 2010 e 2012; porém, na média histórica, continuamos na dianteira. No relatório de 2021 do Lapop, o Brasil é um dos países da América Latina em que quase 80% da população (ou seja, quatro em cada cinco cidadãos) acredita que a maioria dos políticos é corrupta, só ficando atrás do Peru, com 88%.[4] Na rodada de número seis do World Values Survey,* o Brasil alcançava o percentil de 87% em

---

assegurar que o outro cumpra sua função, como forma de prevenir um governo irracional e tirânico.

* A Pesquisa Mundial de Valores realiza pesquisas sobre valores socioculturais e políticos. Desenvolvida em cerca de cem sociedades em todos os seis continentes habitados, congrega cerca de 80% da população do planeta. É considera-

uma mostra de mais de cem países à pergunta sobre se aceitar propina pode ser justificado. Isso significa que em apenas 13% dos países a preocupação com a corrupção era maior.

Em outras palavras, há na cultura política nacional uma forte rejeição à corrupção. Dados do Ibope mostram que, em 2015, o tema passou a ser a principal preocupação dos brasileiros, superando a saúde e a segurança. Essa mudança foi paulatina, teve início em 2006, na esteira do escândalo do Mensalão, e se refletiu nas manifestações de 2013.

Bolsonaro ascendeu à Presidência na esteira da rejeição da velha política e da corrupção que, para ele, seria inerente ao presidencialismo de coalizão. No entanto, como veremos adiante, esse discurso foi abandonado durante seu governo. A bandeira da luta anticorrupção é sempre brandida pela oposição e nunca pelos incumbentes, que detêm a caneta para nomear, contratar e autorizar despesas. Buscando construir um escudo legislativo contra um possível impeachment, Bolsonaro embarcou em um *rapprochement* com o Centrão, partidos ideologicamente amorfos e sempre dispostos a fazer parte de coalizões governativas. A bandeira contra a corrupção passou para a oposição. A progressiva "normalização" do presidencialismo de coalizão sob o terceiro governo de Lula, provável e paradoxalmente levará a uma crescente *malaise* política, dado os termos não programáticos em que as barganhas políticas costumam ocorrer. Os acordos na montagem e na gerência da supercoalizão do novo governo Lula são fundamentalmente fruto de estratégias de sobrevivência política e eleitoral dos partidos.

---

da a mais abrangente na área das ciências sociais e aborda temas que proporcionam uma ampla visão a respeito do que os indivíduos pensam sobre diversos aspectos da vida social.

Ser oposição, no Brasil, não é para qualquer um. Os políticos têm de estar preparados, pelo período que durar essa condição, para "comer o pão que o diabo amassou". Terão menos acesso a recursos de poder e financeiros controlados e alocados de forma discricionária pelo governo. Tais recursos, que exercem impacto na sobrevivência eleitoral dos partidos, serão primordialmente direcionados para os partidos aliados como uma espécie de bônus por serem governo. Daí a enorme atratividade do governo para trazer um grande número de partidos para sua coalizão. Mas é muito difícil que o eleitor entenda como partidos que até bem pouco tempo eram fiéis escudeiros do ex-presidente Bolsonaro, por exemplo, agora façam parte de um novo governo rival.

2. O presidencialismo de coalizão e suas patologias imaginárias

Afirmar que a crise que atingiu o presidencialismo multipartidário de coalizão nos últimos dez anos representa seu esgotamento é, em certa medida, um truísmo. Examinado com cuidado, esse argumento é apenas retórico. Presidencialismo de coalizão acabou se tornando sinônimo de arranjo institucional brasileiro[1] e, em termos semânticos, o conceito se alargou desmesuradamente. Mas, de acordo com os autores de *Coalitional Presidentialism in Comparative Perspective*,[2] o presidencialismo de coalizão tem sido a forma de governo cada vez mais comum nas democracias emergentes ao redor do mundo. A proporção de primeiros-ministros e de presidentes cujos partidos carecem de apoio majoritário no Legislativo aumentou de menos da metade na década de 1970 para uma média de quase dois terços nos anos 2000. Esse aumento está intimamente ligado ao processo de democratização. Para os autores desse estudo, a razão é simples: uma competição política mais robusta corrói as vantagens eleitorais que o Executivo desfruta em regimes híbridos ou autoritários.

Em rigor, dois terços das atuais democracias no mundo são

presidencialistas ou semipresidencialistas e tipicamente governadas por coalizões multipartidárias.[3] Desde o início da chamada terceira onda da democracia, os países democráticos foram governados por coalizões durante mais da metade do tempo: 52% no período entre 1974 e 2013.[4] Entre os países com regime parlamentarista, a proporção de tempo em que houve predomínio de governos de coalizão se eleva a 80%. Assim, governo de coalizão é a forma modal na democracia contemporânea, longe de constituir uma especificidade brasileira. Na verdade, a vasta maioria das democracias presidencialistas que adotaram a representação proporcional optou também por esse arranjo — são governos multipartidários de coalizão com presidentes diretamente eleitos. Em 1949, no entanto, Afonso Arinos chamou corretamente a atenção para a excepcionalidade brasileira (naquele momento, de fato uma excepcionalidade). Afinal, o Brasil foi um dos pioneiros na adoção do presidencialismo de coalizão, que Arinos chamou, em texto clássico, de "presidencialismo de transação":

> As relações do presidente com o Congresso têm de ser na base da coligação, porque nós praticamos um sistema talvez único no mundo: o presidencialismo com representação proporcional, de onde emergiram partidos fortes. É uma experiência nossa, que temos de resolver com nossos próprios elementos.[5]

O novo arranjo, continua Arinos, seria produto do que chamou de "única verdadeira revolução política operada no Brasil: a revolução eleitoral com a instituição dos partidos nacionais, do voto secreto, da representação proporcional e da Justiça Eleitoral".[6] O impacto no sistema político dessa inovação foi estrutural:

> Com a revolução eleitoral, as relações do presidente da República com os governadores e com o Congresso tiveram que se estabele-

cer em bases absolutamente distintas das conhecidas na Primeira República, em bases de coligação partidária.[7]

O nosso presidencialismo sofreu assim grande transformação: "O presidente da República passou a se aproximar mais dos chefes de Estado do parlamentarismo europeu do que do presidente dos Estados Unidos".[8] O presidencialismo imperial da República Velha estava morto.

Com a Constituição transacional de 1946, os partidos nacionais, a representação proporcional, os ministros congressistas e sua responsabilidade conjunta com a do presidente fizeram do nosso presidencialismo algo muito diferente do que conhecemos daquele presidencialismo morto em 1930.[9]

A democracia de massas no país foi inaugurada sob a égide desse arranjo institucional.

Com o processo de redemocratização, que trouxe o fim do bipartidarismo imposto pelo regime militar, o mesmo arranjo institucional ressurgiu, dando lugar a um multipartidarismo exuberante, como notou de forma pioneira Sérgio Abranches em instigante análise comparativa, já com o aparato conceitual da ciência política contemporânea. Em 1988, Abranches argumentava que "não existe, nas liberais-democracias mais estáveis, um só exemplo de associação entre representação proporcional, multipartidarismo e presidencialismo".[10] E concluía: "O Brasil é o único país que, além de combinar a proporcionalidade, o multipartidarismo e o 'presidencialismo imperial', organiza o Executivo com base em grandes coalizões". De fato, naquela conjuntura ainda cabia a referência à singularidade brasileira.

É importante destacar que o presidente se tornou poderoso por uma escolha do constituinte de 1988, que lhe delegou amplos poderes constitucionais, de agenda e orçamentários. O objetivo era superar os problemas de governabilidade comuns aos governos minoritários e suas consequências patológicas para a estabilidade da democracia, tão frequentes no período democrático de 1946 a 1964. A concentração desses poderes fez do presidente o centro gravitacional do sistema, tornando-o capaz de atrair partidos em busca de poder e recursos sob a sua discricionariedade, mas também exigiu dele habilidades de coordenação, de montagem e de gerência de coalizões.

A crítica de Sérgio Abranches dirigia-se àqueles que enxergavam no sistema multipartidário e na representação proporcional as raízes dos nossos males. O dilema institucional do presidencialismo de coalizão, em sua visão, referia-se à inexistência de uma instância de arbitragem dos conflitos entre o Executivo e o Legislativo, uma vez que crises na coalizão levavam a um "conflito indirimível" entre dois polos fundamentais:

> Nos Estados Unidos, a Suprema Corte tem poderes que lhe permite intervir nos conflitos constitucionais entre Executivo e Legislativo. No Brasil da República de 1946 e no Brasil pré-Constituinte da Nova República, precisamente os casos mais claros de presidencialismo de coalizão, este mecanismo inexiste.[11]

Abranches evoca, assim, a conclusão de Arinos, de 1958: "Nunca o Supremo Tribunal Federal pôde exercer a sua missão específica de árbitro da legalidade, contendo os excessos do Executivo".[12] Essa lacuna passou a ser preenchida pelo STF, que, no contexto de competição política que viabilizou a Carta de 1988, ganhou protagonismo.

As virtudes do presidencialismo de coalizão como arranjo institucional permanecem as mesmas do período pós-Constituinte. Se a principal meta perseguida pelos defensores da representação proporcional era quebrar a hiperdominância histórica do Poder Executivo — o chamado "poder pessoal" do presidente, que antes fora do imperador — e fortalecer o Poder Legislativo, o objetivo foi amplamente atingido. Foi sob esse arranjo que os desafios históricos de consolidação da democracia, inclusão social e estabilidade macroeconômica foram superados.

O multipartidarismo é um dos ingredientes centrais do que o cientista político Arend Lijphart chamou de desenho constitucional consociativo ou consensual, que se distinguiria dos sistemas majoritários por características propícias à difusão da autoridade política. Entre essas características estão: governos de coalizão, equilíbrio nas relações Executivo-Legislativo, federalismo, Constituições rígidas, controle da constitucionalidade das leis, bicameralismo (quando o Poder Legislativo é exercido por duas Câmaras, a Câmara baixa e a Câmara alta, representadas aqui pela Câmara dos Deputados e o Senado Federal). Na nova democracia brasileira, o consocialismo se expressaria em pluralismo, inclusividade e mecanismos institucionais de compartilhamento de poder (*power sharing*) para a resolução de conflitos.

CONDIÇÕES PARA ORDEM E EQUILÍBRIO NO PRESIDENCIALISMO MULTIPARTIDÁRIO

A combinação de presidencialismo com multipartidarismo gerou ordem e equilíbrio no sistema político porque pelo menos três condições foram, total ou parcialmente, satisfeitas. Primeiro, por escolha do Legislativo, o presidente tornou-se constitucionalmente forte, com poderes para legislar e capacidade de influenciar de modo direto a agenda do Congresso Nacional e de implementar seu programa de governo. Segundo, o presidente passou a dispor de uma "caixa de ferramentas" institucionalizada, com moedas de troca discricionárias capazes de atrair partidos e parceiros políticos para formar e sustentar sua coalizão. Terceiro, o sistema político detém uma rede de instituições de controle e *accountability* capaz de punir e estabelecer limites para as ações do presidente. Essa rede apresentou uma vigorosa evolução organizacional e institucional ao longo das últimas três décadas, com a formação de burocracias meritocráticas dotadas de autonomia política.

Ou seja, a existência de um presidente poderoso e com ferramentas discricionárias de formação e manutenção de maiorias legislativas não é, necessariamente, sinônimo de "cheque em branco". Para que essa combinação institucional de presidencialismo e fragmentação partidária pudesse ser virtuosa, foi necessária a existência de um Judiciário independente, um Ministério Público combativo, tribunais de contas ativos, uma Polícia Federal atuante na luta contra a corrupção, uma imprensa livre, independente e investigativa etc. — ou seja, instituições de controle "externas" à política, com capacidade de dizer "não" aos excessos e potenciais desvios desse presidente. Cachorro grande exige coleira forte. Instituições dotadas de autonomia são endógenas: ou seja, elas próprias surgem do jogo de interesses. Isso ocorre em sua origem — no nosso caso, a Constituinte de 1988 —, mas também ao longo do tempo, até que um choque externo ocorra e venha eventualmente abalar o equilíbrio logrado. A precondição para que se mantenham em equilíbrio por algum tempo é a mesma de sua gênese: certo grau de competitividade política e alternância de poder, impedindo que um dos polos se torne hegemônico e capture tais instituições por inteiro. Isso tem caracterizado o ambiente institucional brasileiro nos últimos trinta anos, a despeito de algumas turbulências. O resultado alcançado é subótimo, mas o saldo líquido é globalmente positivo.

Não existe um sistema político ideal. E sempre haverá escolhas ou trade-offs em qualquer democracia. Em conjunturas críticas, os atores políticos realizam escolhas coletivas sobre os objetivos a serem priorizados: ora maior capacidade de governo e eficiência, ora maior representatividade política e inclusão de interesses no jogo político. Há múltiplos equilíbrios na combinação entre capacidade governativa e representatividade de interesses — que podem ser alcançados de diversas formas e com os mais variados arranjos institucionais. Não existe, portanto, uma única receita nem tampouco um desenho institucional necessariamente superior.

O sistema político brasileiro combina representação proporcional com lista aberta para o Legislativo, privilegiando a inclusão representativa dos mais variados interesses sociais. Diferentemente dos sistemas majoritários, em que o vencedor leva tudo (*winner takes all*) e o perdedor fica com "as batatas", na prática não há, na sociedade brasileira, interesses organizados que não participem do jogo político e, portanto, que não se sintam representados. Por outro lado, o sistema é bastante fragmentado, com muitos pontos de vetos institucionais e partidários. Sua coordenação é, portanto, sempre árdua. Quase nunca o partido do presidente consegue obter maioria congressual, o que o obriga a construir e manter coalizões, muitas vezes grandes, instáveis, ideologicamente heterogêneas e, por conseguinte, de difícil manejo.

Para superar tais dificuldades, o legislador constituinte de 1988 preferiu delegar uma ampla gama de poderes e recursos discricionários ao presidente, para que este tivesse condições de suplantar os problemas inerentes à nossa excessiva fragmentação partidária e à condição de minoria de seu partido no Parlamento. Ou seja, o presidente virou uma espécie de CEO da engrenagem governativa, coordenando seus parceiros de coalizão. Sabendo utilizar as ferramentas de gerência de coalizão, ele tem condições de governar bem e a um custo relativamente baixo. Isso significa que o sistema político não é disfuncional, mas requer um "gerente" que saiba como o jogo funciona e consiga manusear bem suas ferramentas de governo.[13]

De fato, o presidencialismo multipartidário, quando acompanhado das três condições indispensáveis que já mencionamos antes, gera incentivos à governabilidade, previsibilidade no comportamento político, estabilidade nas alianças e cooperação. Ou seja: "ordem". A contrapartida não é necessariamente o "caos", representado pelo fisiologismo partidário, alianças não programáticas, erráticas e ideologicamente díspares, embora estas tenham prevalecido nos últimos governos.

A ocorrência de caos ou de ordem depende de vários fatores, inclusive das estratégias adotadas pelo presidente: se ele preferir montar sua coalizão com um grande número de partidos, com aliados heterogêneos, não compartilhar poder de acordo com o peso político de seus parceiros e, em especial, não espelhar a preferência do legislador mediano do Congresso, fatalmente os custos governativos serão maiores, mais problemas de coordenação emergirão, menor sucesso o presidente desfrutará no Legislativo e maiores serão as necessidades de recompensas paralelas e ilegais para disciplinar a sua coalizão política.

Compartilhar poder implica um conjunto grande de ações, algumas delas nem sempre passíveis de quantificação. O primeiro passo seria a construção de uma coalizão a partir da negociação de um programa de governo e uma plataforma de políticas públicas que sirvam como base mínima de ação política. É o que se observa nas democracias consensuais maduras, como a Alemanha ou os Países Baixos. Entre nós, falta este elemento essencial: os acordos públicos programáticos das coalizões. Em nosso modelo institucional híbrido — que combina elementos majoritários e consensuais —, é difícil que um perfil programático de partido surja e se consolide. Ele é marcado por altos custos de transação e comportamento rentista generalizado. Os resultados são claramente inferiores quando referidos a uma régua normativa ideal. Mas é assim em qualquer outro sistema político, embora em certas dimensões específicas o desempenho seja crítico e gere ineficiências marcantes. No entanto, esse modelo não é paralisante nem gerador de instabilidade democrática. Se bem gerido pelo presidente, há ganhos de troca e cooperação.

Compartilhar poder por meio de maior participação em ministérios ou cargos na burocracia, de concessões de políticas públicas ou pela implementação de transferências monetárias, utilizando emendas orçamentárias para obter apoio político, são instrumentos substitutos. Quanto mais compartilhado o poder, menor a necessidade de trocas monetárias, e vice-versa.

A democracia brasileira tem demonstrado que não é compatível com partidos com pretensões hegemônicas, tão comuns em regimes majoritários. A famosa frase de Margaret Thatcher, "o consenso é a ausência de liderança", se aplica às instituições da Grã-Bretanha, o mais majoritário dos sistemas políticos, mas está muito distante de nós. Adaptando a frase à realidade brasileira, liderar é construir consensos em governos de coalizão. Mas é claro que esse elevado grau de consenso requerido pelo nosso sistema político pode muitas vezes gerar mal-estar institucional e insatisfação. Diversas instâncias possuem poder de veto, o processo decisório é lento, muitas vezes dissipativo, e há necessidade de fazer compensações para que obstáculos insuperáveis não paralisem a máquina.

O SALDO LÍQUIDO DAS TROCAS NO PRESIDENCIALISMO MULTIPARTIDÁRIO

Qual é o resultado exato dessas interações entre Executivo e Legislativo para a democracia brasileira? Para o cidadão comum, é decerto difícil perceber que, para o presidente conseguir aprovar a sua agenda no Congresso ou mesmo governar ao longo do tempo, é necessário, por exemplo, orquestrar trocas de apoio político por execução de emendas de autoria dos parlamentares. Ou mesmo que partidos da base do governo ocupem ministérios e cargos na burocracia federal, muitas vezes sem a adequação ou a qualificação técnica requeridas para tal. Diante de tais barganhas, ainda que institucionalizadas e, portanto, legais, a política parece adquirir uma conotação moralmente "suja" e distante dos ideais normativos da democracia.

O saldo positivo dessas interações, negociações ou mesmo barganhas é que não corremos mais riscos de instabilidade democrática. Já experienciamos nove episódios eleitorais consecutivos extremamente competitivos e incertos sobre quem seria o vencedor. A constatação desse ganho não é trivial, pois os atores políticos não apenas se submetem ao resultado do jogo como também o avaliam publicamente como legítimo. Isso quer dizer que não há espaço para viradas de mesa ou improvisações. O vencedor leva o prêmio. Mesmo no caso do ex-presidente Jair Bolsonaro, que levantou suspeitas sobre o sistema eleitoral, sobretudo a lisura das urnas eletrônicas, ele e seu partido, no fim, se submeteram ao resultado do jogo institucional.

Muitos problemas governativos decorrem de erros de gerência da coalizão por parte do Executivo. Mesmo crises políticas abertas, que porventura levem ao impeachment de presidentes ou à condenação judicial de políticos relevantes, ou mesmo à perda de poderes políticos de quem abusou do poder, ocorrem sob o escrutínio das regras e dos procedimentos estabelecidos pela Constituição e supervisionados pela Suprema Corte. A despeito do aspecto frequentemente disfuncional, para não falar de retrocessos, o resultado líquido global tem sido a manutenção da institucionalidade democrática. A elite política defenestrada do poder pelo eleitor pode reclamar, protestar ou até mesmo espernear, mas ao final do processo deve aceitar o resultado do jogo e, no lance seguinte, voltar a participar da partida na condição de oposição. E assim a vida democrática segue, a despeito dos percalços do caminho.

É importante salientar que a consolidação da democracia no país não surgiu por obra da sorte ou do acaso, mas de escolhas institucionais. Esse mesmo sistema político tem oferecido condições para que atores políticos e agentes econômicos cooperem em torno de objetivos como estabilidade macroeconômica, controle inflacionário, diminuição da pobreza e da desigualdade, inclusão social, respeito às minorias, proteção do meio ambiente etc. Ao longo da nossa história, preferimos uma democracia que fosse hiper-representativa, mas que também fosse dotada de capacidade governativa diante de um Executivo forte e de instituições de controle independentes e ativas. O resultado não é um fracasso.

O presidencialismo multipartidário brasileiro, embora de forma não linear e com grandes tropeços, tem criado incentivos para a cooperação, ainda que os objetivos não tenham sido plenamente alcançados. O mais importante é observar a tendência de longo prazo, e não apenas a fotografia do momento. Devemos, por um lado, evitar observar somente os revezes momentâneos gerados por tensões políticas ou crises econômicas. Por outro lado, é necessário evitar as euforias ocasionais proporcionadas por ganhos inesperados de curto prazo. Nossas instituições políticas não são patologicamente disfuncionais, mas não conseguimos enxergar sua funcionalidade de forma clara porque nosso foco muitas vezes desconta a história das ingovernabilidades de períodos democráticos anteriores.

Não restam dúvidas de que há um mal-estar na política brasileira. Mas, mutatis mutandis, esse mal-estar também é observado em democracias maduras, como a dos Estados Unidos e de países da Europa. Essa percepção de que as coisas não funcionam bem, de que os políticos são corruptos, de que os partidos políticos são amorfos ou não têm ideologia própria, de que são fundamentalmente pragmáticos e oportunistas e, acima de tudo, de que as pessoas não se sentem por eles representadas tem sido mais do que evidenciada desde os protestos de junho de 2013. Embora com naturezas bastante distintas, esse incômodo se avolumou durante o processo de impeachment da presidente Dilma Rousseff, perdurou no governo de seu sucessor, Michel Temer, se amplificou durante o governo Bolsonaro e ainda é percebido no novo governo Lula.

O cinismo cívico atual é avassalador e alimenta tendências iliberais e demandas por "*que se vayan todos*". As barganhas particularistas e a corrupção no sistema decisório produzem significativo déficit de *accountability* no sistema político, sob qualquer métrica superior ao que se observa nas democracias consensuais. Só há, porém, uma solução para o aperfeiçoamento institucional: o fortalecimento paulatino dos mecanismos de controle, que também é decorrente da competição política e da alternância no poder.

A pergunta que devemos fazer é: o cinismo cívico decorre do desenho constitucional? Acreditamos que não. O legislador constituinte de 1988 reafirmou nosso desenho institucional, e a Constituição o qualificou.

3. As instituições estão funcionando?

A análise, apresentada neste livro, das razões da sobrevivência da democracia no país toma como ponto de partida o desenho constitucional que emerge com a Carta de 1988. Discutimos as transformações que a Constituição sofreu ao longo de pouco mais de três décadas, mas isso obviamente não equivale ao exame rigoroso do funcionamento das instituições. Não responde à questão: "As instituições estão funcionando?". É preciso enfatizar que, embora legítima no debate público, essa pergunta, que emerge com notável frequência, é analiticamente pobre e, cada vez mais, enunciada com propósitos retóricos. Um exame rigoroso deverá levar em conta a complexidade da questão, como mostraremos a seguir.

Para além do debate entre analistas, a avaliação das instituições na opinião pública é marcada por vieses de toda sorte. A avaliação do Poder Executivo, por exemplo, é influenciada pelo alinhamento político dos respondentes em relação a seu ocupante, como mostrou pesquisa realizada em 25 países nas Américas e 31 na África.[1] A avaliação do Judiciário sofre viés similar: ela é inversamente correlacionada com a do Executivo, como mostraram pesquisas comparando continentes.[2] Eleitores alinhados com o governo incumbente tendem a ter opinião negativa a respeito das cortes superiores. Já os de oposição costumam ter opinião positiva. Desde o Mensalão, nota-se que a avaliação do Judiciário sofreu enorme inflexão. O Judiciário e as instituições de controle foram vilipendiadas pelos simpatizantes dos governos petistas para então, sob Bolsonaro, serem avaliadas como baluartes da República. Mas, diante da atuação firme do Judiciário com relação às ameaças e aos confrontos do governo Bolsonaro,[3] e especialmente após o retorno de Lula à Presidência, a avaliação se inverteu mais uma vez. Bolsonaristas passaram a identificar a atuação da Suprema Corte como parcial e excessiva. Por outro lado, petistas passaram a apoiar tanto o STF como o Tribunal Superior Eleitoral (TSE). Segundo a pesquisa AtlasIntel-Jota,[4] realizada em janeiro de 2023, 44% dos eleitores confiam no STF, e os mesmos 44% não confiam. No grupo de eleitores de Lula, 81% confiam na corte; no de Bolsonaro, 91% não o fazem.

A pergunta geral sobre as instituições estarem funcionando é imprecisa e metodologicamente deficiente por várias outras razões. Em primeiro lugar, ela induz a uma resposta dicotômica — sim ou não —, quando, na realidade, a resposta exigiria uma métrica contínua ou ordinal de, por exemplo, zero a dez, além de um marco comparativo: as instituições estão funcionando pior ou melhor em relação a quê? Ao passado? A outro país ou conjunto de países?

Em segundo lugar, estamos falando do Poder Judiciário, das instituições eleitorais, do Poder Legislativo, das instituições reguladoras ou de controle? Do federalismo? Das instituições do Poder Executivo? Da burocracia pública? As instituições informais também contam (como no neoinstitucionalismo econômico de Douglass North, Nobel de economia)?

Em terceiro lugar, como medir o funcionamento institucional? A ausência de escândalos de corrupção significa melhor ou pior desempenho das instituições de controle? O número de pedidos de impeachment sinaliza um mau ou um bom funcionamento do sistema político?

Finalmente, a pergunta pressupõe que existiria um modelo ideal em relação ao qual ocorreriam desvios. No caso de debates sobre o presidencialismo, a discussão funciona como se o modelo de separação de poderes desenhado por Madison não fosse ele próprio, como defendem alguns analistas (e tornado célebre pela crítica do ex-professor de ciência política de Yale, Juan Linz), constitutivamente instável. Além disso, sabemos que a escolha de desenho institucional é marcada por trade-offs (escolhas entre aspectos interdependentes) pelos quais alguns valores serão sacrificados em detrimento de outros. De novo, não existe solução ideal. Discutir o tema sem referência a essas questões torna-se um exercício apenas retórico.

Em um nível mais amplo de abstração, colocam-se três questões. A primeira é: qual o peso dos atores individuais em uma determinada configuração institucional? O debate sobre instituições tornou-se hiperinstitucionalista: uma vez adotado um modelo institucional ou um conjunto de regras, supõe-se que tudo o mais se ajustaria a ele. Tudo o mais, nesse caso, incluiria a própria sociedade. Ignoram-se os atores. As instituições são habitadas por atores cujas preferências, normas e grau de aversão ao risco variam muito, inclusive em relação à sua intensidade. Ou seja, as instituições não podem ser interpretadas como "camisas de força" em que os indivíduos apenas se subsumem ou se anulam. As instituições políticas são parâmetros que geram uma estrutura de incentivos para determinados comportamentos políticos, mas os indivíduos fazem escolhas estratégicas dentro desses arcabouços. Tais escolhas, em última instância, exercem influência na qualidade ou mesmo na própria existência das instituições. Em contextos polarizados, por exemplo, escolhas podem subverter amplamente o funcionamento das instituições. Em suma, as preferências dos atores importam, e as decisões políticas serão resultado do alinhamento ou do distanciamento entre eles. Mesmo quando se deparam com a mesma estrutura institucional, atores muito polarizados fazem escolhas distintas.

A segunda questão é: o passado importa? O funcionamento das instituições no presente refletirá, em alguma medida, o que foi adotado no passado. Assim, no nosso caso específico, a adoção do arranjo institucional do presidencialismo de coalizão na Nova República reflete as instituições pretéritas, a saber, o arranjo institucional do Império e, mais importante, o hiperpresidencialismo imperial da República Velha.

A terceira questão é: qual a relação das instituições com as preferências individuais? Não podemos tratá-las como inteiramente externas às preferências dos indivíduos e simplesmente identificar seus efeitos. As instituições são escolhidas pelos atores envolvidos de acordo com os próprios efeitos que delas decorrem. Ou seja, elas são endógenas, pois existe causalidade reversa. Podem ser escolhidas devido a alguns fatores que devem ser identificados pelos analistas, porque, afinal, são os atores políticos, em última instância, que causaram o resultado observado. Assim, certas regras eleitorais ou sistemas de governo são escolhidos porque se espera deles certo efeito. A adoção da representação proporcional em um determinado país pode se dever aos objetivos de um grupo dominante, em uma conjuntura específica, de sobreviver politicamente, se esperam perder apoio no futuro próximo (será mais fácil fazê-lo sob a representação proporcional do que sob a majoritária). Em suma, os fatores que explicam sua adoção dizem respeito ao efeito que se espera.[5] E o efeito da representação proporcional, portanto, não é produto de sua adoção, mas de outros fatores que a fizeram ser escolhida.

A grande complexidade envolvida na análise das instituições exige cautela. A análise levada a cabo neste livro, portanto, é mais modesta e busca responder a questões delimitadas, tais como se o arranjo institucional pós-1988 é a causa de fenômenos como o impeachment e se a democracia sobreviverá no país.

4. Antes da crise, o equilíbrio

Os eventos que marcaram nossa instabilidade institucional, como o impeachment presidencial em 2016, o governo de Michel Temer, a ascensão e a queda de Bolsonaro, a prisão, a soltura e o retorno de Lula à Presidência e, de forma mais ampla, a operação Lava Jato (iniciada em 2014), não podem ser analisados sem o pano de fundo da mudança institucional mais estrutural ocorrida a partir de 1988. Diagnósticos que desconsideram o processo institucional de longo prazo levam a becos sem saída empíricos e teóricos; privilegiam o acessório, e não o essencial. Como já dissemos, esse é o caso de leituras hiperinstitucionalistas que atribuem as causas da crise às falhas das instituições políticas — ao presidencialismo de coalizão, especificamente. O debate sobre as instituições estarem funcionando ou não, em uma chave binária, como já assinalamos, é parte do mesmo equívoco interpretativo.

O pano de fundo em questão são quase quatro décadas marcadas inicialmente por uma estabilidade institucional que desmoronou graças a uma tempestade perfeita resultante da combinação das crises econômica e política. Foram duas décadas de estabilidade institucional democrática, relativo equilíbrio macroeconômico, crescente inclusão social, diminuição da pobreza e da desigualdade, alternância de poder entre os principais contendores das mais variadas preferências ideológicas da disputa política e baixa polarização. Além disso, houve uma forte continuidade na política macroeconômica e social, pois o tripé em que se assentava a política macroeconômica iniciada por Fernando Henrique Cardoso com o Plano Real — geração de superávits primários, regime de metas de inflação e câmbio flutuante — foi mantido por Lula.

As diferenças entre eles não foram substantivas, foram mais de intensidade e localizam-se em uma banda "normal" de baixa variância entre posições no continuum ideológico, fenômeno que caracteriza historicamente democracias consolidadas em seu modo padrão de funcionamento. Em outras palavras, as mudanças de política entre governos de coloração partidária distinta foram consistentes com ajustes e variações típicas desse tipo de alternância no poder, seguindo o ciclo político de uma democracia consolidada.

A alternância política também é algo esperado, dada a elevada competitividade das eleições presidenciais que, não obstante a grande fragmentação partidária, era norteada por dois campos ideológicos definidos e caracterizada por margens de vitória estreitas. A alternância entre o Partido da Social Democracia Brasileira (PSDB) e o Partido dos Trabalhadores (PT) no comando presidencial foi saudada pela imprensa internacional como modelo de civilidade: foi essa baixa polarização, em 2002, que teria garantido a formação de um governo de transição com forte continuidade administrativa.

Não foi à toa que o modelo brasileiro se tornou um padrão a ser seguido. O ingrediente essencial dessa mudança estrutural — e parcialmente opaco para muitos observadores — foi o lento e fomentado fortalecimento das instituições de controle nas três últimas décadas. A questão é que esse robustecimento apareceu para a sociedade apenas na forma de escândalos,[1] sempre interpretados em registro negativo, como se a mudança tivesse sido para pior. O que se produziu, ao fim e ao cabo, foi uma perplexidade sem fundamentos institucionais.

O equilíbrio que havia antes da crise se assentava em crenças de inclusão social enraizadas na sociedade brasileira — notadamente em sua rede dominante de interesses, formada pelos principais atores políticos e agentes econômicos. Essas crenças foram forjadas após a redemocratização como reação ao modelo de desenvolvimento excludente do regime militar e pela aversão à hiperinflação, que cresceu a partir de malsucedidas experiências de controlá-la e foi finalmente eliminada a partir do Plano Real. Importante dizer que crenças são modelos mentais para a interpretação do mundo que permitem que os indivíduos estabeleçam relações causais. Não devem ser confundidas com preferências ou valores, embora haja superposição parcial em alguns casos. A crença na democracia como precondição para se alcançar uma sociedade desejável, assim como a inclusão social sustentável, são parte do modelo mental da rede dominante e pressupõem equilíbrio macroeconômico e responsabilidade fiscal.[2]

O MODELO A SER SEGUIDO

Motivado pela queda da União Soviética em 1991, pelo decorrente colapso da experiência comunista e pela unificação da Alemanha com a queda do muro de Berlim, o cientista político americano Francis Fukuyama escreveu *O fim da história e o último homem*, publicado em 1992. O livro provocou abalos sísmicos ao apresentar a existência de uma crença dominante, em escala mundial, quanto à legitimidade e à viabilidade da democracia liberal. A harmonia do casamento entre capitalismo e democracia liberal constituiria o coroamento da história da humanidade ou sua solução final. Segundo Fukuyama, "a democracia liberal continuaria como a única aspiração política corrente que constitui o ponto de união entre regiões e culturas diversas do mundo todo".[3]

Com a estabilidade macroeconômica alcançada com o Plano Real em 1994 e o equilíbrio da competição política entre partidos que se alternavam democraticamente no poder por meio de eleições livres e limpas, teve-se a impressão de que o Brasil também estaria celebrando o fim de sua história. Mesmo com a vitória de um partido de esquerda em 2002 e uma agenda vigorosa de inclusão social, os pilares da estabilidade macroeconômica e a responsabilidade fiscal não foram negligenciados (como muitos temiam). Como decorrência desse suposto equilíbrio, o Brasil viveu sua consolidação da democracia e um vigoroso processo de inclusão com diminuição consistente da pobreza e da desigualdade.

O Brasil foi apontado por instituições internacionais como um modelo para democracias emergentes, um exemplo de governança institucional. Para utilizar a expressão de Jorge Castañeda, um modelo de "esquerda responsável". A forte turbulência que se iniciou em 2013 e teve como desenlace o afastamento da presidente Dilma Rousseff em maio de 2016 e a marcada deterioração da economia brasileira exige, portanto, uma explicação. É claro que é muito cedo para acreditar que o Brasil está escapando da armadilha da corrupção sistêmica e transitando para um "equilíbrio superior", caracterizado pelo respeito à lei,[4] mas essa conjectura não pode ser descartada — afinal, parafraseando Nabuco na epígrafe deste livro, a mudança está em curso, mas não a sentimos. O historiador do futuro poderá localizar nestas duas últimas décadas um período de turbulência e incertezas que engendrou descontinuidades importantes. O cenário alternativo em que ocorre um longo processo de degeneração institucional não pode tampouco ser descartado.

Na realidade, a crise política brasileira se inscreve no processo mais geral de tensões crescentes geradas por fenômenos internacionais tais como a globalização. Mais especificamente o embate entre os ganhadores e os perdedores da globalização. Se, no plano mundial, a globalização produziu deslocamentos sociais — declínio e crise de antigas regiões industriais, com um violento recrudescimento da imigração para os países ricos —, engendrando uma crise de representação política e populismo, no Brasil e na América Latina, em geral, o efeito foi outro. A globalização e a ascensão da China provocaram entre nós um boom no valor das commodities que teve efeitos brutais sobre o sistema político.

Os governos Lula e, sobretudo, o governo Dilma, relaxaram as restrições fiscais que garantiam prudência em um mundo globalizado em que as punições do mercado ao comportamento desviante, através de agências internacionais de classificação de risco, são quase instantâneas.[5] No plano da representação política, as questões identitárias foram eclipsadas pelas redistributivas — não ocorreu aqui a revolta de *globalization losers*, que produziu a ascensão de Donald Trump, de Marine Le Pen e do Partido de Independência do Reino Unido (UKIP, na sigla em inglês). Como explicaremos mais à frente, a ascensão de Jair Bolsonaro teve outros determinantes.

No Brasil, foi sob a égide do redistributivismo, caracterizado pela urgente necessidade de inclusão social, que sobreveio um desvario fiscal de amplas consequências. O mesmo fenômeno pôde ser observado na Argentina, na Bolívia, na Venezuela e no Equador. A aliança social que, nos países ricos, ocorreu entre setores da tecnologia de informação e das finanças envolveu, aqui, o agronegócio, empresas estatais e setores com grandes contratos com o Estado, em especial as empreiteiras. Em outras palavras, o Estado foi o protagonista, não o mercado financeiro e a bolsa de valores. E a corrupção foi a marca maior dessa aliança.

5. O duplo choque e o "passaporte para o futuro"

A debacle econômica foi efetivamente produzida por uma conjunção inédita de dois choques — em essência, exógenos — que solaparam o equilíbrio anterior, alterando radicalmente a estrutura de incentivos dos atores econômicos e políticos. Esse equilíbrio estava assentado em crenças compartilhadas em favor de políticas de inclusão social com sustentação fiscal e que tinham se consolidado ao longo do período entre 1995 e 2006.

O primeiro choque se deu com a combinação do boom de commodities e a descoberta do pré-sal. Como grande produtor de commodities, o Brasil vivia um momento de expansão, que se intensificou com o pré-sal, magnificando seu impacto e levando ao lançamento de ações da Petrobras na bolsa de Nova York. Os desdobramentos são bem conhecidos: ocorreu um inédito e vastíssimo programa de investimentos em petróleo e gás, num ambiente marcado por extensa politização e corrupção.

A euforia e o otimismo que se seguiram podem ser representados por uma capa da *The Economist* de 2009, em que se lia "*Brazil takes off*" [O Brasil decola].[1] As reservas descobertas no litoral brasileiro representavam o maior campo de petróleo já encontrado. Diante disso, foi previsto que o Brasil se tornaria um dos cinco maiores produtores de petróleo do mundo em 2020 (*The Economist*, 2011).[2] A simples expectativa dessa volumosa receita não esperada (*windfall profit*) alterou bastante o comportamento do governo, que até então agia de uma forma disciplinada e responsável do ponto de vista fiscal. Para um governo de esquerda legitimamente eleito, com uma agenda de inclusão social vigorosa e que, até então, enfrentava (a contragosto) fortes restrições fiscais, a simples expectativa de retorno que esses recursos naturais significavam fez com que abandonasse parte de seus compromissos de superávit primário e de equilíbrio das contas públicas e entrasse em uma espécie de euforia fiscal.

Além da explosão da demanda chinesa, outros países asiáticos e europeus expandiram de forma excepcional a importação de vários produtos brasileiros, em especial nas áreas da mineração e do agronegócio. O preço de várias dessas commodities no mercado internacional subiu de forma surpreendente. E a chegada desses recursos contribuiu para um vigoroso crescimento econômico. Para se ter uma ideia, em 2010 a expansão do produto interno bruto (PIB) brasileiro foi de 7,5%, o que gerou uma alta considerável do volume de empregos. Alguns estados, sobretudo os do Nordeste, viveram uma situação de pleno emprego. De forma similar ao ocorrido com a descoberta do pré-sal, o boom de commodities fez o governo relaxar seus compromissos fiscais e estimulou um programa massivo de investimentos em infraestrutura e incentivo ao crédito.

Tudo isso coincidiu com a realização de eventos esportivos internacionais de grande envergadura, como a Copa do Mundo de 2014 e as Olimpíadas de 2016, que requisitaram volumosos investimentos em infraestrutura para a construção de novos estádios, incremento dos aeroportos, transporte público etc.

O segundo choque resultou da crise de 2008 nos Estados Unidos, que produziu o "despertar do Leviatã", nas palavras da mesma *The Economist*. Ou seja, a massiva intervenção dos bancos centrais nos mercados e a assunção pelos Estados nacionais, em particular os Estados Unidos, do controle acionário de centenas de empresas.

No Brasil, o que foi temporário no neokeynesianismo norte-americano tornou-se permanente. A coalizão de setores burocráticos e interesses empresariais que davam sustentação à reorientação da política governamental deslocaram a aliança que sustentara o equilíbrio anterior no interior da rede dominante.[3] As respostas contracíclicas dadas pelos países desenvolvidos, com estímulos públicos, pagamento de dívidas e mesmo a aquisição de empresas privadas e o socorro a bancos privados, levaram os governos brasileiros a reeditar um modelo de desenvolvimento ancorado no gasto público e no acesso ao crédito subsidiado com recursos do Tesouro Nacional. O Brasil voltou a reproduzir o modelo desenvolvimentista do regime militar, especialmente o da segunda metade da década de 1970. A mesma aliança do governo com os setores "contratistas" da indústria nacional voltou a ter protagonismo no processo decisório por meio de subsídios fiscais embutidos nos empréstimos concedidos pelo Banco Nacional de Desenvolvimento (BNDES).

A rede dominante, que até então estava comprometida com as crenças de inclusão com responsabilidade, se deixou levar pelo crédito subsidiado e, como o governo, também relaxou suas exigências de responsabilidade fiscal. No caso específico do BNDES, os empréstimos aumentaram dramaticamente, de 6% para 11% do PIB, depois da crise global, com subsídios implícitos calculados em 22,8 bilhões de reais em 2011. Isso se deveu à existência de subsídios cruzados que envolviam o setor de crédito, em que a parcela de 20% dos empréstimos subsidiados (excluindo o BNDES) pagou um *spread* médio de 3,5% em 2012, comparado com 20% para o crédito livre.[4] O resultado foi um expansionismo fiscal inédito, pautado em um quadro clássico de maldição dos recursos naturais (*natural resource curse*), cujo caso mais dramático se deu no Rio de Janeiro. O pré-sal seria, para o então ex-presidente Lula, o "passaporte para o futuro, o que vai nos dar combustível para um projeto político de longo prazo no Brasil".[5] E acrescentava: "O pré-sal vai pagar as contas nacionais, vai ser o grande financiador das contas nacionais, dos grandes projetos do Brasil".

Mas não foi isso que aconteceu.

A reedição da velha receita desenvolvimentista, batizada então de "nova matriz macroeconômica", foi um completo desastre. Como na década de 1970, os resultados iniciais foram surpreendentemente positivos, mas não conseguiram ser sustentáveis. Se no começo, mesmo com a crise econômica mundial, o PIB per capita brasileiro conseguiu progredir com resultados muito positivos (4,92% em 2007; 4,02% em 2008; -1,11% em 2009; 6,49% em 2010; 2,99% em 2011; 0,97% em 2012; e 2,07% em 2013), a partir de 2014 o Brasil passou a enfrentar a pior recessão econômica da sua história e entre todos os países emergentes considerados em desenvolvimento. O PIB per capita recuou de -0,38%, em 2014, para -4,59% em 2015 e -4,40% em 2016. A redução na atividade econômica também se refletiu no aumento considerável da taxa de desemprego, que em 2017 chegou à casa de 13% da população economicamente ativa. A inflação voltou a crescer, alcançando dois dígitos.

Contra esse mal-estar, o governo Dilma respondeu com uma proposta de terapia governamental que consistiu em manipulação artificial dos preços administrados pelo governo, como energia elétrica e combustíveis. Essa estratégia, além de ter exacerbado o problema, apareceu como oportunista ao eximir-se da responsabilidade das escolhas equivocadas de sua política macroeconômica expansionista.

A excepcionalidade da hecatombe econômica deveu-se aos impactos fiscais do expressivo volume de desonerações e subsídios realizados pelo BNDES e pela Petrobras. Uma janela de oportunidade extraordinária — as Olimpíadas e a Copa do Mundo — criou as condições ideais para a expansão fiscal acelerada, potencializando problemas estruturais da economia. E, mais importante politicamente, formou as bases para uma rede corrupta vastíssima.

A crise brasileira é, assim, um "cisne negro" marcado pela conjugação de dois eventos raros: uma crise econômica de grande envergadura e um escândalo de corrupção de proporções ciclópicas. Iniciada em abril de 2014, a Operação Lava Jato expôs um esquema de corrupção sem paralelos por sua magnitude e amplitude. As consequências eram previsíveis. Os efeitos políticos de escândalos de corrupção são conhecidos e, para que adquiram robustez, é necessário que um limiar de informação seja alcançado e que esta seja crível. No caso da Lava Jato, no curto prazo o tsunami informacional foi efetivo por sua intensidade e credibilidade, potencializando o efeito do estelionato eleitoral praticado com a reeleição da presidente Dilma em 2014.

Crise econômica e escândalo mantêm entre si uma forte interação, potencializando mutuamente seus efeitos.[6] O impacto sobre a popularidade presidencial foi colossal: depois de reduzir-se à metade após as jornadas de junho de 2013 e recuperar-se ao longo de 2014, declinou monotonicamente até atingir um dígito em março de 2015. O resultado foi um enfraquecimento político inédito do Poder Executivo, mobilização nas ruas e o esfacelamento da base de sustentação parlamentar do governo, para o qual concorreram outros fatores sobre os quais ainda falaremos.

Leituras hiperinstitucionalistas ignoram o cisne negro — a excepcionalidade da crise — e fazem tábula rasa da estabilidade institucional que lhe antecedeu. Ao proceder dessa maneira, atribuem a derrocada econômica e política a falhas intrínsecas das instituições políticas. E mais: ignoram o papel que essas mesmas instituições tiveram em criar condições estruturais para que o processo subsequente, que culminou no jogo do impeachment e da resiliência institucional demonstrada sob Bolsonaro, se desse sem ruptura da ordem institucional. Reconhecer essas condições — de fragilização inédita do Executivo e de autonomização das instituições de controle lato sensu — não implica ignorar a dimensão estratégica do jogo do impeachment. Pelo contrário: não havia nada nas condições estruturais que tenha produzido, inexoravelmente, o desfecho ocorrido.

6. Junho de 2013:
O que estava errado?

As manifestações de junho de 2013 precederam a Lava Jato e a crise econômica. Existia um sentimento difuso de insatisfação com o desenho das instituições, uma interpretação dominante de que algo não funcionava bem no sistema político. Há diversos fatores que explicam a enorme mobilização ocorrida, mas podemos descartar pelo menos três.

O primeiro é a economia. Não é razoável associar as manifestações ao fim do boom de commodities: a inflexão começou em 2012. O desemprego só explodiu a partir do último trimestre de 2014.[1] A inflação de 2013 (5,9%) era igual a de 2008. O superávit primário de 2013 estava no mesmo nível de 2008 e só despencaria em 2014.[2] A crise ainda não havia se instalado. Ela era, fundamentalmente, um assunto de especialistas.

O segundo fator seria o efeito de "difusão de uma onda internacional" (Primavera Árabe, Turquia, Occupy Wall Street). Aqui, a questão não respondida é: por que protestos ocorrem apenas em alguns países, mas não em outros? No mínimo, há fortes efeitos interativos com fatores domésticos que precisariam ser identificados.

Terceiro: que a motivação principal das manifestações eram as falhas ou disfuncionalidades no desenho institucional do presidencialismo multipartidário. Além dos aspectos relacionados à qualidade e ao preço do transporte público, os protestos de junho de 2013 diziam respeito em especial à reversão de expectativas gerada pela má gestão macroeconômica e pela ausência de políticas públicas de qualidade ofertadas pelo governo Dilma Rousseff. O robusto crescimento econômico dos anos anteriores, especialmente de 2010, quando o crescimento do PIB foi de 7,5%, inflou ainda mais as expectativas de que seria sustentável.

Isso se refletiu no nível de endividamento pessoal, especialmente entre emergentes da "nova classe média". Com a estabilidade econômica e a inflação sob controle, o crédito ficou fácil e barato. As pessoas experienciaram uma melhora gigantesca da qualidade de vida. E esse boom de crédito pessoal levou a uma escalada sem precedentes da taxa de inadimplência, que aumentou 72% no período.

Entretanto, a melhora nas condições de vida das pessoas, que em muitos casos representou ascensão social, não foi acompanhada de melhorias significativas no espaço público.[3] A população emergente, que viveu uma intensa mobilidade social e começou a ter acesso a uma série de benefícios, como universidade e internet, teve de ajustar suas expectativas, o que gerou muita frustração. Esse período apresentou forte inclusão econômica, com diminuição da pobreza e da desigualdade, porém, várias políticas públicas se deterioraram. Notadamente, observou-se uma expressiva piora na qualidade do transporte público. O tempo médio de viagem das famílias brasileiras no transporte público quase dobrou nas grandes cidades, enquanto as tarifas aumentaram acima da inflação, gerando insatisfação e revolta dos usuários.

Portanto, questões relacionadas à qualidade dos serviços públicos vieram à tona, especialmente diante das inúmeras dissipações de recursos. As pessoas protestaram, por exemplo, contra a decisão do governo de gastar na construção e na reforma de estádios de futebol para a Copa do Mundo de 2014. Afinal, pouco havia sido feito para melhorar a infraestrutura urbana das cidades. Slogans como "Queremos escolas e hospitais padrão Fifa" representam bem esse descompasso. O descontentamento também era expresso por uma carga tributária de 37% do PIB, acima da média da OCDE, diante de um contraste abissal de subfinanciamento de políticas públicas. Além do mais, existia uma percepção generalizada de corrupção, que passou a ser a preocupação prioritária dos eleitores brasileiros, à frente inclusive de desemprego, inflação ou violência.

Portanto, os protestos tinham como foco o desempenho do governo, não a reforma das instituições políticas. As bandeiras das manifestações — pedindo "reformas políticas" — eram enganosas: em pesquisa encomendada pelo Instituto Perseu Abramo, os entrevistados não citaram instituições políticas nenhuma vez quando questionados sobre suas propostas de reforma. Em vez disso, apontaram para uma série de reformas destinadas a melhorar a prestação de serviços públicos e reduzir a corrupção.

Interpretar as manifestações como evidência da disfuncionalidade sistêmica das instituições políticas do país é perder de vista o papel que elas desempenharam ao criar as condições para que os cidadãos exigissem uma governança mais responsável, inclusive a partir do combate à corrupção e da alternância de poder por meio de eleições limpas e competitivas.

Com isso, não estamos argumentando que o sistema político não necessitava de reformas e ajustes. Mas estes seriam pontuais, e não estruturais. Ou seja, o presidencialismo com presidente forte, combinado com multipartidarismo e instituições de controle independentes, tem gerado equilíbrio e estabilidade democrática.

Na realidade, foi esse o espírito que preponderou na maioria dos ajustes que se sucederam após os protestos de 2013. Foram rechaçadas as propostas de consulta popular via plebiscito ou referendo para decidir sobre uma reforma que alterasse amplamente a estrutura do sistema político. Por outro lado, os protestos criaram condições políticas para que várias reformas pontuais importantes fossem implementadas, algumas delas ainda no governo Dilma Rousseff. Destacam-se, entre outras, a Lei Anticorrupção, a lei que define organização criminosa, a que especifica regras para delação premiada e acordos de leniência, o financiamento público de campanha, a cláusula de desempenho, o fim das coligações proporcionais e a criação das federações partidárias.

Os protestos de 2013 surgiram, portanto, como resposta ao baixo desempenho geral do governo na provisão de serviços públicos de qualidade, à reversão das expectativas econômicas e à sensação de corrupção generalizada dos cidadãos.

O que tivemos foi, por um lado, um descompasso entre as expectativas geradas pelo boom econômico e as possibilidades de sua realização (privação progressiva, diria o cientista político Ted Gurr, no clássico *Why Men Rebel*);[4] e, por outro lado, uma crise institucional de representação associada sobretudo ao padrão de governança de coalizões pelo PT. Esta forjou a percepção de um conluio generalizado: um divórcio radical entre atores políticos e eleitorado, no qual os primeiros se voltam exclusivamente para seus próprios interesses. O cinismo cívico resultante produziu o *"que se vayan todos"*.

As imagens-símbolo do "conluio" foram o aperto de mãos entre Fernando Haddad e Paulo Maluf, selando uma aliança durante as eleições de 2012, meses antes das manifestações; e o pastor Marco Feliciano (que ficara famoso pela "cura gay") eleito com apoio do PT para a presidência da Comissão de Direitos Humanos da Câmara. O slogan "não nos representam" se tornou jargão comum.

O timing do julgamento do mensalão foi fator conjuntural decisivo. Transmitido ao vivo, em uma corte majoritariamente indicada pelo PT, adquiriu enorme e inédita visibilidade. Dois presidentes do partido — José Dirceu, cassado em 2005, e José Genoíno — foram condenados à prisão, a poucos meses das manifestações. Embora condenado, Genoíno tomou posse na Câmara, em janeiro de 2013, gerando comoção pública. Seu irmão teve assessor flagrado com 100 mil dólares na cueca, episódio amplamente noticiado na mídia. E houve tantos outros. A corrupção tornou-se o foco central da agenda pública. E, claro, bandeira da oposição.

Produto de uma aliança entre a Conferência Nacional dos Bispos do Brasil (CNBB) e o TSE, a Lei da Ficha Limpa nutriu-se dessa fonte.[5] No processo de mobilização social para reunir apoio para a iniciativa, as dioceses foram a chave para as 1,6 milhão de assinaturas e para a aprovação pelo Congresso por unanimidade. As 1500 audiências públicas sobre a lei, realizadas em todo o Brasil pelo TSE, idem. A bandeira da corrupção não foi brandida ou defendida apenas por procuradores e pela chamada República de Curitiba. Foi produto de demandas profundamente enraizadas na sociedade brasileira, que tiveram impactos decisivos sobre eventos como o impeachment, como veremos nas próximas páginas.

7. Impeachment como bomba atômica: Da distribuição à contenção

A ARMA PESADA DO MUSEU DE ANTIGUIDADES
CONSTITUCIONAIS

Visto da perspectiva de eventos raros, o processo de impeachment presidencial ocorrido em 2016 não se deu graças a uma trivialização — uso irresponsável e fortuito, que não antecipa suas possíveis consequências — dessa "arma pesada e de difícil manuseio do museu de antiguidades constitucionais". Sílvio Romero, quando assim se expressou em *Parlamentarismo e presidencialismo na República brasileira*, publicado em 1893, logo após a adoção do sistema presidencial entre nós, reflete a forma como o impeachment tem sido visto pelos analistas por mais de um século. Ele, na realidade, estava se referindo ao déficit de responsabilização do Poder Executivo sob o regime presidencialista. O impeachment não daria conta de controlar presidentes. Sua análise antecipa muitas das avaliações feitas pelo cientista político espanhol Juan Linz, principal crítico do sistema presidencialista na comunidade acadêmica. Mas Romero estava errado, pois não podia prever o futuro. O impeachment é uma arma do museu de antiguidades constitucionais e isso não só na democracia brasileira, mas também no contexto latino-americano e no das democracias avançadas (como a dos Estados Unidos).

O impeachment de Dilma Rousseff tampouco representou uma canônica crise de paralisia decisória, supostamente comum a regimes presidencialistas multipartidários.[1] Afinal, a presidente não implementou uma agenda unilateral, nem produziu uma crise constitucional ao confrontar decisões judiciais ou legislativas, como nos casos clássicos descritos por Linz — a Alemanha de Weimar e o Chile sob Allende. Muito menos representou um problema de *legitimidade dual* — em que, como assinala Linz, presidente e Legislativo se confrontam, frequentemente deflagrando a intervenção de terceiros atores, como os militares. Na verdade, quando Dilma Rousseff perdeu o apoio da base parlamentar, instaurou-se a coabitação entre um *ersatz* (substituto) de primeiro-ministro (Eduardo Cunha), sustentado pela maioria do Parlamento, e uma chefe do Executivo à deriva. Produziu-se mais uma espécie de "semipresidencialização" de nosso sistema do que uma crise presidencialista. E mais: a chefe do Executivo resignou-se à arbitragem da Corte Suprema e às escolhas do Congresso. Dilma e o PT acataram as decisões do STF, que agiu provocado pelos participantes do jogo — inclusive pela própria ex-presidente —, assim como se resignaram ao próprio juízo expresso pelo Senado, esvaziando assim a narrativa de que o impeachment teria sido um golpe.

O impeachment de Dilma não resultou da miopia de uma elite política incapaz de divisar as consequências de suas ações sob a ameaça de procuradores brandindo a bandeira anticorrupção. O protagonismo destes se inscreve, na verdade, em um robusto processo de fortalecimento institucional que vem desde a Constituição de 1988 e que afetou também o sistema judiciário, sobretudo as cortes superiores.

AS BASES INSTITUCIONAIS E POLÍTICAS
DO IMPEACHMENT

Sílvio Romero estava certo sobre o déficit de responsabilização do presidente e a rigidez dos regimes presidencialistas, resultantes do mandato fixo. Existem vários aspectos institucionais que diferenciam regimes parlamentaristas de presidencialistas, e um dos mais marcantes é justamente a flexibilidade/rigidez no processo de substituição do chefe do Executivo.

Enquanto no parlamentarismo os poderes Executivo (o primeiro-ministro e seu gabinete) e Legislativo (membros do Parlamento) têm a mesma origem e fonte de sobrevivência — daí serem considerados poderes unificados —, no presidencialismo o chefe do Executivo (presidente) e os legisladores têm fontes de sobrevivência independentes, o que caracteriza a separação de poderes. Ou seja, a sobrevivência do governo no parlamentarismo depende fundamentalmente da confiança da maioria do Parlamento, que pode remover o governo do poder de forma relativamente flexível e a qualquer momento do seu mandato, seja por um "voto de não confiança", seja pela rejeição de um "voto de confiança" iniciado pelo governo. Já o presidente, por ter um mandato fixo, não pode ser de imediato removido do cargo, mesmo sendo fácil responsabilizá-lo por potenciais erros quando não mais desfruta de uma maioria legislativa.

Essa dificuldade de remover um presidente, mesmo que incompetente ou pernicioso, decorreria da necessidade de proteção institucional do mandato do chefe do Executivo contra investidas fortuitas dos outros poderes que viessem a colocar em risco a independência entre eles. Entretanto, diante do risco de que pessoas ineptas ou perigosas chegassem à Presidência e abusassem do poder, o impeachment é o instrumento clássico do repertório de ações cabíveis em regimes presidencialistas.

62

Alguns argumentam que o fato de o Brasil, em pouco mais de 35 anos, já ter abreviado por meio de impeachments o mandato de dois presidentes legitimamente eleitos seria um sinal de que algo não estaria bem com a democracia brasileira. Que viveríamos uma espécie de trivialização desse mecanismo. Alega-se que impeachments acentuam a polarização política, aumentam conflitos entre partidos, desenvolvem a sensação de crise política permanente e generalizada, chegando, assim, a criar desconfiança a respeito das próprias regras do jogo democrático.

O impeachment de um presidente é um fenômeno improvável e, portanto, raro. É necessária a conjunção de vários elementos para que se configure uma espécie de "tempestade perfeita" contra o chefe do Executivo. Desde a promulgação da Constituição de 1988 até julho de 2023 já ocorreram 363 denúncias/pedidos de impeachment, contra todos os ex-presidentes brasileiros.[2] Quase a metade delas, 158, foram contra Jair Bolsonaro, mais 68 contra Dilma Rousseff, 37 contra Lula em seus dois primeiros mandatos, 31 contra Michel Temer, 29 contra Fernando Collor, 24 contra Fernando Henrique Cardoso, doze contra Lula em seu terceiro mandato e quatro contra Itamar Franco. Entretanto, menos de 1% dessas denúncias/pedidos foram de fato efetivadas (Fernando Collor em 1992, e Dilma Rousseff em 2016). Como demonstram Mariana Llanos e Aníbal Pérez-Liñán,[3] essa marca é muito inferior à das democracias parlamentaristas avançadas, em que 5% dos votos de não confiança iniciados levaram de fato à queda antecipada de seus governos.

Ou seja, antes de significar uma fragilidade do desenho institucional, o uso de impeachments pode representar momentos de efervescência da democracia representativa, sendo também um sinal de aprendizado político. O mais interessante é que o uso desse instrumento, efetivado ou não, tem ocorrido sem rompimentos ou comprometimentos à estabilidade da democracia brasileira. Os pedidos de impeachment que se efetivaram seguiram as regras estabelecidas na Constituição e seus procedimentos foram chancelados pela Suprema Corte, o que lhes conferiu legitimidade, independentemente de alegações de uma suposta falta de merecimento dos governantes penalizados.

MÚLTIPLAS CAUSAS

A interrupção de mandatos presidenciais é um fenômeno complexo que tem várias causas. Embora não exista, nas publicações especializadas, uma teoria clara sobre os determinantes de um impeachment, a parca literatura comparada latino-americana sobre o tema[4] identifica a presença de pelo menos quatro elementos comuns para que ele aconteça:

- crise econômica generalizada seguida de políticas de ajuste que geram grandes perdas no curto prazo para a maioria do eleitorado;
- escândalo de corrupção que acarrete fortes desgastes à popularidade do presidente;
- manifestações populares em massa tendo o Executivo como principal fonte e alvo dos protestos;
- perda de maioria do governo no Legislativo, especialmente pela quebra de sua coalizão.

Embora esses fatores sejam essenciais, pois foram observados em todos os casos bem-sucedidos, Aníbal Pérez-Liñán lembra que ainda não são suficientes para desencadear processos de impeachment.[5] Existem exemplos de países que, mesmo apresentando essas quatro condições, não tiveram esse desfecho. De todo modo, nos casos dos presidentes Fernando Collor (acusado de corrupção) e Dilma Rousseff (acusada de crimes fiscais e orçamentários), todos os elementos estavam presentes.

A gravidade das irregularidades cometidas pelo governante, que configurariam os potenciais crimes de responsabilidade, assume um papel secundário nesse jogo. É ingenuidade tentar comparar qual governante merecia mais ou menos ter seu mandato finalizado por uma decisão da maioria qualificada de parlamentares, pois cada caso de impeachment apresenta motivações distintas e desenvolvimentos políticos muito particulares.

Embora o impeachment seja um mecanismo institucional que permite a remoção de presidentes que tenham cometido alguma violação à lei e, no caso específico do Brasil, que tenham cometido crime de responsabilidade, essa ferramenta é de natureza híbrida — ou seja, tanto jurídica quanto política. Isso se faz necessário para evitar a remoção injustificada de um chefe do Executivo democraticamente eleito ou a manutenção de um presidente desviante, que a despeito de ter cometido claras violações, possui instrumentos e capacidade para impedir o avanço de denúncias contra seu governo no Legislativo.

IMPEACHMENT EM UM SISTEMA POLÍTICO HÍBRIDO

O sistema político brasileiro é híbrido porque possui tanto elementos de consenso como majoritários. O sistema eleitoral para a Câmara dos Deputados é proporcional de lista aberta; o Judiciário e o Ministério Público são independentes; temos federalismo; governadores eleitos; agências reguladoras autônomas; constituições estaduais; bicameralismo; Constituição extensa e detalhada. Todos esses são instrumentos de consenso. Basicamente, no nosso desenho institucional, o único elemento majoritário que contrabalança os elementos de dissenso é o poder constitucional do presidente. O Executivo é muito forte, com amplos poderes constitucionais, de agenda, orçamentários etc. Essa combinação requer que o partido que chega ao poder não se comporte de forma puramente majoritária, mas que leve em consideração esses elementos de consenso.

Desde 2003, quando ocupou a Presidência pela primeira vez, o PT tem se comportado de forma majoritária dentro de um sistema híbrido. Ou seja: quis impor sua escolha a despeito da preferência agregada do Congresso e tem feito a alocação de recursos políticos e financeiros de forma monopolista, concentrando tais recursos no próprio PT, a despeito do peso político de seus parceiros. Isso gerou animosidades e disputas internas entre parceiros da coalizão, sobretudo em momentos explícitos de vulnerabilidade política do chefe do Executivo, quando os aliados veem janelas de oportunidade para reequilibrar a alocação de poder e recursos.

O sistema político brasileiro, em última instância, reagiu com o impeachment da ex-presidente Dilma. Não foi uma reação da oposição, pois a oposição esteve completamente marginal nesse jogo. Tanto no processo de impeachment quanto nas votações no Congresso, a oposição era minoritária. A coalizão do governo Dilma Rousseff era majoritária. É como se os parceiros de coalizão estivessem reagindo à forma de governar do PT, que se demonstrou contrária ao desenho de um sistema com características marcadamente consensualistas. Em outras palavras, existiu uma incongruência entre a natureza do sistema político brasileiro e a forma como o PT governou. O PT não percebeu que sua forma de governar geraria, cedo ou tarde, custos crescentes para o governo.

Outros fatores também contribuíram, como o que os cientistas políticos denominam de *policy switch* (reversão de políticas). Dilma fez um discurso na campanha como se tudo, especialmente a economia, estivesse sob controle. Já a oposição adotou o discurso de que o Brasil estava numa rota caótica, de desequilíbrio macroeconômico e fiscal. O governo negou, dizendo que a situação estava sob controle, mas estava maquiando informações. Quando Dilma se reelegeu e suas primeiras medidas foram na direção contrária — nomeando, por exemplo, Joaquim Levy, um economista com ph.D. pela Universidade de Chicago e executivo do Bradesco, para ministro da Fazenda —, ocorreu uma completa frustração e reversão de expectativas. Um assombroso *policy switch* ocorreu entre o que ela pregou na campanha e o que adotou no segundo mandato, com custos sociais brutais decorrentes do ajuste fiscal.

Presidentes que cometem estelionato eleitoral têm dificuldade para governar e fazer um sucessor. Isso aconteceu também, em alguma medida, com Fernando Henrique entre 1998 e 2002, quando o governo negou a necessidade de desvalorização do real, mas o fez logo após a reeleição. Ocorreu também com Fernando Collor, quando ele confiscou a poupança dos brasileiros. Com Dilma, a traição ficou óbvia. Sua campanha agiu de forma estratégica, mas pouco sincera com o eleitor.

AS ESCOLHAS DO PT AO MONTAR E GERIR SUAS COALIZÕES

Como já mencionado, há vários diagnósticos para a profunda crise política que assolou o Brasil após a reeleição de Dilma Rousseff em 2014. O argumento defendido neste livro é o de que as escolhas estratégicas de gestão da coalizão e, de forma mais geral, da política de coalizão pelo chefe do Executivo são centrais para explicar a crise política que desembocou no impeachment de 2016. O enfraquecimento conjuntural da Presidência resultou na quebra da coalizão e deflagrou uma interação estratégica entre as lideranças do Partido do Movimento Democrático Brasileiro (PMDB), cujo desenlace levou a um ponto de não retorno e ao impeachment.

A ascensão do PT ao Planalto produziu um modelo de gestão de coalizão muito peculiar. Caracterizou-se por grande número de parceiros ideologicamente heterogêneos, pela concentração de poder e de recursos no partido hegemônico, pela má distribuição de poder dentro da coalizão e por coalizões distantes da preferência mediana do Legislativo.

Essas escolhas produziram animosidades e desconfianças. Além disso, geraram problemas de coordenação crescente e aumentaram os custos de governabilidade. Pouco a pouco, os tecidos de cooperação foram se esgarçando e se deteriorando. Então, os poderes de barganha e de agenda escaparam das mãos da presidente, sendo transferidos para aliados não alinhados com o governo, que passaram a inflacionar o preço do apoio político no Congresso.

O jogo distributivo de gerência de coalizão sob a coordenação do presidente, que discricionariamente aloca poderes e recursos de forma proporcional ao peso político de cada parceiro, foi desvirtuado na gestão petista e substituído por um jogo de contenção em que o que importava era a sobrevivência política.

O PT ocupou a grande maioria dos ministérios mais cobiçados do Planalto — 21 dos 35 no início do primeiro governo Lula, e dezessete de 36 no início do primeiro governo Dilma. E mais: detinha 66% dos cargos de escalões superiores na burocracia federal, destinando aos demais partidos da coligação espaços bem menores. PMDB, Partido Popular (PP) e Partido Trabalhista Brasileiro (PTB) tiveram, respectivamente, 12%, 6% e 5% dos cargos.[6] A disputa por cargos em diferentes níveis aprofundou as fissuras entre os membros da coalizão. Além do mais, a maior parte das emendas ao orçamento de autoria dos parlamentares de partidos aliados ao governo não vinha sendo executada. O mesmo tratamento, entretanto, não se verificava com os parlamentares do PT, que eram mais efetivos na execução de suas emendas e, portanto, conseguiam alimentar sua base política nos municípios beneficiados.

Tome-se, por exemplo, a média do número efetivo de partidos (NEP) no Congresso, medida que revela o quão concentrado ou fragmentado é o poder no Legislativo e que é calculada a partir da razão entre o número de partidos existentes e o número de cadeiras conquistadas por partido. Essa média alcançou inigualáveis 16,4 partidos efetivos nas eleições de 2018 que elegeram Jair Bolsonaro para presidente; foi de 13,4 durante o governo Temer; de onze sob Dilma; nove sob Lula; sete sob FHC; oito sob Collor/Itamar; e cinco sob Sarney.

No entanto, quando olhamos as transições de governo, notamos mudanças na gestão de coalizão sem que tenha havido alteração perceptível na fragmentação. Por exemplo, de julho de 2002 a outubro de 2003, a despeito do competitivo processo eleitoral de 2002, não houve alteração significativa na fragmentação, que girou em torno de 8,4 partidos efetivos.

O mesmo ocorreu na transição Dilma-Temer, ao longo de 2015-6, esta sem processo eleitoral, na qual o número efetivo de partidos se manteve em torno de 13,4. O aumento da fragmentação partidária não pode, portanto, ser responsabilizado pelas escolhas de gestão da Presidência. Além do mais, ao contrário do que se pensava — que se tratava de um processo inexorável de crescimento —, a fragmentação partidária reduziu a partir das reformas no sistema eleitoral de 2017, notadamente ao fim das coligações nas eleições proporcionais e com a cláusula de desempenho de pelo menos 10% do quociente eleitoral para que os partidos tenham acesso aos fundos partidário e eleitoral.

Se a fragmentação não se alterou durante as transições de governo, o mesmo não se pode dizer das variáveis de gerência da coalizão. Por variáveis de gerência da coalizão entendemos as escolhas do Executivo quanto ao desenho da coalizão partidária — o número de partidos que a constituirão e a similaridade ou a diferença de preferências entre parceiros. Inclui-se aí o modo de compartilhar poder e recursos com esses aliados: se de uma forma proporcional, levando em consideração o peso político de cada parceiro, ou de forma monopolista, concentrando a maioria dos recursos em um único partido, normalmente o do presidente. Essas escolhas podem ou não gerar uma coalizão que espelhe a preferência mediana do plenário do Congresso.

GOVERNO DIVIDIDO NO PRESIDENCIALISMO MULTIPARTIDÁRIO

O padrão de gestão monopolista parece ser uma resposta do PT à difícil tarefa de chefiar o Executivo no presidencialismo multipartidário, diante de forte desalinhamento de preferências entre o presidente e o Congresso Nacional. Essa configuração aumenta o risco de ocorrência do que estamos definindo como *governo dividido*, um fenômeno que pode estar presente mesmo quando a coalizão do presidente desfruta de folgada maioria numérica no Legislativo — caso de Dilma Rousseff em seu segundo mandato.

Um governo dividido no presidencialismo bipartidário, caso dos Estados Unidos, existe quando o partido do chefe do Executivo não tem maioria em uma das casas do Congresso. Já no parlamentarismo multipartidário, que é o padrão na maior parte da Europa, ocorre quando a coalizão governista fica aquém da maioria das cadeiras do Parlamento. Em presidencialismos multipartidários, como o que caracteriza o Brasil, configura-se um governo dividido quando a distância ideológica entre a mediana da coalizão governamental e a do Congresso é elevada; ou seja, quando as alianças que sustentam o Executivo e o Congresso têm preferências políticas muito diferentes.

Essa situação tende a ocorrer, como já afirmamos, quando o governo é potencialmente cindido; isto é, quando o partido do chefe do Executivo for de esquerda, mas a mediana do Congresso for mais inclinada à direita, e vice-versa. Entretanto, governos potencialmente cindidos não precisam ser divididos. É possível que o presidente, ao antever as dificuldades de gestão, construa uma coalizão de governo mais próxima daquela que caracteriza o Legislativo. Para tal, é necessário, por óbvio, abrir mão de certo protagonismo ou priorizar agendas que podem destoar das propostas na campanha presidencial. Esse talvez seja um dos maiores paradoxos do sistema presidencialista multipartidário. Nem sempre a preferência eleitoral majoritária que elege o presidente vai coincidir com a preferência agregada do Legislativo. Nessas ocasiões, o presidente terá de fazer escolhas: se governará para a maioria dos eleitores ou para a mediana do Congresso. Governar nesse ambiente é quase sempre sinônimo de construir coalizões mirando a preferência do Congresso, em que o presidente aposta que as políticas que conseguir aprovar em cooperação com o Legislativo vão compensar as possíveis perdas de curto prazo com os eleitores.

O Executivo tem duas estratégias fundamentais para administrar o presidencialismo de coalizão. Pode compartilhar poder de fato e atuar no "atacado", ou gerir no "varejo", por meio, por exemplo, da execução de emendas de autoria dos parlamentares em troca da aprovação de projetos específicos.

Há evidências de que as duas estratégias — atacado e varejo, também chamadas de benefícios coletivos e privados — são substitutas imperfeitas, e não complementares.[7] Quem se vale muito de uma estratégia precisa menos da outra. Em tese, a estratégia "ótima" para o Executivo seria transferir poder para aliados ideologicamente mais próximos e recursos de varejo para os mais distantes.

Compartilhar poder implica um conjunto grande de ações, nem todas passíveis de serem quantificadas. O primeiro passo é a construção de uma coalizão a partir da negociação de um programa de governo e uma plataforma de políticas públicas que sirvam como base mínima de ação política.

Naturalmente, é necessário haver concessões de ambos os lados para cimentar as ações da coalizão. Por exemplo, o PSDB no governo FHC era mais liberal, na agenda econômica e comportamental, do que o antigo Partido da Frente Liberal (PFL). Mas, via de regra, ocorre o contrário. Várias das agendas de liberalização dos mercados do governo FHC foram concessões por parte do PFL. Elas representavam melhor a preferência do aliado do que a preferência do partido do presidente.

Já um exemplo de má gerência da coalizão foi a tramitação na Câmara, durante o primeiro semestre de 2015, do projeto de lei que regulamenta a terceirização no mercado de trabalho. Vários partidos da base de Dilma eram a favor o projeto. O partido da presidente, porém, era contrário. O PT fez dura campanha contra os deputados que apoiavam a lei, o que envenenou a unidade da base e dificultou a tramitação das medidas de ajuste fiscal do ministro Joaquim Levy em um momento posterior.

Decorrência natural do compartilhamento de poder e da construção de uma pauta comum à coalizão é distribuir cargos e ministérios de forma proporcional ao peso relativo de cada partido da base no Legislativo. Outra consequência lógica é o menor protagonismo do partido do presidente no gabinete.

Um bom teste para avaliar as alterações que ocorreram na gestão política nos últimos anos é observar a evolução de alguns indicadores na passagem de 2002 para 2003. O indicador de heterogeneidade ideológica da coalizão presidencial, que mede o grau de discordância entre seus membros por meio de pesquisas com os próprios legisladores, saltou de 22 para 67.[8] É verdade que no final do governo FHC, em razão da saída do PMDB da base do governo, o marcador assinalava valores bastante baixos. No entanto, o valor máximo atingido pelo indicador ao longo dos oito anos de FHC foi 55.

Outra métrica que deve ser examinada é o índice de coalescência do gabinete, que mensura o quão proporcional é a cota de ministérios dos partidos pertencentes à coalizão presidencial em relação ao número de cadeiras ocupadas pelos partidos parceiros na aliança.[9] O índice marca cem se houver proporcionalidade perfeita entre a distribuição de ministérios e o peso de cada partido na base, e zero no caso oposto. Esse indicador caiu de 61 para 49 entre o fim da administração do PSDB e o início da do PT.

CUSTO DE GOVERNABILIDADE E ESCOLHAS DE GESTÃO DE COALIZÕES

Coalizões muito heterogêneas e com menor compartilhamento do governo resultam em um custo maior de governabilidade, em especial por causa do uso do "varejão" como estratégia prevalente de negociação. Apesar de o governo FHC ter aprovado um número maior de emendas constitucionais por ano — 4,75 ante duas de Lula, e um número ainda menor de Dilma —, ele liberou menos recursos para emendas parlamentares. Tomando o valor dessas emendas de modo proporcional ao PIB como primeira aproximação do custo de governabilidade, o dispêndio na era FHC ficou em torno de 0,15% por ano, bem menor que os 0,56% por ano da era Lula.

Uma métrica mais elaborada é o Índice de Custo de Governabilidade (ICG) criado por Frederico Bertholini e Carlos Pereira, que contabiliza as seguintes variáveis:[10] tamanho do governo, medido pelo número de ministérios; valor em reais das emendas executadas de autoria dos parlamentares pertencentes aos partidos da coalizão; e gastos totais dos ministérios alocados a legendas aliadas.

Como pode ser visto no gráfico 1, o índice, que varia de 0 a 100, atingiu os valores médios de catorze e 38, respectivamente, no primeiro e no segundo mandatos de Fernando Henrique. Saltou para o patamar de 63 e 69, respectivamente, no primeiro e no segundo governos de Lula, quando o presidente decidiu montar uma coalizão com um grande número de partidos heterogêneos, monopolizar poderes e direcionar a maioria dos recursos para o próprio PT, mantendo-se distante da preferência do plenário do Congresso.

GRÁFICO 1: ÍNDICE MÉDIO DO CUSTO DE GOVERNABILIDADE POR GOVERNO

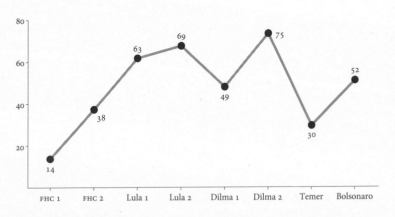

FONTE: Gráfico elaborado com dados cedidos pelos autores a partir de Frederico Bertholini e Carlos Pereira, "Pagando o preço de governar: custos de gerência de coalizão no presidencialismo brasileiro". *Revista de Administração Pública*, v. 5, n. 4, pp. 528-50, 2017. E Bernardo Strufaldi, *Custo de formação de coalizões no presidencialismo brasileiro*. Monografia de conclusão de bacharelado (Economia). Universidade de Brasília, 2023.

Os custos de governabilidade para o período Dilma na Presidência, por sua vez, diminuíram para 49 em seu primeiro mandato, mas aumentaram consideravelmente, para 75, em apenas dois anos de seu segundo mandato, em especial em 2015, quando atingiu o auge de cem pontos do índice de governabilidade. É possível que esse aumento tenha decorrido de sua estratégia desesperada para impedir o abreviamento de seu mandato, bem como para lidar com a impositividade da execução das emendas individuais dos parlamentares ao orçamento. A média do custo de governabilidade, entretanto, despencou para trinta durante o governo Temer, que, embora tenha montado uma coalizão muito grande, tinha um perfil homogêneo de centro-direita e próximo da mediana do Congresso, compartilhando proporcionalmente recursos com os parceiros. Mas voltou a subir para o patamar de 52 durante o governo Bolsonaro, em particular na segunda metade de seu mandato (75,70 em 2021e 64,03 em 2022) após ter construído uma coalizão minoritária de sobrevivência com o Centrão.

Além de aumentar o custo de governabilidade, as escolhas das gestões petistas acabaram por agravar o problema da fragmentação partidária. O índice de necessidade de coalizão — obtido pela multiplicação do tamanho relativo do partido do presidente no Congresso pelo número efetivo de partidos — não subiu nos oito anos do governo FHC. Tanto no início da gestão quanto no fim, o indicador apontou 62. Ao longo do governo do PSDB, caiu um pouco, com o aumento da bancada tucana no Congresso durante os primeiros quatro anos; no segundo mandato, cresceu pelo motivo oposto. Sob a égide petista, porém, sempre subiu. Partiu de 67 e terminou 2010 em 85. No período Dilma, o indicador explodiu, atingindo 132.

CONFRONTOS E DISPUTAS COM O PMDB

A cisão da coalizão que dava sustentação ao governo Dilma resultou, em termos práticos, da estratégia malsucedida do Executivo de confrontar e solapar seu principal parceiro de coalizão — o PMDB —, estimulando a criação de novos partidos de centro e de direita. É implausível considerar que essa tendência em nada tenha sido condicionada pelas escolhas de gestão da coalizão. Claramente, a decisão de tentar construir "pequenos PMDBS" (com siglas como Pros, PSD, PRB etc.), em vez de negociar melhor e compartilhar proporcionalmente mais poderes e recursos com o PMDB original e demais parceiros, explica muito da deterioração.

Diante desses sucessivos mal-entendidos, insatisfações, promessas não cumpridas e acesso reduzido ao poder e aos recursos, os aliados da presidente começaram a construir alternativas para aumentar seu poder de barganha junto ao governo e tentar equilibrar o jogo distributivo. Para um parceiro político que já não vinha sendo recompensado de acordo com seu peso no Congresso, sua quebra com a coalizão era uma questão de tempo e de oportunidade. E a oportunidade para o PMDB surgiu com a eleição para o novo presidente da Câmara dos Deputados, no início de 2015.

A interpretação dominante entre a base do partido era de que havia necessidade de eleger um deputado com perfil forte e que tivesse condições de enfrentar o governo. O nome que surgiu foi o de Eduardo Cunha (PMDB-RJ), que fez carreira meteórica no Legislativo, com ótimo trânsito entre os parlamentares, especialmente os do considerado "baixo clero", e que venceu as eleições.

Ao longo dos oito anos do governo FHC, o Executivo nunca perdeu uma eleição para a presidência da Câmara. Na gestão petista houve duas derrotas, sendo que a segunda alçou à presidência da casa um inimigo implacável, deixando o partido da presidente vulnerável e integralmente fora da composição da mesa diretora. É difícil conceber que esses reveses não estejam associados às escolhas de gestão da coalizão do próprio PT.

Para se ter um contraponto, no governo Temer observamos uma mudança radical no padrão de gestão de coalizão. A despeito da altíssima fragmentação partidária, com um escore médio de 13,4 no número efetivo de partidos políticos, e da consequente necessidade de se montar uma coalizão com grande número de legendas, Temer foi capaz de construir a coalizão ideologicamente mais homogênea desde a transição para a democracia dos anos 1980. Foi também a coalizão mais proporcional de todos os presidentes e a que menos concentrou poder no próprio partido. Além do mais, como pode ser observado no gráfico 2, a preferência mediana de sua coalizão era muito mais próxima da mediana do Congresso do que na era petista.

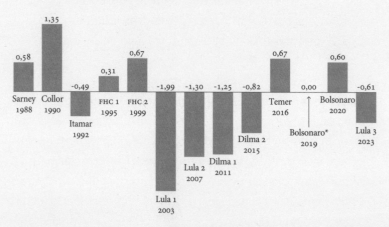

GRÁFICO 2: DISTÂNCIA ENTRE A PREFERÊNCIA MEDIANA DA COALIZÃO DO PRESIDENTE E A PREFERÊNCIA MEDIANA DO PLENÁRIO DA CÂMARA DOS DEPUTADOS

FONTE: Elaborado pelos autores a partir de Cesar Zucco, "Brazilian Legislative Surveys (Waves 1-9, 1990-2021)". Harvard Dataverse, 2023.

Esse padrão inicial do governo Temer de gerência da coalizão se mostrou sustentável ao longo do tempo e, consequentemente, gerou menor custo de governabilidade e reduzida necessidade de negociações no varejo. Ao mesmo tempo, foi mais bem-sucedido no que diz respeito aos interesses do Executivo no Congresso, mesmo diante de uma agenda carregada de reformas constitucionais. O governo Temer, na realidade, é um verdadeiro contrafactual e levanta sérias dúvidas aos argumentos de que a fragmentação partidária e a polarização política seriam entraves intransponíveis para uma boa gerência de coalizão.

Diante da ambição do governo Temer de realizar ajustes hercúleos na economia e reformas estruturais profundas, é importante salientar que uma boa gerência de coalizão não é necessariamente sinônimo de escolhas políticas adequadas. Boa gerência de coalizão significa construir um ambiente propício para que o presidente encontre menor resistência no Legislativo, obtendo mais sucesso em suas iniciativas no Congresso e incorrendo em menores custos de governabilidade. Mesmo decisões de políticas públicas e reformas estruturais adequadas encontrariam dificuldades maiores e altos custos de governabilidade diante de uma má gerência da coalizão.

Logo, a gerência de coalizão, com a escolha de parceiros que compartilhem um mínimo de preferências quanto a políticas e com poderes e recursos alocados proporcionalmente a aliados, pode ocorrer mesmo diante de alta fragmentação partidária. A alta fragmentação partidária, portanto, deve ser interpretada como uma restrição, e não como um obstáculo intransponível para que um presidente monte coalizões razoavelmente consistentes.

A experiência do PT na chefia do Executivo nacional e toda a crise política durante suas gestões sugerem que a estratégia de adotar atalhos para gerir um governo potencialmente dividido não funcionou. Ao longo do tempo, apenas gerou maiores custos — para o país e para o próprio partido — do que os que seriam oriundos da decisão de aceitar as diferenças e trabalhar com a realidade da política.

A *realpolitik* no Brasil é definida pela ideologia mediana do Congresso Nacional, e não pela ideologia do partido do chefe do Executivo. Ou seja, ter um Executivo constitucionalmente forte e politicamente poderoso não é garantia de que a preferência ou a ideologia do partido do presidente prevaleça.

O impeachment do segundo chefe do Executivo, de um total de nove eleitos desde a redemocratização, sugere que um comportamento congruente do presidente com a preferência mediana do Congresso é fundamental para o funcionamento do presidencialismo multipartidário.

IMPEACHMENT E LAVA JATO

O cientista político Fernando Limongi, no livro *Operação Impeachment: Dilma Rousseff e o Brasil da Lava Jato*, oferece uma narrativa rival sobre o impeachment de Dilma Rousseff ao argumentar que sua remoção do poder teria servido de moeda de troca para acabar com a Operação Lava Jato. Ele alega que os tradicionais parceiros de coalizão do PT, em especial o PMDB e o PP, mas também o PSDB, supostamente receosos de que as investigações pudessem atingi-los, teriam decidido "cortar a cabeça" da ex-presidente em um "pacto para deter a Lava Jato". O rompimento da coalizão que sustentava o governo Dilma no Congresso se justificaria, de acordo com Limongi, pela "sobrevivência" dos "traidores" que outrora eram aliados. Como se o governo Temer pudesse oferecer uma proteção contra a Lava Jato que Dilma já não mais conseguiria oferecer.

O argumento apresenta limitações.

Em primeiro lugar, a própria Dilma e o PT também estavam sob ameaça da Lava Jato e do Ministério Público Federal (MPF). Em segundo lugar, embora a autodefesa em relação à Lava Jato fosse um objetivo dos membros da coalizão, ela não é condição suficiente para um impeachment. O processo só se tornou viável pela janela de oportunidade criada pela combinação de um enfraquecimento brutal da presidente em virtude da exposição da corrupção durante o mensalão e a Lava Jato, da crise econômica sem precedentes e do estilo monopolista de gestão de coalizão do PT. Ademais, como discutiremos a seguir, a dinâmica da interação estratégica com Eduardo Cunha, que detinha poderes de *gatekeeper* (ou seja, de abrir ou não o "portão" do impeachment), assumiu características cujo desenlace levou ao impeachment. Na ausência desses fatores, o impedimento da ex-presidente decerto não teria ocorrido.

Em terceiro lugar, há um problema potencial de coordenação envolvido. Por que a força-tarefa da Lava Jato aliviaria as investigações dos parceiros de coalizão do PT com o impeachment da presidente Dilma? O argumento exigiria um altíssimo grau de coordenação entre atores políticos e agentes da justiça com preferências extremamente distintas, o que o torna inverossímil. Estamos, na realidade, enfatizando a impossibilidade de Temer oferecer um compromisso crível de que poderia controlar a Lava Jato, embora esse pudesse ser o leitmotiv da estratégia. Assumindo que Dilma não se mostrava capaz de controlar a situação, seus parceiros da coalizão promoveram o impeachment para fazê-lo. Embora tenham sido motivados por esse objetivo, os antigos parceiros da coalizão operavam sob fortes constrangimentos por parte da opinião pública, da Lava Jato e do Poder Judiciário. Como consequência, os resultados observados foram pífios, e isso não se explica pelo fato de os ex-parceiros serem míopes ("darem um tiro no pé") ou irracionais em suas crenças.

A ameaça que a Lava Jato representava, na realidade, passou a promover a coesão da base aliada: a estratégia dominante foi apoiar o governo. O sucesso do governo Temer seria a tábua de salvação da base parlamentar. Ficou claro que os políticos haviam perdido as rédeas das organizações de controle. O quadro passou a ser de *ilegitimidade dual*: ambos os poderes — Executivo e Legislativo — detinham agudo déficit de legitimidade em virtude de seu amplo envolvimento em esquemas ilícitos.

Por fim, a premissa em que se assenta o argumento de Limongi é a de que as coalizões dos governos petistas com os partidos de centro e de direita, como o PMDB, PTB, PP, entre outros, vinham funcionando bem havia vários anos e, portanto, não existiriam outras razões ou incompatibilidades programáticas que justificassem tal rompimento. Mesmo depois da decisão do PMDB de sair da coalizão, Limongi argumenta que Dilma abriu negociações com o PP, oferecendo o Ministério da Saúde, o da Integração Regional e a Caixa Econômica Federal. Como explicar, então, que em vez de o PP aceitar essa oferta, ele tenha preferido seguir com o PMDB, apoiando o impeachment e ainda recebendo do governo Temer o mesmo que supostamente Dilma havia oferecido?

Como já demonstramos, existiam problemas profundos na montagem e na gerência das coalizões petistas desde o primeiro governo Lula e que se mantiveram nos de Dilma. Foram esses problemas que, ao fim e ao cabo, levaram à quebra da coalizão da presidente e deflagraram o processo no qual se combinaram fatores conjunturais, como o enfraquecimento brutal da chefe do Executivo, o contexto estratégico da Lava Jato e o "jogo evolucionário" com o *gatekeeper*,[11] que discutiremos a seguir.

Da mesma forma que Lula, Dilma construiu coalizões bastante heterogêneas, com um número alto de partidos, e distantes da preferência agregada do Congresso. Sobretudo, suas coalizões não premiaram os parceiros de forma proporcional, levando em consideração seu peso político, medido pelo número de cadeiras que cada um deles ocupava no Legislativo. Na realidade, o PT sempre funcionou como verdadeiro monopolista de suas coalizões, concentrando a maior parte dos ministérios, cargos na burocracia e recursos orçamentários.

Essas escolhas dos governos Lula e Dilma não apenas acarretaram altíssimos custos de governabilidade e ineficiências governativas (alto preço relativo para aprovar iniciativas legislativas do presidente), como também geraram insatisfações e animosidades crescentes entre os parceiros de coalizão sub-recompensados. A percepção generalizada era a de que o PT não honrava acordos nem compromissos e que nunca tratava os parceiros como verdadeiros aliados ou sócios do governo, mas como simples apêndices descartáveis.

Por que, então, as coalizões de Dilma, ou mesmo as de Lula, não quebraram antes? Assim como na economia, na política existem efeitos defasados no tempo. Muitas vezes as consequências de uma má gerência de coalizão não são imediatas, em especial quando o gerente é poderoso e popular, como foram os casos de Lula e de Dilma. Mas os efeitos negativos da estratégia monopolista e da baixa confiança se acumulam ao longo do tempo, e os parceiros sub-recompensados buscam oportunidades para reequilibrar o jogo e obter maiores retornos, sobretudo quando sentem que o presidente está vulnerável ou quando ele sinaliza com bastante clareza que prioriza a aprovação de determinada legislação.

Em seu segundo mandato, Dilma até tentou corrigir algumas das discrepâncias de sua coalizão ao aumentar de quatro para seis o número de ministérios do PMDB, por exemplo. Concordou até com a iniciativa legislativa de impositividade das emendas individuais dos parlamentares, o que a fez perder uma de suas moedas de troca de maior liquidez. Mas era tarde demais. Os aliados historicamente mal recompensados perceberam no impeachment uma janela de oportunidade para descartar o PT e obter maiores recursos financeiros — com uma coalizão mais confiável e ideologicamente mais consistente sob a liderança do PMDB. Em outras palavras, sob o novo equilíbrio, o PMDB, partido não presidenciável, que até então seguia a trajetória do tipo "legislador mediano", tentando maximizar benefícios dessa posição estratégica na coalizão presidencial, viu, sob a liderança de Temer, uma brecha para ganhar a Presidência.

O argumento de que o impeachment de Dilma Rousseff foi motivado para liquidar a Lava Jato também parte da premissa de que este teria sido um mau negócio para o PMDB e o PSDB, e que, por conta disso, esses partidos foram dizimados nas eleições em 2018. Mas será mesmo que o impeachment não traria, no curto prazo, certos ganhos para essas siglas? Por que deveriam esperar até 2018 se poderiam ter acesso ao poder em 2016? O argumento aqui parece uma racionalização ex post do processo histórico, ignorando os incentivos existentes naquela conjuntura.

O argumento de que políticos buscam manipular instituições e indivíduos que exercem alguma forma de controle é trivial. Como atores estratégicos, todos buscam fazê-lo. O ponto crucial é se essa foi a motivação principal para um processo complexo como a Lava Jato. E, mais importante, a motivação não é uma variável capaz de explicar o desenlace de alguma interação estratégica.

As evidências empíricas sobre Dilma ter de fato buscado realizar alguma ingerência nas instituições de controle sugerem que a dinâmica acima esteve presente. A presidente, por exemplo, nomeou o senador Gim Argello (condenado na Lava Jato a dezenove anos de prisão) como ministro do Tribunal de Contas da União (TCU).[12] No entanto, ela recuou diante da enorme reação negativa à nomeação, que envolveu manifestações diárias na frente do TCU e do Congresso por parte de servidores e instituições da sociedade civil. Desde as manifestações de junho de 2013, a presidente passou a ser associada pela opinião pública à contenção da Lava Jato. A Proposta de Emenda à Constituição (PEC) nº 37, que limitava o poder investigativo do Ministério Público, apresentada pelo governo adquiriu forte visibilidade, ajudando na intensificação cada vez maior da impopularidade da presidente.

O impeachment de Dilma tinha potencial para catapultar as ambições de ex-parceiros do PT. É importante lembrar que foi a partir dos resultados obtidos no governo Itamar Franco, notadamente o Plano Real — ou seja, pós-impeachment de Fernando Collor —, que as portas se abriram para dois mandatos consecutivos de Fernando Henrique Cardoso (PSDB) na Presidência. Os partidos que romperam com Dilma se engajaram no impeachment com expectativa de ganhos similares aos que o PSDB havia obtido em suas bem-sucedidas administrações.

O governo Temer foi exitoso na economia, que apresentou claros sinais de recuperação. No Legislativo, ele aprovou várias reformas a um custo relativamente baixo.[13] Esses resultados foram fruto das escolhas de Temer, que, ao contrário do PT, montou uma coalizão ideologicamente homogênea e que espelhava a preferência agregada do Legislativo. Além disso, compartilhou poderes e recursos de forma proporcional com os parceiros. Em alguns momentos, Temer alocou mais recursos de poder e financeiros para os aliados do que para o seu próprio partido (PMDB). Não foi coincidência o fato de sua coalizão não ter se rompido mesmo diante de dois pedidos de impeachment da Procuradoria-Geral da República (PGR). Ou seja, os aliados de Temer estavam comprometidos com o governo ex ante, pois ele usou critérios exógenos (número de cadeiras no Legislativo) na premiação dos parceiros e não critérios idiossincráticos e monopolistas.

E, mais importante, a própria Lava Jato e o STF estiveram bastante ativos durante a administração de Temer, sem que se deflagrasse reação ao governo por parte dos afetados. Temer foi acusado de irregularidades no Porto de Santos, o que resultou na abertura da Operação Skala, já sob a nova procuradora-geral da República, Raquel Dodge, e na quebra do sigilo bancário do presidente. A Polícia Federal pediu o indiciamento e o bloqueio de bens de Temer e de sua filha. Além disso, o ministro Edson Fachin, relator da Operação Lava Jato no STF, incluiu Temer na investigação de um esquema de obtenção de propinas para o financiamento das campanhas eleitorais do PMDB em 2014, o que levou a seu indiciamento nos crimes de corrupção passiva e lavagem de dinheiro.

Muito provavelmente, um candidato do consórcio MDB-PSDB seria competitivo nas eleições de 2018, como foi Fernando Henrique Cardoso em 1994. Portanto, não faz sentido supor que o impeachment, por si só, tenha inviabilizado as chances eleitorais de Temer em 2018. Muito pelo contrário: o impeachment tinha o potencial de catapultá-las se ele tivesse aproveitado o momento promissor. Entretanto, o fato de ter sido flagrado, junto com Aécio Neves, em conversas para lá de suspeitas com Joesley Batista, e a enorme impopularidade que isso gerou inviabilizaram suas chances eleitorais.

Se admitirmos que existia uma conspiração altamente coordenada para frear a Lava Jato via impeachment da presidente Dilma Rousseff, seria de se esperar que medidas concretas nessa direção fossem tomadas pelo novo governo. Temer poderia, por exemplo, ter nomeado para a PGR alguém como Augusto Aras, tal como o fez Bolsonaro, ou um Geraldo Brindeiro, indicado e reconduzido ao cargo por FHC.

Em vez disso, Michel Temer nomeou Raquel Dodge, com vasta experiência em questões criminais e que fazia parte da lista tríplice dos procuradores. Ou seja, um nome de reputação e que desfrutava da confiança de parcela significativa dos membros do Ministério Público. Dodge teve atuação destacada na operação que investigou o esquadrão da morte, comandado pelo ex-deputado Hildebrando Pascoal em 1990. Também coordenou a força-tarefa da Operação Caixa de Pandora, responsável por investigar esquemas de corrupção e que levou à prisão o então governador do Distrito Federal, José Roberto Arruda. Ou seja, Temer sabia de seu perfil antes de nomeá-la para a PGR e das dificuldades que enfrentaria ao tentar controlá-la.

No Dia Internacional de Combate à Corrupção, há pouco mais de dois meses na PGR, Dodge fez a seguinte afirmação:

> Tenho ouvido preocupações sinceras sobre o efetivo compromisso do MP [Ministério Público], em minha gestão, contra a corrupção. São indagações autênticas, verdadeiras e coerentes, algumas carregadas de desconfianças e dúvidas que são em tudo compatíveis com a leitura crítica da história brasileira, marcada por ondas sucessivas de avanços e retrocessos no enfrentamento da corrupção [...]. Para dizer de modo eloquente, vamos redobrar o esforço feito até o momento contra a corrupção porque percebemos que o muito alcançado ainda é insuficiente para paralisar desvios e práticas ilícitas. As práticas de corrupção continuam em curso.[14]

Dodge defendeu, em sua primeira reunião no Conselho Nacional do Ministério Público, que o orçamento da Lava Jato deveria ser triplicado.[15] Não se trata apenas de retórica vazia. A nova PGR solicitou que a Polícia Federal investigasse os 51 milhões de reais encontrados no bunker de Geddel Vieira Lima (MDB) em Salvador. Pediu a prisão de José Yunes, amigo próximo e ex-assessor de Temer. Reiterou a denúncia contra Aécio Neves (PSDB) por corrupção e obstrução da justiça.

O que fundamentalmente motivou os partidos de centro para o impeachment de Dilma Rousseff foi a expectativa de ganhos no presente para garantir o futuro. Havia a intenção de controlar a Lava Jato, mas esse fato não tem força explicativa própria. O desenlace dos acontecimentos não pode ser racionalizado ex post como justificativa dessas motivações. Por isso sustentamos a conjectura contrafactual de que não teria havido impeachment se os fatores que levaram ao enfraquecimento da presidente não estivessem presentes. E mais: se o desenlace da interação estratégica entre os atores que o protagonizaram — Dilma Rousseff e Eduardo Cunha — não tivesse sido marcado pela ausência de compromissos críveis (como discutiremos a seguir). Cunha mobilizava a ameaça de impeachment enquanto Dilma oferecia um escudo institucional. Foi pela impossibilidade desse jogo de contenção continuar que a presidente liberou o voto dos membros do Conselho de Ética — antes dispostos a apoiar Cunha — a favor da cassação do presidente da Câmara.[16] O jogo chegara a um ponto de não retorno.

É importante lembrar que o relatório do TCU que reprovou as contas da ex-presidente e identificou as chamadas "pedaladas fiscais" foi assinado por vinte procuradores de contas independentes e aprovado por unanimidade pelo órgão, inclusive por ministros nomeados pela própria Dilma Rousseff. O relatório do TCU indica de forma inequívoca que a presidente cometeu crimes fiscais passíveis de serem interpretados como crime de responsabilidade. Além disso, havia fortíssimos indícios, baseados em quatro delações premiadas, de que a campanha eleitoral de Dilma Rousseff teria recebido recursos ilegais ligados ao escândalo do Petrolão, do qual ela tinha conhecimento, especialmente no caso da aquisição, pela Petrobras, da refinaria de Pasadena, nos Estados Unidos.[17]

VOTO ABERTO E CHANCELA DO IMPEACHMENT PELA SUPREMA CORTE

Em um regime presidencialista como o brasileiro, em que são muito fortes os poderes constitucionais e orçamentários do presidente, a quebra de uma coalizão majoritária, essencial para que um impeachment tenha sucesso, depende de o custo de dissidência não ser alto demais. O voto aberto na comissão especial da Câmara que analisou o impeachment, como determinou o Supremo, foi por si só uma medida que elevou os custos de dissidência. Caso o impedimento fosse derrotado no plenário, os potenciais dissidentes da coalizão governista na comissão especial ficariam vulneráveis a uma retaliação presidencial em termos de verbas e cargos — assim, tiveram de assumir publicamente que eram a favor de cortar a cabeça da presidente sem ter a certeza de que a cabeça dela seria de fato cortada.

Os autores do artigo "Sunshine or Shadow?"[18] demonstraram que o voto aberto — quando se trata de emitir julgamento sobre a conduta de alguém — só tem o pretendido efeito de aumentar a responsabilidade dos envolvidos em escândalos de corrupção, ampliar as possibilidades de punição e reprimir comportamentos desviantes se o poder de quem está sendo julgado é pequeno. Quando o poder de um acusado é grande — caso de uma presidente —, o voto aberto diminui a possibilidade de punição e aumenta a probabilidade de votos em que o interesse pessoal se sobrepõe à ética, por causa do risco de retaliação.

Além disso, pelo rito estabelecido pelo Supremo, o Senado, que representa os estados, poderia desfazer por maioria simples um processo de impeachment aberto pela Câmara, com maioria de dois terços, o que tornou a aprovação do impeachment no Congresso ainda mais difícil. Mesmo gerando mais dificuldades para que o impeachment fosse aprovado, a decisão da Suprema Corte dotou de legitimidade a aceitação do processo pela Câmara dos Deputados. Foi um sinal inequívoco de que a maioria dos parlamentares estava disposta a arcar com os custos e riscos desse ato, pois vislumbravam uma possibilidade de maiores retornos com o novo governo.

O ABRAÇO DOS AFOGADOS: EDUARDO CUNHA VERSUS DILMA ROUSSEFF

A ruptura do ex-presidente da Câmara, Eduardo Cunha (MDB-RJ), com o Palácio do Planalto foi o último dos quatro elementos necessários para que o impeachment de Dilma Rousseff ganhasse corpo. Mesmo sendo integrante de um partido de base governista, Eduardo Cunha estava em rota de colisão com o Planalto desde que assumiu a presidência da Câmara. O confronto entre Dilma e as siglas da coalizão não incluía apenas o PMDB, mas também os demais partidos que passaram a atuar de forma cada vez mais concertada.

A delação premiada do ex-deputado Pedro Corrêa (PP-PE), homologada pela Suprema Corte, expôs de forma inequívoca o conflito subjacente. Pedro citou o episódio da indicação de Paulo Roberto Costa pelo PP para a Diretoria de Abastecimento da Petrobras, declarando que o processo

> demorou coisa de seis meses e o governo que, através do ex-presidente Lula, havia assumido o compromisso conosco não nos atendia... aí resolvemos trancar a pauta da Câmara... nós bloqueamos a pauta toda... e aí nós tivemos o apoio do PTB, tivemos o apoio do PL [Partido Liberal] (hoje PR [Partido da República]) e também o apoio de parte do PMDB, porque o governo estava cozinhando todos nós, tinha prometido a nomeação dos cargos e os cargos não saíram.[19]

Cunha responsabilizava o Planalto por seu envolvimento nas investigações da Lava Jato. A falta de uma sinalização clara da presidente Dilma de que o protegeria, algo que ela não podia crivelmente oferecer, levou o peemedebista a partir para o ataque e autorizar o processo de impeachment por meio do pedido do jurista Hélio Bicudo, um dos fundadores do PT, que acusava Dilma de descumprir a Lei de Responsabilidade Fiscal. Ou seja, de ter editado decretos liberando créditos extraordinários sem o aval do Congresso Nacional em 2015 e de fazer as chamadas "pedaladas fiscais", prática de atrasar repasses a bancos públicos a fim de cumprir as metas parciais da previsão orçamentária, manobra que havia sido reprovada pelo TCU.

Argumentamos, portanto, que o impeachment foi o desenlace da interação estratégica entre o presidente da Câmara e a presidente da República em um contexto excepcional: uma presidente constitucionalmente forte que se encontrava vulnerável devido ao excepcional efeito combinado de crise econômica e escândalos de corrupção expostos pela Operação Lava Jato.

No final de 2015, essa estratégia de confronto foi escancarada na carta de Temer a Dilma, quando disse: "O governo busca promover sua divisão, o que já tentou no passado, sem sucesso".[20] Em entrevista, muito antes do confronto, Cunha batizou-a de "Estratégia Tabajara", e não sem razão. A leitura que Cunha fez em outro contexto, afirmando que "o PMDB finge que está no governo e o governo finge também que conta com ele",[21] é igualmente apropriada.

O PSDB fingia que atuava ativamente pelo impeachment (algo que os movimentos sociais envolvidos denunciaram), quando buscava apenas criar um ponto focal sobre a questão, sem contribuir para que ele ocorresse. Assim, não haveria impeachment porque inexistia um conjunto de atores decisivos interessados. A estratégia dominante do PSDB foi "deixar sangrar", como afirmou uma liderança importante do partido, Aluísio Nunes Ferreira.[22] A lógica era: patrocinar politicamente o impeachment até o ponto em que ele pudesse de fato acontecer.

Da mesma forma, a estratégia do PMDB foi extrair o máximo de rendas enquanto havia governo, porque é muito difícil sobreviver fora dele. Ou seja, nem o PSDB desejava sair de sua trajetória majoritária — mesmo que perdedora desde que o PT chegara ao poder em 2003, mas com a expectativa de retornar a ela em 2018 —, nem tampouco o PMDB desejava deixar de ser o "legislador mediano", sua zona de conforto desde 1994. É a lógica hospedeiro-parasita: parasitas eficientes nunca matam o hospedeiro, pois sabem antecipar os limites da predação.

O impeachment forneceria um discurso de vitimização ao PT, e haveria ainda os custos reputacionais, nos planos doméstico e internacional, de patrocinar a derrubada de um governo eleito (como lembrado, em mais de uma ocasião, por sua maior liderança).[23] Como a bomba atômica, não seria nunca acionado, mas, sim, manejado como arma dissuasória. Contudo, se ninguém queria o impeachment, por que ele ocorreu? Por que o equilíbrio que sustentava o jogo do impeachment se rompeu, e o enfrentamento, que potencialmente poderia desatar o caos, emergiu?

O jogo do impeachment representa uma situação que a teoria dos jogos evolucionários chama de desequilíbrio descontínuo (*punctuated equilibrium*). Ela resulta da alteração abrupta de uma situação de equilíbrio que leva a outro equilíbrio radicalmente distinto do primeiro, porque um ponto de inflexão (*tipping point*) foi alcançado, incrementalmente ou por choque externo. No caso do impedimento de Dilma Rousseff, o equilíbrio político se rompeu devido a pelo menos dois fatores. O primeiro foi o custo da barganha com Cunha, que se tornou proibitivo para o PT. Suas lideranças perceberam que o pouco que poderiam salvar do partido dependia do rompimento com o Planalto. Por isso, a negociação para salvar Cunha foi interrompida — os três membros do conselho de Ética "que estavam dispostos a fazer o sacrifício"[24] pelo governo, tiveram o plano sobrestado. Eis o ponto de inflexão que assinala a quebra do equilíbrio que ainda mantinha a presidente no cargo.

O segundo fator — esse, sim, decisivo — ocorreu quando as contas internacionais não declaradas de Cunha vieram à tona e forneceram o mote para sua cassação, levando-o a perceber que sua sorte estava selada.

O julgamento do impeachment foi, assim, o culminar de um cabo de guerra entre Dilma Rousseff e Eduardo Cunha. O PMDB era o segundo maior partido da Câmara (com 66 deputados, ante 70 do PT) e o mais importante parceiro de coalizão do governo Dilma. Em agosto de 2015, Cunha declarou-se formalmente contrário ao governo quando o procurador-geral da República, Rodrigo Janot, decidiu indiciá-lo por receber propina no valor de 1,8 milhão de dólares em conexão com o escândalo da Petrobras. Preocupados com a disposição de Cunha de usar o impeachment como moeda de troca em sua própria tentativa de sobrevivência política, os legisladores do PT na Comissão de Ética da Câmara dos Deputados estavam inicialmente dispostos a apoiá-lo e, assim, livrá-lo da cassação.

Em novembro de 2015, no entanto, isso mudou quando o líder da delegação do PT no Senado e principal aliado de Dilma Rousseff, Delcídio do Amaral, tornou-se o primeiro senador a ser preso sob a acusação de ter aceitado propinas relacionadas à Petrobras. Vendo o intenso escrutínio público dos envolvidos, os dirigentes do PT perceberam que o cálculo político havia mudado e que seria politicamente muito custoso dar cobertura a Eduardo Cunha. Suspenderam, então, Amaral e cancelaram o acordo tácito com Cunha. Quando percebeu que seria abandonado pelo PT, Cunha decidiu dar prosseguimento à abertura do processo de impeachment. Daí decorre a bomba atômica. Porque não tinha nada mais a perder, Cunha caiu, mas levou consigo o governo.

PÓS-IMPEACHMENT: DEPOIS DA TEMPESTADE, A CALMARIA

Em trabalho apresentado na American Political Science Association (APSA), Kathryn Hochstetler e David Samuels defendem não só que a economia pode se beneficiar do impedimento de um presidente, mas também que as próprias instituições democráticas se fortalecem após tal evento. Os pesquisadores analisam casos que vão de 1978 a 2006 e mostram que os perdedores tendem a se submeter à decisão majoritária do Legislativo e que não ocorrem viradas de mesa. Ou seja, a democracia se fortalece ao sinalizar o triunfo da virtude sobre o vício. Durante os anos analisados, 30% de todos os presidentes eleitos democraticamente no mundo enfrentaram movimentos para tirá-los do poder, e 12% foram forçados a deixar o cargo antes do fim de seus mandatos. A dupla afirma que, no presidencialismo, a saída antecipada de um presidente é um mecanismo de equilíbrio que resolve conflitos entre o Executivo e o Legislativo. Em outras palavras, o impeachment revelaria a vitalidade da democracia. Não seria sintoma de fraqueza, mas, ao contrário, expressaria a força da democracia representativa.

Embora na América Latina os desafios presidenciais e as eventuais quedas dos chefes do Executivo representem crises traumáticas, seus efeitos são limitados e efêmeros. Portanto, de uma maneira geral, são uma solução razoável para o estresse de governar com a separação de poderes. As crises do sistema presidencialista tendem a ser breves e, mais importante, deixam feridas superficiais — não há uma erosão do presidencialismo como sistema de governo. As repetidas soluções pacíficas das crises presidenciais indicariam a resiliência da democracia na América Latina contemporânea. Sob a perspectiva histórica, resolver os problemas com a participação em massa dos cidadãos e dentro do Legislativo é um avanço, uma quebra dos ciclos de intervenções militares.

No caso específico do Brasil, a narrativa alternativa que melhor explica o impeachment privilegia os fatores que produziram um choque exógeno no equilíbrio que mantinha de pé o jogo do não enfrentamento. Se o cisne negro engendrou as condições estruturais para o impeachment, não houve nada de inexorável em seu desenlace: ele não resultou de uma falha constitutiva do presidencialismo de coalizão, ou de uma conspiração antipetista, ou para aniquilar a Operação Lava Jato.

O impedimento foi produzido por uma interação estratégica entre os atores em uma combinação de condições extraordinárias, e não revela a falência do sistema constitucional. É o contrário. O episódio revela dois desenvolvimentos fundamentais: pela primeira vez na história, o STF emergiu como árbitro do conflito constitucional, e as instituições de controle lato sensu assumiram grande protagonismo no processo institucional.

E SE...?

Qual seria o estado de coisas se o governo Dilma tivesse sobrevivido? As consequências seriam imprevisíveis, dado o brutal conflito político existente. Mas, provavelmente, a agonia teria dado lugar a um padrão ainda mais tempestuoso.

A segunda questão contrafactual é o que teria ocorrido se o TSE tivesse anulado o pleito de 2014, como seria razoável esperar, dado o que veio a ser conhecido na opinião pública como "excesso de provas". Teriam sido realizadas eleições diretas, se o processo tivesse se encerrado antes de 30 de dezembro de 2016, ou indiretas, após essa data. E o governo Temer teria sido radicalmente encurtado.

Esse evento discreto — o julgamento de Temer no TSE — teve vastas consequências. Houve falha das instituições nesse caso?

A resposta é não. Do ponto de vista puramente procedimental, ocorreu uma contingência que não poderia ter sido antecipada: Temer, o presidente-réu, pôde escolher dois dos seus juízes no TSE cerca de dois meses antes do julgamento do caso. Essas escolhas foram determinantes para o resultado que prevaleceu — sua absolvição —, mas não houve nenhuma violação de regras no episódio.

Alguns analistas têm argumentado que o impeachment engendrou instabilidade no presidencialismo brasileiro. Esse argumento deixa escapar o essencial do processo de impeachment da presidente Dilma Rousseff: sua excepcionalidade histórica e dificuldade procedimental. Argumenta-se que o impeachment foi trivializado: bastaria apenas que um presidente se torne impopular para que possa ser acionado. Esse argumento é uma versão local — na realidade, uma inversão — de uma conhecida tese difundida nos Estados Unidos em relação a Ronald Reagan durante o caso Irã-Contras. Ele teria sido "*too popular to impeach*", embora onze membros de seu governo tenham sido condenados, inclusive o secretário de Defesa. A popularidade importa, mas é apenas parte da explicação, e isso não constitui uma especificidade brasileira.

Uma variante desse argumento substitui a popularidade presidencial pelo apoio parlamentar do chefe do Executivo. A instabilidade resultaria do fato de que presidentes minoritários ficariam vulneráveis ao impedimento e governariam sob a espada de Dâmocles. O pedido de impeachment teria, assim, se convertido em moção de desconfiança. Esse argumento é frágil por duas razões: em primeiro lugar, ignora a enorme variabilidade dos requisitos constitucionais para o impeachment. Estes incluem desde mero mau desempenho na função (Paraguai), capacidade mental (Equador) até não contar com o apoio de maioria parlamentar de dois terços (Venezuela). O Brasil é o único caso em que há uma extensa regulamentação de tais requisitos, presentes na Lei de Crimes de Responsabilidade (lei nº 1079/1950) — são sete os tipos de crimes detalhados na legislação.

Em segundo lugar, e mais importante, tal argumento também desconsidera a excepcionalidade das condições que levaram à baixíssima popularidade presidencial combinada a um apoio parlamentar pífio, de 25% de parlamentares das casas legislativas. Os quatro fatores do impeachment de Dilma — mobilização massiva, fratura da base, colapso da economia e escândalo ciclópico de corrupção — não se repetiram e dificilmente se repetirão, muito menos com a intensidade observada. No presidencialismo brasileiro, o chefe do Executivo dispõe de amplos poderes constitucionais e "uma caixa de ferramentas para fazer maiorias" que encontra poucos paralelos no restante do mundo.[25] Ademais, como mostraram estudos realizados por cientistas políticos como George Tsebelis e Jeannette Money,[26] o bicameralismo magnifica brutalmente a dificuldade de aprovação, equivalendo, na prática, a quóruns efetivos muito mais elevados do que os nominais. Apenas presidentes excepcionalmente fracos sucumbem.

A instabilidade dos governos subsequentes — casos de Temer e Bolsonaro — dependeu muito mais de suas relações com a sociedade do que com suas bases parlamentares, que tiveram solidez. Por isso não houve impeachments.

8. Os trade-offs do desenho institucional do presidencialismo de coalizão

Como enfatizamos, não existe sistema político ideal. Todo desenho institucional gera trade-offs. Por exemplo, sistemas presidencialistas majoritários, como nos Estados Unidos, tendem a gerar governabilidade quando o partido do presidente ocupa a maioria das cadeiras nas duas casas legislativas, situação que a literatura da ciência política chama de "governo unificado". Mas, quando o partido do presidente é minoritário em uma ou ambas as casas legislativas ("governo dividido"), o presidente enfrentará maiores problemas de governabilidade. Além do mais, sistemas majoritários costumam ser menos inclusivos no que diz respeito ao acesso à diversidade de interesses da sociedade dentro do sistema partidário, pois tendem a gerar apenas dois partidos efetivos com representação legislativa.

No entanto, governos multipartidários — e, de forma ampla, as democracias de consenso ou proporcionalistas — trazem benefícios, especialmente de maior representação e inclusão dos mais variados interesses no jogo político e no sistema partidário; mas, junto com eles, vêm também as perdas, que se expressam sobretudo como dificuldades governativas. Quase sempre, o partido do presidente é minoritário e, para governar na condição de maioria, é necessário construir e gerenciar coalizões, o que exige do governo habilidade e estratégia para tornar essas coalizões coesas, disciplinadas e sustentáveis ao longo do governo.

FRAGMENTAÇÃO PARTIDÁRIA, FUNDO PARTIDÁRIO E A REFORMA ELEITORAL DE 2017

O presidencialismo multipartidário corre o risco de apresentar excessiva fragmentação de siglas, o que para muitos é interpretado como um problema para a governabilidade e para a capacidade dos eleitores de se sentirem representados. Além disso, o sistema político torna-se ininteligível e de difícil legibilidade para o eleitorado. É comum escutarmos afirmações do tipo: pelo alto número de partidos políticos, o Brasil é ingovernável; os partidos políticos brasileiros são fracos e não representam os eleitores; os partidos não têm ideologia nem programa; os partidos são pragmáticos e oportunistas; uma democracia em um sistema presidencialista com tal fragmentação é simplesmente impossível de governar; o sistema partidário brasileiro é uma aberração.

A pletora de alternativas partidárias com diferenças mínimas de ideologia e programa entre elas se configura meramente em partidos que servem a estratégias de sobrevivência eleitoral e/ou individual. Isso produz intensa *malaise* política e descrédito no sistema partidário.

O número de siglas com representação na Câmara dos Deputados e o número efetivo de partidos, que leva em conta a dispersão do voto entre os partidos com representação no Legislativo, alcançaram as impressionantes marcas de 30 e 16,4, respectivamente — a taxa mais elevada já registrada na história das democracias presidencialistas, com exceção da Rússia sob Yeltsin.

Entre as causas da alta fragmentação partidária brasileira está o sistema proporcional de votação — no qual os partidos têm facilidade de eleger deputados em grandes circunscrições eleitorais, que variam de oito vagas, como é o caso dos antigos territórios, até setenta, caso de São Paulo. A existência desses megadistritos eleitorais — estados com um número elevado de representantes — é uma das principais causas do grande volume de siglas. A ausência de uma cláusula de barreira ou de desempenho que restrinja o acesso das pequenas legendas ao Legislativo também é apontada como uma das razões.

Outra causa são as regras excessivamente generosas e permissivas de acesso aos fundos partidário e eleitoral. A centralidade e magnitude espantosa do fundo proposto reflete o fosso entre a sociedade e seus representantes: ele terá de ser tanto maior quanto mais desmedido for o hiato entre os dois. O fundo não é o "custo da democracia" — mantra de seus patrocinadores —, mas o custo da "disrepresentação", para utilizarmos o neologismo de Gilberto Amado. A estratégia é priorizar a aprovação de um fundo bilionário de campanha para mitigar altos custos reputacionais.

O acesso a um recurso escasso e valioso — como o horário eleitoral gratuito, mercadoria barganhada durante a formação de coalizões eleitorais — é outro fator. A permissiva legislação quanto às coligações em eleições proporcionais — que só foi eliminada na reforma de 2017 — era o que viabilizava a barganha em torno do tempo na TV. A existência do segundo turno em eleições majoritárias também exerce uma influência na fragmentação, sobretudo nos pleitos para governador. Governos do PT tiveram papel relevante na última década ao patrocinar ativamente a criação de partidos para reduzir a "PMDB-dependência" — como no caso do Pros e do Partido Social Democrático (PSD), por exemplo.

Finalmente, decisões judiciais do STF incentivaram a criação de partidos — por exemplo, a que autorizou a migração para partidos novos ou proibiu cláusulas de barreira. Primeiro, veio a regra da fidelidade partidária, de 2007, que proibiu a troca de legenda, exceto quando há justa causa. Depois, e mais importante, o TSE permitiu que o PSD, fundado em 2011, tivesse acesso aos recursos do fundo partidário e à propaganda do horário eleitoral na proporção do número de deputados federais que se filiaram à nova legenda. Com isso, o TSE desconsiderou a própria legislação, que estabelece como critério o desempenho na última eleição para a Câmara. Sem necessidade de passar pelo teste das urnas para ter acesso aos dois principais recursos políticos, siglas novatas tornaram-se o abrigo perfeito para parlamentares que querem trocar de partido e podem, além disso, fortalecê-las com sua cota do fundo partidário e seu tempo de TV.

Como pode ser observado no gráfico 3, tanto o número absoluto de partidos com assento na Câmara dos Deputados como seu número efetivo diminuíram drasticamente no período recente em virtude de mudanças ocorridas no funcionamento do sistema eleitoral com as reformas de 2017 — sobretudo, o fim das coligações nas eleições proporcionais e a cláusula de desempenho para que os partidos tenham acesso aos fundos públicos eleitoral e partidário. Em 2022, 23 partidos elegeram ao menos um deputado federal, mas apenas dezesseis superaram a cláusula; ocorreram sete fusões ou incorporações partidárias. Essas mudanças institucionais decorreram do duplo choque da crise econômica e do Petrolão, bem como da criação dos fundos partidário e eleitoral que beneficiaram os partidos grandes, incentivando-os a impor restrições institucionais aos partidos menores.

GRÁFICO 3: NÚMERO DE PARTIDOS, NÚMERO EFETIVO
DE PARTIDOS E PERCENTAGEM DE CADEIRAS
DO PARTIDO DO PRESIDENTE

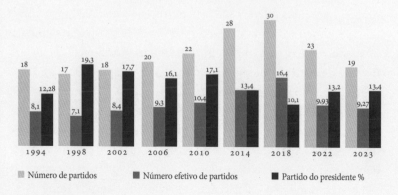

FONTE: Elaborado pelos autores.

Em 2023, a fragmentação partidária no Brasil voltou ao padrão de 1994, quando existiam em torno de dezoito partidos com representação na Câmara dos Deputados e 12,28 partidos efetivos. A expectativa é de que o número de partidos diminua ainda mais, especialmente como consequência das federações partidárias e de fusões entre partidos que perderam competitividade eleitoral nos últimos anos. O tamanho do partido do presidente também voltou a aumentar, tornando-o menos vulnerável.

Entretanto, todas as agremiações partidárias no Brasil continuam pequenas ou médias: não há partidos grandes. O PL, o maior deles, detém 19% das cadeiras da Câmara. O segundo maior, o PT, conquistou apenas 10%, parte da federação que engloba PT, Partido Verde (PV) e Partido Comunista do Brasil (PCdoB), e que ocupa, no total, 13% do Parlamento. Há dez partidos médios com algo entre 7% e 11% das cadeiras. De qualquer maneira, o número de legendas, descontadas as federações, caiu de trinta para dezenove.

Outro efeito da reforma foi a queda abrupta das bancadas de

um só representante. O contraste com a situação da legislatura anterior é ilustrativo: todos os deputados de Alagoas, Rondônia, Amapá, Espírito Santo, Roraima, Rio Grande do Norte e Sergipe provinham de partidos diferentes. Na bancada eleita em 2022, o quadro foi radicalmente distinto. Em Alagoas, o PP elegeu quatro deputados federais, e o MDB, dois; em Rondônia, o União Brasil elegeu metade da bancada de oito deputados; no Amapá, o Partido Democrático Trabalhista (PDT) e o PL detêm, juntos, 75% da bancada estadual; no Espírito Santo, Podemos, PP e PT agora possuem dois deputados cada. Em Roraima, o Republicanos elegeu três deputados, o equivalente a quase 40% dos representantes, e por aí vai. Nos demais estados, onde a fragmentação não era tão radical, o quadro também mudou. No Piauí, o maior partido da bancada tinha dois representantes; na eleição de 2022, esse número pulou para quatro.

Ainda como consequência das reformas de 2017, a percentagem de cadeiras na Câmara dos Deputados ocupada pela bancada formada pelos três maiores partidos aumentou de 28% em 2018, ano em que atingiu a menor percentagem, para 44% em 2022, voltando ao padrão do início dos anos 2000 (ver gráfico 4).

O enxugamento no número de partidos foi acompanhado de um aumento gigantesco no volume de recursos públicos recebidos por eles. Os incentivos para apoiar quem detém o poder continuam muito fortes, mas não apoiar o governo não significa ficar na rua da amargura. Nabuco acertou: nunca os partidos estiveram tão longe da miséria. Mas, se os partidos e o Legislativo se fortaleceram nesse movimento, o enraizamento social das legendas continua pífio. Ou seja, continuam fracos na arena eleitoral e fortes no Congresso.

Se, por um lado, a fragmentação partidária pode ser considerada uma vilã para a governabilidade, por outro lado, pode funcionar como antídoto institucional endógeno contra iniciativas iliberais e antidemocráticas de presidentes populistas, especialmente em ambientes políticos polarizados.

GRÁFICO 4: TAMANHO DA BANCADA DOS TRÊS MAIORES PARTIDOS NA CÂMARA DOS DEPUTADOS (% DE CADEIRAS)

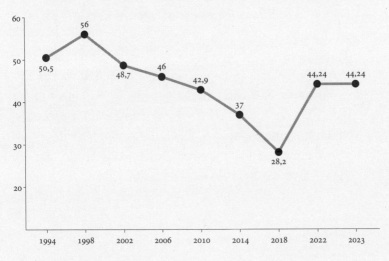

FONTE: Elaborado pelos autores.

Essa é a conclusão de uma pesquisa publicada em *Why Democracies Develop and Decline*, em que os autores encontraram evidência empírica robusta de que o presidencialismo correria menos riscos democráticos em ambientes multipartidários ou mesmo hiperfragmentados. A concentração de poder partidário seria uma ameaça muito maior à estabilidade democrática.[1]

Mais especificamente, regras eleitorais majoritárias, que incentivam a redução do número de partidos, são negativamente associadas à estabilidade da democracia. Quanto maior a concentração de cadeiras em um único partido no Legislativo, menor o nível da democracia. O problema, portanto, não seria a fragmentação, mas a concentração de poder do partido da elite governante.

A fragmentação partidária e a existência de partidos fracos e ideologicamente amorfos dificultam o domínio do Executivo sobre o Legislativo, mesmo diante de um presidente constitucionalmente forte, como o brasileiro. Isso tem moderado governos e evitado iniciativas extremas ou ações iliberais que pretendem se valer de maiorias episódicas para passar o "rolo compressor" em interesses minoritários.

O ex-presidente Bolsonaro, que analisaremos em detalhes nas próximas páginas, não conseguiu dominar o Legislativo e foi forçado a barganhar para construir um escudo no Parlamento e dar continuidade a seu governo. O Congresso não capitulou e foi bem-sucedido ao conter os excessos iliberais do ex-presidente.

Outro bom exemplo é o projeto de lei (PL) nº 2630, chamado por alguns de PL das Fake News, e, por outros, de PL da Censura. O terceiro governo Lula foi forçado a moderar e recuou em relação à criação de um órgão responsável para regular as redes sociais, um tema complexo que exigiria muito mais tempo e debate para ser amadurecido na sociedade.

As coalizões implicam trade-offs. Se, por um lado, permitem ganhos de representatividade — pela incorporação de forças políticas adicionais ao governo —, por outro, produzem déficit de *accountability*. Tais ganhos não são lineares e podem se tornar negativos caso as coalizões sejam superdimensionadas e de elevada heterogeneidade política. A história da última década no país fornece exemplos paradigmáticos desses problemas.

A fragmentação do sistema partidário sob os governos do PT e a adoção de práticas agressivas de formação de coalizões superdimensionadas e com fortíssima heterogeneidade ideológica produziram um quadro de cinismo cívico generalizado. A *malaise* institucional que levou às manifestações de 2013 — portanto, antes que a crise tivesse de fato se instalado — já prenunciava esse quadro. A prática de ampla cooptação de forças políticas levou a alianças de baixa inteligibilidade para setores importantes do eleitorado — o acordo com Paulo Maluf nas eleições municipais de 2012 é exemplar a esse respeito. Na formação de gabinetes sob os governos do PT, as práticas de montagem de amplas coalizões, que envolveram partidos de direita e extrema direita como o Partido Social Cristão (PSC), PR e PP, e a busca pela redução da PMDB-dependência através do patrocínio à criação de novos partidos de centro provocaram impactos importantes sobre a legitimidade democrática dos governos.

Os problemas de identificabilidade (quem me governa?) e inteligibilidade (como o sistema político funciona?) também se agudizaram em virtude da permissão para a formação de coalizões distintas, quer horizontalmente — entre estados —, quer verticalmente — entre os níveis municipal, estadual e federal.* A incongruência das coalizões formadas nesses níveis enfraqueceu o conteúdo dos rótulos partidários. Para os eleitores, as coalizões parecem mecanismos ad hoc voltados somente para o sucesso eleitoral. Essa conclusão se restringe aos partidos presidenciais, que exibem alguma consistência programática, e seu impacto é, portanto, sistêmico. É importante que se reconheçam as iniciativas do Congresso Nacional de aprovar reformas para diminuir a fragmentação partidária. Mesmo que de forma tímida e com efeito no longo prazo, a aprovação de uma cláusula de desempenho e do fim das coligações nas eleições proporcionais gerarão incentivos à redução do número de partidos, o que já se constatou nas eleições de 2022.

Estimar a heterogeneidade ideológica é tarefa complexa. Felizmente, cientistas políticos brasileiros, utilizando técnicas sofisticadas, conseguiram medir a distância ideológica entre os partidos.**

---

* Desde a redemocratização, a verticalização só foi mantida entre 2002 e 2006, quando foi abolida pela emenda constitucional nº 52/2006 (mas que não entrou em vigor nas eleições de 2006).

** Utilizamos os dados de ideologia partidária propostos por Timothy Power e Cesar Zucco em "Elite Preferences in a Consolidating Democracy: The Brazilian Legislative Surveys, 1990-2009" (*Latin American Politics and Society*, v. 54, n. 4, pp. 1-27). Trata-se de um coeficiente de variação utilizado para medir o grau de desvio das ideologias dos partidos em relação à média. Os autores ob-

Essa medida permite observar a evolução da heterogeneidade média (HM) das coalizões de governo desde a redemocratização. O gráfico 5 mostra que existe uma grande variação entre elas. Fica claro que a coalizão mais heterogênea foi a do governo Sarney, que alcançou o escore médio de 49,65 pontos. No seu último mês de governo (março de 1990), a diversidade ideológica da sua coalizão alcançou o patamar de quase 60 pontos. No governo Fernando Collor, o primeiro presidente democraticamente eleito pós-ditadura, a heterogeneidade ideológica diminuiu drasticamente, alcançando um escore médio de 34,20 pontos. Após seu impeachment e a chegada de Itamar Franco à Presidência, a heterogeneidade ideológica média diminuiu mais ainda, atingindo um dos patamares mais baixos da série, cerca de 28 pontos.

GRÁFICO 5: HETEROGENEIDADE IDEOLÓGICA
DA COALIZÃO DE GOVERNO

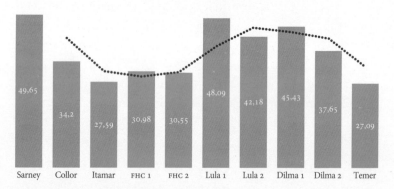

FONTE: Elaborado pelos autores.

---

tiveram essas informações através de pesquisa de opinião com os próprios legisladores em sete rodadas, de 1990 a 2013, gerando uma série temporal com 1145 respondentes. O escore de ideologia é baseado tanto na autodefinição dos legisladores como na forma com a qual avaliam uns aos outros.

Durante os governos de Fernando Henrique Cardoso, a heterogeneidade ideológica foi muito parecida e relativamente baixa, de 31 e, depois, 30,5 pontos. Com a chegada do PT ao poder, sobretudo no primeiro mandato do presidente Lula, o índice voltou a subir, alcançando o patamar do governo Sarney, 48 pontos. Em particular nos primeiros meses de governo, a coalizão era ideologicamente muito diversa, com 54 pontos. No segundo mandato, o valor médio da heterogeneidade caiu um pouco, mas ainda permaneceu comparativamente alto, com 42 pontos. No primeiro mandato da presidente Dilma voltou a subir, para 45,5 pontos, demonstrando mais uma vez a dificuldade do PT de montar coalizões congruentes com seu perfil ideológico. No segundo mandato, como uma estratégia clara de sobrevivência política, Dilma conseguiu reduzir bastante a heterogeneidade média de sua coalizão, mas, além de ser tarde demais, o patamar permaneceu alto, alcançando quase 38 pontos.

Finalmente, a despeito de governar com a maior fragmentação partidária da história brasileira (número efetivo de partidos de 16,04), Michel Temer conseguiu montar e gerenciar a coalizão ideologicamente menos heterogênea: apenas 27 pontos na média. Essa constatação empírica joga por terra a pressuposição de que uma grande fragmentação partidária necessariamente leva os presidentes a gerenciarem coalizões ideologicamente heterogêneas. Não é assim que funciona.

A crescente heterogeneidade ideológica das coalizões de governo tem várias causas, mas ela é em larga medida fruto da escolha dos governantes, em particular do presidente, que é o formador da coalizão. Além de maiores custos de governo, a heterogeneidade das coalizões é causa fundamental de descontentamento, pois exacerba o cinismo cívico dos cidadãos. Ela fortalece a convicção de que a política é um jogo sujo marcado por interesses corruptos. Esse sentimento viceja quando o governo não tem uma agenda clara e o estilo de governança se abastarda no atendimento a demandas setoriais. Assim, se a fonte da insatisfação são os setores empresariais, a resposta é redução de tarifas aqui, desoneração de impostos acolá. Se não há agenda programática clara e o pragmatismo político não encontra limites, a inteligibilidade da política fenece. A representação política inverte sua lógica e converte-se em responsividade oportunista.

A diluição do valor do *party brand* é a mais importante das consequências dessas práticas. Como assinalou o cientista político Noam Lupu, ações inconsistentes com a identidade do partido, tais como alianças com rivais ou a adoção de suas políticas macroeconômicas, por exemplo, foram e são a principal causa da debacle de importantes partidos na América Latina. A *policy switch* da presidente Dilma em seu segundo mandato só veio reforçar o desgaste produzido pela política de alianças empreendida por Lula desde seu segundo mandato. Finalmente, a eclosão de dois escândalos de corrupção de grande magnitude erodiu a bandeira ética que marcou o *party brand* petista. Muitos analistas atribuíram esses fenômenos unilateralmente ao presidencialismo de coalizão, que passou a ser entendido, de forma equivocada, como sinônimo das patologias que afetaram o sistema político.

Registre-se também que é típica dos esquemas consociativos a ocorrência de problemas de clareza de responsabilidade (quem é o responsável?) e baixa identificabilidade.[2] Os defensores de desenhos constitucionais majoritários entendem que a clareza de responsabilidade é sua principal virtude, pois ela significa, da parte dos eleitores, maior capacidade para punir ou premiar. Ou seja, governos de coalizão são associados a problemas de *blame shifting* (transferência de responsabilidade) porque a culpabilidade por maus resultados pode ser atribuída a outros membros da coalizão. Essa responsabilidade difusa estimularia a corrupção e impediria seu combate.

Já a identificabilidade fica prejudicada porque o nexo entre voto e governo se torna tortuoso. A escolha eleitoral deixa de ter repercussões diretas sobre quem irá governar ou que programa será implementado porque as promessas de campanha têm de ser acomodadas em coalizões que são formadas após as eleições, num processo de barganhas interpartidárias feito à revelia do eleitor.[3] A opinião recorrente "não se sabe quem irá ganhar as eleições, mas sabemos que Romero Jucá será o líder do governo", amplamente repetida na imprensa, aponta para essa inexistência de nexo entre as escolhas dos eleitores e a formação dos governos. E a constatação de que o voto não tem efeito é o fundamento último da *malaise* institucional. Coalizões no nível subnacional, com oligarquias políticas frontalmente incongruentes com as identidades programáticas — Sarney, Renan Calheiros e Hélder Barbalho — produziram o mesmo resultado.

O gerenciamento de coalizões também pode implicar custos de transação crescentes, com perda sistêmica de eficiência administrativa. Trata-se das chamadas "perdas de agência", ou *agency losses*. Delegar pressupõe criar assimetrias de informação entre quem tem a autoridade delegada (o presidente e o núcleo duro do governo) e quem a recebe (os membros da coalizão nomeados para ministérios, empresas públicas etc.). As perdas de agência tendem a ser tanto mais profundas quanto maior a distância ideológica entre, de um lado, o presidente e o núcleo duro do governo e, de outro, os demais membros da coalizão. Se os ministérios são concedidos a estes últimos, "de porteira fechada" — em quadro de corrupção sistêmica —, as perdas podem ser exponenciais.

Um estudo de 2017 demonstra que foi justamente esse o caso dos governos do PT,[4] que delegaram, com frequência, ministérios a aliados ideologicamente distantes e permitiram que o secretário-executivo da pasta fosse do mesmo partido político que o ministro; ou seja, a típica porteira fechada. Já o governo Fernando Henrique Cardoso, por exemplo, como meio de monitorar seus parceiros de coalizão e reduzir o risco de expropriação política, se valeu com maior frequência da estratégia de nomeação de um secretário-executivo da sua confiança (burocrata de carreira) ou um membro do seu partido para monitorar a atuação de ministros ideologicamente distantes. O argumento desenvolvido nesse estudo é o de que a escolha do secretário-executivo de um Ministério não é irrelevante.

Na outra face da moeda, desenhos consociativos podem produzir estabilidade e legitimidade nas decisões coletivas, assim como baixa volatilidade nas políticas públicas. A questão central é quando os malefícios passam a ser maiores que os benefícios. E as condições que levam a isso não são necessariamente típicas do presidencialismo de coalizão, mas distorções em seu funcionamento — e que abundaram na última década.

Essas patologias agudizaram-se sob governos de presidentes extremamente vulneráveis, Dilma e Temer. Este último em um governo *caretaker* — que exerceu um mandato tampão — marcado por escândalos de enorme gravidade. Isso reforçou ainda mais o diagnóstico equivocado de que há um problema sistêmico em nosso presidencialismo, estimulando propostas de mudança do sistema de governo, com a adoção do parlamentarismo ou de um sistema semipresidencialista, ou o abandono da representação proporcional (adoção do voto distrital, ou do chamado "distritão", rejeitado pela maioria do Congresso).

Sob o governo Temer, o problema da identificabilidade assumiu proporções inéditas, pois o presidente, nesse caso, era apenas uma solução constitucional provisória para a crise do impeachment, sem mandato popular claramente definido. O problema mudou de natureza e se tornou crítico na medida em que se acumularam evidências de envolvimento de membros do alto escalão do governo com a corrupção. No entanto, os problemas de clareza de responsabilidade se reduziram: Temer foi apoiado por uma coalizão majoritária, coesa e de baixa heterogeneidade ideológica. Essas características permitiram ao governo implementar uma agenda legislativa ambiciosa, e esse dado por si só sugere que as abordagens centradas nas supostas deficiências institucionais brasileiras não dão conta de explicar a crise: não foi a fragmentação que obstaculizou a aprovação de reformas como a trabalhista e a PEC do Teto de Gastos no governo Temer, ou a reforma da Previdência no governo Bolsonaro, ou mesmo a tributária no terceiro governo de Lula.

Finalmente, uma das supostas patologias do presidencialismo de coalizão que se exacerbou nos últimos anos foi o enfraquecimento do controle parlamentar sobre o Executivo. A prática de coalizões cria uma estrutura de incentivos que vai contra a atuação de fiscalizações e monitoramento do Executivo, porque engendra mecanismos de proteção dos governos por parte de maiorias parlamentares — fato que é universal e não se restringe apenas ao Brasil. A principal razão para essa inefetividade decorre da proeminência do Poder Executivo, que conta com dispositivos que lhe garantem o controle da agenda parlamentar. Esse elemento, embora decisivo para a funcionalidade do presidencialismo multipartidário, causa déficit de *accountability*, hipertrofia do Judiciário, e engendra profundo mal-estar na democracia.

Sob Lula e Dilma, por exemplo, o boom de commodities e a bonança fiscal impactaram o processo de formação de maiorias parlamentares de maneira significativa: partidos percebiam claros benefícios em aderir ao governo para poderem partilhar de tais recursos. Nesse quadro, as instituições de controle lato sensu — Judiciário, Ministério Público, contramajoritárias por definição — encontraram ótimas condições para se desenvolver, tornando-se a última linha de defesa contra o abuso de poder. O resultado do enfraquecimento do controle parlamentar foi semelhante ao produzido por coalizões heterogêneas e superdimensionadas: o cinismo cívico. E é isso que vamos discutir a seguir.

9. Coleira forte para cachorro grande

Neste capítulo, explicaremos o que determinou o fortalecimento das organizações de controle. Diante dos limites políticos das organizações legislativas — comissões permanentes e especiais, Comissões Parlamentares de Inquérito (CPI), tribunais de contas etc. — para controlar um presidente constitucionalmente poderoso e os potenciais riscos de que esse presidente se transformasse em um déspota ou viesse a apresentar comportamentos desviantes, os constituintes de 1988 decidiram delegar uma ampla gama de poderes a instituições de controle "externas" à política.

A expectativa era a de que essas instituições, uma vez autônomas e profissionalizadas, funcionassem de fato como elementos restritivos a possíveis desvios sem que seus legisladores tivessem necessariamente de enfrentar os naturais custos políticos de iniciar investigações diretas sobre o chefe do Executivo e constrangê-lo na esfera do Legislativo. Ou seja, percebendo que poderia haver retaliações do Executivo a ações fiscalizatórias do Legislativo, os constituintes preferiram transferir essa tarefa para uma rede descentralizada de *accountability* "fora da política".

O fortalecimento das instituições de controle inscreveu-se,

portanto, no processo de mudança institucional estrutural em curso no país desde o final da década de 1980. Não se restringe, portanto, aos governos de Dilma, Temer ou Bolsonaro, em que pese o fato de as manifestações mais explícitas de autonomia e independência dessas instituições terem surgido nesse período e serem, equivocadamente, consideradas por alguns a causa da própria crise. A atuação da Lava Jato durante o governo Dilma e a atuação da Suprema Corte durante o governo Bolsonaro representam a parte visível e mais impactante dessa mudança estrutural ocorrida na democracia brasileira nas últimas décadas. No limite, representam choques no equilíbrio de baixa qualidade da corrupção sistêmica (mudança descontínua ou big bang).

Rejeitamos, portanto, interpretações de que os problemas da política brasileira seriam decorrentes das iniciativas dos últimos governos de fortalecer as instituições de controle. Argumentos que sugerem que o governo é vítima do seu próprio sucesso, como alguns governantes afirmaram diante do maior volume de escândalos de corrupção durante seus mandatos, não procedem. É evidente que o fortalecimento institucional e organizacional dos mecanismos de controle desde 1988 levou a uma maior frequência e visibilidade dos escândalos de corrupção. Como qualquer organização que almeja perenidade, o Judiciário, o Ministério Público, a Polícia Federal, os tribunais de contas e as agências reguladoras, entre outros, se fortaleceram paulatina e internamente, tanto em termos organizacionais como institucionais. Alcançaram, assim, um grau de autonomia e de independência sem precedentes.

ORIGENS DO FORTALECIMENTO DAS ORGANIZAÇÕES DE CONTROLE

É necessário, entretanto, estabelecer uma distinção entre o momento em que essas instituições se revestiram de autoridade

(Constituinte de 1988) e as condições estruturais de sua efetivação. Foram a competição política e a formação de crenças e expectativas que viabilizaram seu efetivo fortalecimento. O dilema enfrentado pelos constituintes em 1987-8 tentou, fundamentalmente, conciliar o fortalecimento do Poder Executivo às instituições de controle. A primeira dessas tarefas foi produto de uma agenda forjada na década de 1950, em resposta à crise de 1954, que culminou com o suicídio de Getúlio Vargas. No diagnóstico que juristas e parlamentares fizeram à época, aquela crise representou a derrocada de um presidente constitucionalmente fraco. Era, portanto, fundamental fortalecer o Poder Executivo. Afonso Arinos apontou, em refinada análise, que a fortaleza de Vargas, assentada em seu poder pessoal, obscurecia a fraqueza do Poder Executivo.

Os debates travados na década de 1950 ecoavam discussões ocorridas em outros regimes parlamentares sobre a instabilidade governamental e a necessidade de um Executivo forte para superá-la. Na França, o debate resultou na reforma constitucional de De Gaulle, que inaugurou a v República em 1958. A Constituição brasileira de 1946 introduzira dispositivos — em particular o artigo 36, que proibia a delegação de poder ao Executivo — para controlar o poder despótico do presidente. (Proibição que permanece no Brasil até hoje, e que nunca permitiu, ao contrário da Argentina e de muitos países andinos, o uso amplo de leis delegadas e "leis ônibus".) Porém, nos debates entre os constitucionalistas e a elite parlamentar insistia-se numa nova separação de poderes, que já ocorrera nos Estados Unidos[1] e em outros países da Europa, em reconhecimento à nova realidade do Estado moderno: um Estado com mandato ampliado para intervenção nas esferas econômica e social, o que exigia capacidade de resposta mais rápida e eficiente do Executivo.

No Brasil, o fortalecimento do Executivo foi amplamente reclamado pela comissão de reforma constitucional criada pelo ministro Nereu Ramos, em 1956.[2] Entre as propostas apresentadas estavam dispositivos que depois seriam integrados à Carta de 1988: poderes ao presidente para requerer urgência na tramitação de projetos de lei no Congresso, áreas de política pública sob iniciativa exclusiva do Poder Executivo e tramitação acelerada de matéria orçamentária.

Em 1987-8, a ampliação de poderes às instituições de controle lato sensu — além das já citadas, os tribunais de conta — representou uma fórmula para o seguinte dilema: alargar os poderes do Executivo e, ao mesmo tempo, ampliar os controles sobre esse poder — deveria haver uma coleira forte para um cachorro grande.[3] Mas não foi apenas essa vasta delegação de poderes às instituições de controle que explicaria seu fortalecimento desde a década de 1990. Elas se fortaleceram porque, ao longo do tempo, encontraram condições estruturais para que isso ocorresse: de um lado, uma forte competição política, a concessão de uma grande gama de poderes ao Executivo e a fragmentação de poder; de outro, uma opinião pública capaz de dar sustentação política ao trabalho dessas instituições.

O resultado é conhecido. "Poucos textos constitucionais terão confiado tanto no Poder Judiciário e nele, em particular, o Supremo Tribunal Federal", afirmou o então procurador-geral da República, Sepúlveda Pertence, e ator importante no processo decisório da Constituinte.[4] A independência da Suprema Corte brasileira pode ser identificada, em índices comparativos, à do Judiciário. O Brasil aparece em segundo lugar (muitas vezes empatado com outros países) em seis de sete estudos existentes a esse respeito, ficando atrás apenas do Chile.[5] Os tribunais de contas adquiriram grande autonomia, embora permaneçam parcialmente tolhidos pela lógica majoritária que governa seu processo decisório — são órgãos de assessoramento do Poder Legislativo, que indica a maioria de seus membros. Em rankings comparativos quanto à capacidade institucional, o nosso Tribunal de Contas da União supera seus congêneres italianos e espanhóis. Seu protagonismo no processo de impeachment da ex-presidente Dilma Rousseff deveu-se ao seu fortalecimento e à grande independência do Ministério Público de Contas. O mesmo pode-se dizer sobre a autonomia adquirida pelo Ministério Público, que tem poucos paralelos no plano internacional.[6]

A contrapartida do fortalecimento das instituições de controle foi o declínio do controle parlamentar. O controle parlamentar na República de 1946 foi muitíssimo mais efetivo que no contexto pós-Constituição. Evidências surgidas na Lava Jato mostram como as comissões parlamentares tornaram-se vulneráveis a práticas corruptas. Das grandes CPIs dos governos Kubitschek e Goulart à CPI de Paulo César Farias, que resultou no impeachment de Collor, se seguiram outras que atestaram o fim melancólico do controle parlamentar. Foi o caso da CPI mais diretamente imbricada no caso do impeachment de Dilma Rousseff, a da Petrobras. O relatório vexaminoso apresentado pelo relator Marcos Maia (PT), após uma enxurrada de evidências de corrupção trazidas à baila por instituições de controle, foi emendado às pressas, a ponto de se tornar patentemente inócuo (não indiciou ninguém), evidenciando assim o colapso do controle parlamentar quando o presidente é capaz de montar e sustentar maiorias legislativas. Como se fosse pouco, em uma das sessões, o governo ainda orquestrou um ensaio para que os depoentes soubessem de antemão as perguntas que os parlamentares governistas fariam.

Na Câmara dos Deputados, das 239 propostas de CPI no período entre 1990 e 2015, apenas 61, isto é, um quinto, foram instaladas e, destas, apenas 49 concluídas. No Senado, foram propostas 47 CPIs nesse mesmo período, das quais apenas 28 foram instaladas e dezessete concluídas. No período entre 1946 e 1964, das 169 CPIs propostas, 161, ou 95%, foram instaladas e, dentre elas, 60% foram concluídas. Mas a taxa de conclusão das CPIs dos primeiros mandatos de Dilma Rousseff e Lula, de 12% do total, foi a menor desde 1946. Normalmente, apenas quando os presidentes são minoritários e/ou suas coalizões majoritárias se quebram é que CPIs tendem a constranger e a fiscalizar o Executivo.

A fórmula que permitiu conciliar o fortalecimento do Poder Executivo e das instituições de controle implicou o enfraquecimento da capacidade de controle do Executivo pelo Poder Legislativo, mas esse enfraquecimento — e isso é importante sublinhar — é "relativo". Isso porque algumas de suas prerrogativas, subtraídas pelo regime militar, foram restauradas, como a necessidade de os presidentes montarem coalizões majoritárias no Congresso para governar. No lugar de CPIs facilmente domesticadas por "presidentes de coalizão", encontramos instituições contramajoritárias robustas. O resultado foi o novo protagonismo dos controladores. As últimas barreiras para a hegemonia avassaladora do presidente e sua maioria manufaturada, nesse contexto, foram as instituições judiciais. Sabemos que o processo de impeachment de Dilma Rousseff, capitaneado pelo Poder Legislativo, parece contradizer esse argumento geral, mas o episódio só ocorreu em virtude do enfraquecimento do Executivo sob circunstâncias excepcionais (o "cisne negro").

DETERMINANTES INSTITUCIONAIS DO FORTALECIMENTO DAS ORGANIZAÇÕES DE CONTROLE

A literatura fornece diversos argumentos teóricos e empíricos sobre o tema.[7] Apenas sistemas políticos com algum grau de fragmentação do poder e competição política geram incentivos para o controle. Cruzadas morais ou jacobinismo judicial em um vácuo de expectativas tornam-se irrelevantes. A lógica é a de James

Madison: não são os sentimentos morais que fortalecem o controle da corrupção e previnem o abuso, mas um desenho institucional voltado para maximizar os incentivos para o controle. A defesa contra o abuso de poder e a corrupção é um desenho institucional que leva à contraposição de interesses, produzindo incentivos para o controle mútuo. A autocontenção moral é insuficiente, porque o risco moral (*moral hazard*) de desvio é alto: governo algum tem interesse em expor suas próprias mazelas. Pelo contrário, é incentivado a acobertá-las.

A intuição também é madisoniana: a maioria parlamentar que dá sustentação ao governo não está interessada em se autocontrolar. Só a oposição alimenta esse interesse na expectativa de ser governo amanhã. Isso explica por que as CPIs no Brasil têm efetividade baixa ou nula — são controladas pelo governo e sua maioria. Os episódios raros em que surtiram efeito se explicam apenas porque deram vazão a conflitos no seio de famílias políticas, em decorrência de "fogo amigo" entre desafetos, por quebras da coalizão diante da gestão hostil dos parceiros por parte do Executivo, ou ainda porque resultaram de investigação pela mídia, independentemente do governo.

A fragmentação de poder partidário entre os poderes constituídos gera incentivos para a autonomização do Judiciário. Como são altos os custos de coordenação para o Executivo intervir no Judiciário, a menos que ele tenha controle sobre o Congresso, os juízes têm incentivos para atuar de forma autônoma quando o Congresso está dividido, quando a coalizão está sendo mal gerida ou controlada por forças de oposição. O argumento se aplica também quando há mídia independente, controle de governos subnacionais pela oposição ou divisões no âmbito do próprio Judiciário ou das instituições de controle.

A alternância de poder é outro fator positivo para a independência das instituições de controle através do chamado "efeito seguro". A incerteza quanto ao que há de vir impele os atores políticos a delegarem poder a agentes neutros; afinal, não sabem se no futuro estarão do lado da maioria ou em situação minoritária. A alternância no poder gera também pluralismo na composição das instituições, o que só fortalece sua autonomia e independência.[8]

A fragmentação ou divisão de interesses também confere mais atribuições ao Judiciário. As elites governamentais e legislativas buscam empurrar para o Judiciário os temas que não querem tratar. Essa estratégia é eficiente quando estão em pauta assuntos que opõem grandes grupos sociais, tais como aborto e descriminalização das drogas, ou quando não há consenso, ou, ainda, em casos em que a decisão implica perdas importantes para expressivos grupos de interesse. (Ocorre que as elites judiciais também são atores estratégicos e podem da mesma maneira se omitir ou — num duplo *blame shifting* — remeter as decisões de volta à coalizão governamental e sua base legislativa.)

O STF e o Ministério Público Federal tiveram seus papéis expandidos na sociedade brasileira por todos esses fatores: fragmentação, competição política, alternância de poder. No caso do STF, a expansão foi ainda maior porque o tribunal passou a funcionar como instância recursal em ações penais e como árbitro de disputas entre os poderes Legislativo e Executivo. Na realidade, o elevado grau de fragmentação política tem produzido mais que autonomização institucional. Tem resultado, dentro de cada uma dessas instituições, em uma propensão ao protagonismo individual de seus integrantes.

A reforma do Judiciário encapsulada na emenda constitucional nº 45 representou um momento importante na formação do sistema judicial. Proposta em 1992 em meio a críticas sobre a ingovernabilidade engendrada pela indústria de liminares e a sobrecarga produzida por casos similares, sobretudo em resposta a medidas de política econômica, foi retomada na 51ª legislatura, iniciada em 1999, e finalmente aprovada em 2004. Dois institutos foram criados no âmbito dessa reforma — a repercussão geral e a súmula vinculante — que asseguraram consistência entre decisões de primeira instância e as cortes superiores, verticalizando o sistema. O controle externo do sistema judicial, através da criação do Conselho Nacional de Justiça e do Conselho Nacional do Ministério Público, foi outra inovação que fortaleceu organizacionalmente o próprio sistema.

10. O ponto de virada:
O julgamento do Mensalão

No Brasil, a Constituição de 1988 já havia instituído uma Suprema Corte independente e politicamente robusta. Porém, por duas décadas o STF não se revelou um ator político relevante. A exposição obscena de sucessivos escândalos de corrupção e a subsequente atuação das organizações de controle impondo perdas não triviais para os envolvidos reforçaram ainda mais as justificativas para que essas organizações se fortalecessem e se tornassem cada vez mais independentes.

Já dissemos que a transição crítica ou o ponto de virada do fortalecimento das instituições de controle no Brasil foi o julgamento, pela Suprema Corte, da ação 470, conhecida como Mensalão. Somente durante o julgamento do Mensalão foi possível observar seu protagonismo, com as condenações sem precedentes dos envolvidos no esquema. Esse julgamento foi muito emblemático, pois, pela primeira vez na história do país, perdas judiciais consistentes foram impostas a elites políticas no momento em que essas mesmas elites estavam no poder. Esse comportamento é sem precedentes no mundo democrático.

O desempenho do STF alinhou-se com a preferência da maioria da população. Diego Zambrano e coautores argumentam que cortes tendem a exercer a sua independência diante de três condições: 1) quando as suas decisões estiverem alinhadas às preferências da maioria da população; 2) quando existe coesão entre as elites políticas contra saídas autoritárias; e 3) quando os principais veículos de mídia e de imprensa forem comprometidos com a democracia.[1] A imposição de perdas judiciais a políticos, burocratas e grandes empresários cristalizou a ideia de que ninguém estaria acima da lei.

Até então, a percepção dominante era a de que no Brasil imperava a mais absoluta impunidade, ou que pelo menos era assim para os brancos, ricos e poderosos. Com a condenação de empresários, servidores públicos de alta patente e políticos influentes, entre eles José Dirceu, o "todo-poderoso" ministro-chefe da Casa Civil do governo Lula, ocorreu uma espécie de alinhamento entre o comportamento do Judiciário e o do Ministério Público com a opinião da maioria dos eleitores brasileiros. O ex-ministro do STF, Ayres Brito, de forma clara, corroborou com essa ideia:

> O Brasil, a partir notadamente do julgamento da ação penal 470, deu um tranco na cultura da impunidade de pessoas postadas nos andares de cima da sociedade e a Lava Jato segue nesse caminho, que é uma postulação republicana, que é a de tratar todos com igualdade perante a lei.[2]

No início, o fortalecimento organizacional dessas instituições externas de controle beneficiava os políticos, pois elas identificavam malfeitos e comportamentos desviantes de apenas "alguns" governantes, especialmente os seus opositores. Até aí, havia um equilíbrio quase perfeito para a maioria dos políticos. O problema emergiu e alcançou o estágio de "crise aberta" quando essas instituições começaram a identificar malfeitos sem distinguir coloração ideológica ou sigla partidária.

A sucessão de escândalos de corrupção e a reação das instituições de controle parecem ter aberto uma janela para a emergência de uma nova crença, ancorada na intolerância à corrupção e que encontrou ressonância na sociedade. Segundo a pesquisa "Retratos da Sociedade Brasileira – Problemas e prioridades para 2016", divulgada pela Confederação Nacional da Indústria (CNI), no ano de 2015 o combate à corrupção foi o tema que mais suscitou preocupação entre os brasileiros, à frente de desemprego, saúde e violência.[3] O gráfico 6 mostra o resultado da pesquisa "Pulso Brasil" (Ipsos), que, entre janeiro de 2016 e agosto de 2018, perguntou a uma amostra de 1200 entrevistados em 72 municípios brasileiros se "a Lava Jato deveria continuar com as investigações até o fim, custe o que custar". Como é possível observar, existia uma quase unanimidade na opinião pública em favor da operação.

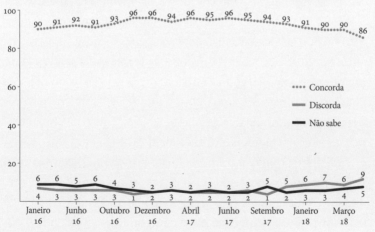

GRÁFICO 6: A LAVA JATO DEVERIA CONTINUAR COM AS INVESTIGAÇÕES ATÉ O FIM, CUSTE O QUE CUSTAR?

FONTE: "Pulso Brasil – Lava Jato" (Ipsos), edição 161, ago. 2018.

A atuação das instituições de controle, impondo perdas significativas para os envolvidos em corrupção, gerou uma espécie de ciclo virtuoso em que o comportamento de uma instância estimulava conduta semelhante da outra. Embora a liderança dessa ação tenha sido, em alguns momentos, personificada na figura de um juiz ou promotor, trata-se de um processo que retroalimenta a emergência de novos juízes e promotores de modo completamente descentralizado.

Uma série de inovações institucionais pós-Mensalão (como a Lei da Ficha Limpa, a Lei da Transparência, a Lei Anticorrupção, a Lei da Delação Premiada, a Lei da Leniência, a decisão do STF de implementar a pena após condenação em segunda instância judicial colegiada) criaram condições para o sucesso subsequente da Operação Lava Jato, que conseguiu resistir por alguns anos. Na realidade, a surpresa residiu justamente na grande resiliência organizacional e institucional apresentada pela força-tarefa a despeito das inúmeras tentativas de enfraquecê-la.

Em função da atuação firme do sistema de justiça, foi possível observar reclamações e críticas cada vez mais frequentes acerca da proeminência do Judiciário, especialmente da Suprema Corte. Muita gente passou a afirmar que juízes e promotores tinham extrapolado sua área de atuação, não apenas invadindo a seara de outros poderes, mas constrangendo de forma exacerbada a atuação dos políticos. Alegou-se também que a existência de decisões judiciais em direções opostas sobre temas semelhantes, não só proferidas pelo colegiado do STF, mas em especial de forma monocrática, teria acarretado insegurança jurídica.

No livro *O Supremo: Entre o direito e a política*, Diego Werneck Arguelhes analisa o dilema sob a perspectiva dos ritos dos procedimentos (individuais versus coletivos) na Suprema Corte brasileira. Arguelhes argumenta que o comportamento individual dos ministros, por meio de decisões monocráticas, afasta a Suprema

Corte do direito e a aproxima da política. Enquanto decisões majoritárias do colegiado de um tribunal tendem a ser percebidas, mesmo pelo lado derrotado, como imparciais e, portanto, imbuídas de mais legitimidade, decisões individuais tendem a ser percebidas como parciais e mais susceptíveis aos humores da política.

O aumento das decisões monocráticas é produto de mudanças legais constitucionais e infraconstitucionais que visaram desafogar a pauta do STF, corte que acumula jurisdição criminal, recursal e constitucional propriamente dita. A principal foi a PEC da reforma do Judiciário na Câmara, que resultou em medidas centralizantes, como a súmula vinculante, a repercussão geral e outras mudanças incorporadas à PEC 45 (2004). No plano infraconstitucional, uma nova legislação delegou poderes ampliados aos relatores nos recursos judiciais. Foram medidas que miravam a ingovernabilidade judicial, cuja melhor expressão eram as liminares concedidas em primeira instância contra as reformas de mercado durante o governo FHC.

As decisões monocráticas sobre temas não conflitivos foram soluções organizacionais que se tornaram disruptivas quando o que estava em jogo era explosivo. Esse "modelo de delegação", adotado por razões de eficiência, tornou-se brutalmente disfuncional. Sua mais clara manifestação foi a decisão do ministro Dias Toffoli, em setembro de 2023, anulando todas as provas do acordo de leniência da Odebrecht homologado em 2017. Mas o problema não se cinge às patologias do ativismo processual; ele magnifica o problema da arbitragem política hiperbólica que vem caracterizando o comportamento das cortes superiores.

O descontentamento foi tamanho que surgiram movimentos pedindo o impeachment de ministros do STF ou processos disciplinares contra procuradores da República. Juízes e procuradores nunca estiveram tanto em evidência ou foram tão criticados. Mas é imprescindível lembrar que juízes e membros do Ministério

Público se tornaram influentes na vida política não por consequência de usurpações unilaterais de poderes. Esses poderes foram delegados a eles pelo legislador constituinte. Nossa Constituição consolidou a visão de que a atuação de juízes e promotores deveria ser autônoma e independente da vontade política.

John Huber e Charles Shipan investigaram como legisladores elaboram estrategicamente as regras do jogo para que os resultados das políticas sejam consistentes com seus interesses. Eles podem, por exemplo, escrever regras e procedimentos muito detalhados com o objetivo de gerenciar microfundamentos da atuação de agentes públicos de tal sorte que seu grau de autonomia fique bem reduzido. Por outro lado, legisladores podem deixar regras e procedimentos muito vagos e imprecisos, delegando assim ampla gama de autoridade e de poder para outros agentes públicos e/ou organizações de controle.

Os legisladores constituintes poderiam ter estipulado regras com o objetivo de gerenciar a atuação de juízes e promotores, diminuindo assim sua autonomia e discricionariedade. Mas não o fizeram. Preferiram regras vagas e de princípios gerais, deixando os procedimentos sem uma clara especificação, delegando assim grande autoridade de ação e decisão para esses atores.

Essa foi a saída encontrada para proteger os cidadãos, com o máximo de garantias possíveis, contra um presidente dotado de uma ampla "caixa de ferramentas" capaz de fazer valer suas preferências. Políticos são mais propensos a preferir estatutos de baixa discricionariedade para juízes e promotores quando o ambiente de monitoramento legislativo é suficientemente forte, já que eles preferem confiar em mecanismos ex post menos onerosos — uma espécie de efeito substitutivo.

Portanto, quando o Executivo se torna constitucionalmente poderoso através de um processo de delegação do próprio Legislativo, é de se esperar o desenvolvimento de redes de instituições de controle com a capacidade de restringir potenciais condutas desviantes do chefe do Executivo.

A última barreira para a ampla dominância do presidente foram as instituições judiciais, que começaram a ter protagonismo na política. A Lava Jato ou mesmo a atuação individual e, em muitos casos, inconsistente de juízes da Suprema Corte representam a parte visível e mais impactante dessa escolha legislativa.

Como tudo na vida, os sistemas políticos são moldados a partir de escolhas. É sempre um cálculo de perdas e ganhos e não existe solução ótima. O que muda com o tempo é a avaliação dos prós e contras e o entendimento dos riscos diante de potenciais alterações e/ou ajustes.

Os movimentos e tentativas recentes de redução da discricionariedade de juízes e procuradores podem ter o efeito de não apenas restringir a atuação destes, mas de potencialmente colocar a sociedade em uma situação pior do que a atual. Afinal, com uma coleira fraca (sistema de justiça), o "cachorro grande" (Executivo) pode causar estragos ainda mais perniciosos.

Ao transferir ampla discricionariedade a juízes e promotores, os legisladores sabiam que estavam correndo o risco de esse poder se voltar contra os interesses dos próprios parlamentares. Mas, naquele momento, uma sociedade ainda traumatizada pela recente experiência de um regime autoritário achou que valia a pena pagar o preço, pois existia um risco maior a ser enfrentado: o uso indiscriminado e prejudicial de poderes pelo Executivo.

A crescente influência do Judiciário na política não é um fenômeno brasileiro nem tampouco fruto de voluntarismos unilaterais de juízes ou mesmo de jacobinismos. Ela é produto de escolhas: o espaço em que o Judiciário opera é definido politicamente.

De acordo com o cientista político Ran Hirschl, essa influência é um fenômeno global. Em países cuja Constituição garante direitos fundamentais e atribui ao Judiciário o poder de rever a constitucionalidade de atos de outros poderes, verificou-se um aumento considerável de sua influência nas prerrogativas do Legislativo e do Executivo. Diante do risco de os interesses minoritários serem esmagados por uma maioria episódica, o empoderamento do Judiciário se tornou um imperativo. E o incremento na judicialização de políticas tornou o jogo democrático cada vez mais dependente da posição do Judiciário. A justiça, na realidade, se transformou em uma espécie de "arma política" utilizada pelos próprios políticos.

Em uma análise arguta, José María Maravall propõe três condições para que esse fenômeno ocorra. A primeira é que Executivos constitucionalmente fortes se tornem majoritários no Legislativo ou consigam formar coalizões. Nesse caso, o Parlamento teria poucas condições de responsabilizar e controlar o governo de plantão, tornando-se menos relevante. O confronto político seria assim transferido para o terreno do Judiciário. Haveria incentivos políticos para que a oposição minoritária embarcasse em uma estratégia de judicialização da política.

A segunda condição se daria quando a oposição aceita a derrota nas eleições na expectativa de se tornar governo no futuro próximo, mas é novamente derrotada nas eleições subsequentes. Mesmo com menos esperanças de se tornar vencedora sob as atuais regras do jogo, a oposição não parte para saídas autoritárias, e, sim, utiliza o ativismo judicial como instrumento de competição política.

A terceira condição seria o governo de plantão ser minoritário e vulnerável no âmbito eleitoral. O governo teria, assim, incentivos para se valer do ativismo judicial para consolidar seu poder e enfraquecer a oposição. A expectativa do governo de, no futuro, ser vitorioso sob as atuais condições de competição é inferior à de ganhar após a politização do Judiciário. Evidentemente, essa estratégia depende de o governo encontrar apoio dentro do Judiciário.

Ainda que as condições institucionais para uma maior interferência do Judiciário na política estejam presentes desde a Constituição de 1988, foi com a consolidação e o amadurecimento da democracia que esse fenômeno ganhou intensidade e relevância no Brasil.

Por maior que seja a insatisfação, dos políticos e de outros segmentos da sociedade, com a interferência do Judiciário, esse fenômeno tem se mostrado extremamente resiliente. Mudanças dessa magnitude só são implementadas em momentos de crise aberta que exigem refundação. Mas é preciso lembrar que um enfraquecimento do Judiciário também teria consequências negativas e que, portanto, não existe solução ótima.

O hiperprotagonismo do STF só arrefecerá quando a agenda política mudar. A agenda criminal da corte — que se tornou sobrecarregada pela magnitude dos casos de corrupção de agentes políticos — tem repercussões sobre sua atuação global. Os numerosos casos de abuso de poder por Bolsonaro e agentes públicos associados a ele também explicam essa sobrecarga. Portanto, enquanto Bolsonaro for percebido pelos atores judiciais como uma ameaça, é provável que continuem a ocupar espaço destacado na defesa da democracia. Contudo, quando essa "ameaça" estiver completamente fora do jogo, é possível que haja uma reorientação na agenda da Suprema Corte.

11. Vieses na percepção da justiça

Em junho de 2019, após a revelação de gravações ilegais de conversas entre procuradores da Operação Lava Jato e o então juiz Sérgio Moro que sugeriam uma ação coordenada entre eles, a força-tarefa foi arrefecendo até ser formalmente extinta pelo procurador-geral da República, Augusto Aras, durante o governo Jair Bolsonaro.

Um aspecto bem interessante é que temos observado uma completa inversão na percepção dos eleitores brasileiros em relação à confiança que depositam no Judiciário. Quando o STF deu suporte à Lava Jato, com sua estratégia coordenada de atuação entre juízes, procuradores e investigadores, atingindo resultados sem precedentes na luta contra a corrupção, com a recuperação de recursos vultuosos e a imposição de perdas judiciais não triviais às principais lideranças do PT, inclusive com a condenação e a prisão de Lula, os eleitores de esquerda rejeitaram essa atuação coordenada da justiça.

Para eles, tais ações coordenadas, embora aumentassem a eficiência no combate à corrupção, poderiam colocar em risco os direitos individuais dos acusados. Porém, os eleitores de direita apoiaram de forma consistente as ações coordenadas da Lava Jato, mesmo que os direitos individuais dos acusados pudessem vir a ser prejudicados.

Esses resultados foram obtidos em uma pesquisa experimental de opinião,[1] realizada entre julho e agosto de 2021, logo após o STF anular as condenações do ex-presidente Lula e considerar o ex-juiz Sérgio Moro parcial. A pesquisa mostra que a maioria dos eleitores brasileiros, por exemplo, era favorável a reformas e iniciativas coordenadas do sistema de justiça que gerassem eficiência no combate à corrupção, mesmo que tais ações enfraquecessem os direitos dos réus. A pesquisa também revelou que as iniciativas que geravam ganhos de coordenação da justiça, quando associadas à Operação Lava Jato, despertavam nos eleitores reações ideologicamente polarizadas. A ideologia, na realidade, passava a afetar diretamente o apoio ou a rejeição a elas.

O gráfico 7 mostra que, enquanto os eleitores que se autoconsideram de esquerda (valores mais baixos de ideologia) rejeitavam as iniciativas coordenadas da Lava Jato, os eleitores que se identificavam como de direita (valores mais altos de ideologia) as apoiavam fortemente. Os resultados sugerem que a efetividade na imposição de perdas judiciais a Lula, líder político venerado pelos eleitores de esquerda e odiado pelos eleitores de direita, é o elemento-chave para a avaliação positiva ou negativa da força-tarefa, respectivamente.

A pesquisa também investigou a percepção dos eleitores a respeito do nível de corrupção no Judiciário. Paradoxalmente, os que se autodefiniam ideologicamente mais à direita percebiam níveis mais elevados de corrupção no Judiciário. Esse resultado é consistente com os conflitos e as derrotas que Bolsonaro enfrentou no STF ao longo do seu governo.

GRÁFICO 7: PROBABILIDADE DE APOIAR A LAVA JATO E IDEOLOGIA POLÍTICA

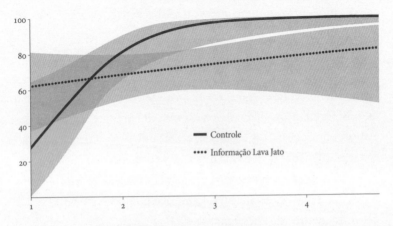

FONTE: Carlos Pereira e Mariana Furuguem, *Impunity versus Coordination Under Polarization: The Paradox of the Hurdles against Corruption*, 2021.

Raciocínio semelhante poderia ser feito com relação à confiança nas urnas eletrônicas. De acordo com a pesquisa desenvolvida por Felipe Borba e Steven Dutt-Ross,[2] os eleitores de direita, que se identificam mais com Bolsonaro, apresentam maiores chances de não confiar nas urnas eletrônicas. A avaliação que eleitores fazem da justiça, portanto, não é livre de viés.

O jogo parece ter virado com a atuação do STF, especialmente a postura firme do ministro Alexandre de Moraes (também presidente do TSE), durante e após as eleições de 2022 contra as fake news, mesmo quando tal atitude, para alguns, se confunde com censura prévia em nome da democracia.

Os resultados da pesquisa AtlasIntel-Jota[3] sugerem que os eleitores de direita, outrora "punitivistas", ficaram mais "garantistas". Todavia, os eleitores de esquerda, "garantistas" durante a Lava Jato, ficaram mais "punitivistas". Uma completa inversão de percepção a depender do ganho ou da perda do líder político. A sociedade brasileira está bastante dividida no que diz respeito ao nível de confiança na atuação dos ministros do STF. Enquanto 45% dos respondentes confiam nos juízes, 44% desconfiam e 11% não sabem.

Entretanto, quando foi levada em consideração a forma como os respondentes votaram no primeiro turno da eleição presidencial de 2022, fica estampado o efeito da polarização na avaliação que faziam da justiça. Enquanto 81% dos que votaram em Lula confiavam no STF, 91% dos que votaram em Bolsonaro não confiavam.

Outro episódio que de certa forma contribuiu para arrefecer a atuação do sistema de justiça contra a corrupção foi a guinada interpretativa do STF em novembro de 2019: agora, o cumprimento da pena somente pode ter início depois do exaurimento de todas as vias recursais. Ou seja, foi extinta a execução provisória da pena após a condenação de um colegiado em segunda instância, passando a começar apenas após o trânsito em julgado.

Entretanto, a despeito do fim da Lava Jato e dessa reinterpretação da Suprema Corte sobre o início do cumprimento da pena, a intolerância à corrupção tem aumentado e passou a fazer parte da crença dominante da sociedade. A ideia-força é de que comportamentos desviantes devem ser punidos, independentemente da preferência ideológica, do nível de poder, da cor da pele, do grau de instrução ou de renda.

No dilema entre controle e independência, a sociedade brasileira não teve dúvidas em escolher a segunda alternativa, mesmo correndo risco de excessos por parte das organizações de controle. Esse equilíbrio, entretanto, não é estático, mas fundamentalmente dinâmico. Ou seja, a "carta branca" que a sociedade conferiu às organizações de controle para o combate à corrupção pode sofrer ajustes e mudanças.

Após os avanços já conquistados, a sociedade agora deman-da mais transparência e maior monitoramento das ações das organizações de controle no processo de investigação e sanções a corruptos. É muito pouco provável, portanto, que o combate à corrupção no Brasil sofra retrocessos institucionais realmente severos que levem o país de volta ao equilíbrio subótimo anterior, em que brancos, ricos e poderosos raramente eram investigados e sofriam sanções judiciais. O risco de ser pego em comportamentos desviantes aumentou, bem como cresceram os custos políticos, reputacionais e judiciais. O que a sociedade deseja é que esse processo seja qualificado, mas não arrefecido. Deixou de ser crível governantes protegerem políticos envolvidos em escândalos em troca de apoio.

A interferência direta do Executivo ou do Legislativo nas instituições de controle tem um custo, e ele é tanto maior quanto mais independente for a mídia no país e mais forte a oposição. Sobretudo nas democracias maduras, os limites à interferência nas instituições de controle são dados pela opinião pública. Há um equilíbrio — e isso significa estabilidade em um quadro de autonomia institucional — quando os custos de tolerar a oposição e os controles tornam-se maiores que os de reprimi-los. Intervir nessas instituições pode, em alguns contextos, ter custos proibitivos: o maior deles, certamente, é a possibilidade de os eleitores punirem nas urnas os governos que ataquem tais instituições, como foi o caso do PT nas eleições municipais de 2020 e de Bolsonaro nas eleições presidenciais de 2022.

12. A corrupção é bandeira anti-incumbente

"O Chile não merece esta corrupção transversal", denunciou Gabriel Boric no primeiro turno da campanha presidencial no país, em 2021. Ele se referia ao caso da Sociedade Química e Mineira (SQM) — escândalo de corrupção que, durante o segundo governo de Michelle Bachelet, envolveu membros do Unidad Constituyente (centro-esquerda) e do Chile Vamos (centro-direita), ambos adversários de Boric na disputa. O então candidato à Presidência lamentou a falta de apoio dos oponentes às medidas que propôs para a punição dos envolvidos. Para José Antonio Kast, candidato no campo conservador, "a corrupção não é de esquerda ou de direita, é de todos os setores. Não é hora de pôr as mãos no fogo por ninguém, mas de auditar e investigar todos".[1]

Não podia ser diferente: ambos são outsiders. A bandeira da corrupção é tema de quem está fora do governo, sobretudo de quem nunca foi governo. Quem detém ou deteve recentemente a caneta para nomear, demitir, contratar e pagar é que pode ser denunciado por corrupção. Incumbentes nunca tratam da corrupção a não ser quando são recém-chegados ao poder. *"Acabar com a corrupção é o objetivo supremo de quem ainda não chegou ao poder.*"[2] Essa máxima de Millôr é certeira e tem respaldo na literatura.

As evidências coletadas em pesquisas internacionais apontam que a politização da corrupção não é uma questão de esquerda ou direita: ela é um movimento contra o incumbente. Se este é Vargas, o tema vai ser mobilizado contra ele; se for o regime militar, a denúncia volta-se para o regime. A Nova República nasceu sob o signo da impunidade. Ulysses Guimarães denunciava os "enxundiosos Faruks da corrupção" que estariam em toda parte. Capemi, Coroa Brastel, Água Espraiada, entre outros escândalos famosos, foram objeto de intensas campanhas da oposição. No poder, Maluf tornou-se o símbolo da predação. O foco na corrupção e abuso de poder levou Brizola a batizar o PT de "udenistas de macacão".

A corrupção foi tema central da luta contra ditaduras longevas, de Ferdinand Marcos a Anastasio Somoza; e, na França, do escândalo do canal do Panamá na 3ª República a Nicolas Sarkozy. O argumento de que o combate à corrupção é uma invariante histórica — "repúblicas do Galeão" e suas reencarnações — acionada quando emergem governos populares não resiste ao contrafactual mais elementar. O argumento apenas reflete o fato de que governos autoritários se tornaram o alvo de mobilizações da esquerda isoladamente ou em frentes amplas.

Em sua análise sobre partidos nos Estados Unidos e na Europa, Martin Shefter mostrou que a bandeira contra a corrupção e a patronagem era levantada pelos que estavam "fora" do aparelho estatal no momento em que os partidos foram criados. Os grupos que estão "dentro" mobilizam o eleitorado e forjam lealdades com a oferta de bens privados, como cargos públicos e contratos governamentais. Já quem está fora mobiliza o eleitorado com base em bens públicos, de apelo universalista, como aprofundamento da democracia, nativismo, inclusão social, ou luta contra a corrupção.

Sim, corrupção e impunidade não são temas setoriais como outros quaisquer; são, por excelência, da oposição. E, como demonstrou estudo publicado no *Journal of Experimental Political Science*,[3] seu impacto na opinião pública tem efeito interativo com o estado da economia: quando esta vai mal, o efeito é magnificado; quando vai bem, a corrupção é tolerada. A tempestade perfeita, que analisamos anteriormente, foi produto de um escândalo de corrupção de grandes proporções — o Petrolão — e uma violenta crise econômica. Com a saúde pública, o efeito decerto é similar, como vimos durante a pandemia de covid-19: se a saúde pública vai mal, a intolerância com a corrupção aumenta.

A Lava Jato foi equivalente a um "tsunami informacional". As pesquisas sobre a questão oferecem evidências robustas de que a influência da informação acerca da corrupção na opinião pública é condicional: é necessário que um limiar seja atingido para que ela se torne inteligível e crível. O tsunami teve o poder de desvelar o "revólver fumegante" da corrupção. Seu efeito foi claramente potencializado pelo estado da economia.

Jair Bolsonaro irrompeu na política brandindo a bandeira da luta contra a corrupção e da segurança pública, na esteira dos megaescândalos que afetaram sobretudo o PT e o Centrão. Mas seu passivo na área é grande: as rachadinhas familiares, sua aliança com o Centrão e filiação ao PL aniquilaram de forma espetacular seu discurso eleitoral. A virulência do discurso populista caiu por terra, dando lugar à oferta de bens privados, como previu Shefter. O orçamento secreto de Bolsonaro, que será examinado em detalhes no capítulo 18, representou exatamente isso: a metamorfose do discurso e da prática de agentes políticos quando se tornam governo. O escândalo mais recente de venda e recompra de joias milionárias presenteadas por outros governos é outro exemplo de comportamento marcadamente desviante. Seu principal rival, o PT, no entanto, não pode mobilizar com eficiência a bandeira da corrupção por razões óbvias.

Essas conclusões valem, mutatis mutandis, para a chamada grande corrupção, não para a pequena. A literatura especializada distingue a *petty corruption* (corrupção de pequena escala) da *grand corruption* (de grande escala).[4,5] A primeira diferencia-se por se tratar de transações singulares, individualizadas, e não institucionalizadas; a segunda por ser institucionalizada, envolvendo burocracias públicas, partidos políticos e estatais, sendo recorrente e de elevado valor.

Surpreendentemente, a pequena corrupção no país é uma das menores da América Latina e similar à média da OECD. Já no pioneiro Barômetro da Corrupção (2011) a percentagem de brasileiros que declaravam já ter pagado propina (a policiais, fiscais, provedores de serviço etc.) foi de 4%, baixa se comparada aos 12% da Argentina, 21% do Chile e 31% do México. Em 2019 continuou a menor da região (11%).[6]

Os dados sobre "tentativas de obtenção de propina" são mais fidedignos. No Lapop 2021, a percentagem de pessoas que responderam positivamente à pergunta "alguma vez nos últimos 12 meses algum funcionário público lhe pediu uma propina?" foi de 4,8% no Brasil, contra 26,2% no México, 19% no Paraguai, 13,9% no Peru, 7,7% na Argentina e 2% no Chile.[7]

13. Paradoxos dos movimentos anticorrupção

Na base das insatisfações com a política brasileira há uma forte reversão de expectativas, especialmente com relação à crise econômica e à consequente deterioração da qualidade das políticas públicas ofertadas. As razões dessa desordem podem ser buscadas na ineficiência e na baixa qualidade das próprias políticas públicas, mas também na efetividade das ações das instituições de controle. Ao expor os meandros e bastidores do suposto "jogo sujo" da política, movimentos anticorrupção desempenhariam assim um papel central no fortalecimento da antipolítica. A devastação moral do governo de plantão consolidaria o sentimento de que a política não seria mais um veículo de mudanças. Todo o sistema seria corrupto e apenas um líder messiânico, fora do sistema — ou seja, fora da "política" —, seria capaz de exercer mudanças significativas e, finalmente, higienizar a política.

É por isso que movimentos de combate à corrupção são paradoxais. A rejeição generalizada da política necessariamente leva à fragilização do sistema partidário vigente e ao surgimento de políticos de perfil populista e carismático. Uma vez eleitos, esses líderes "antipolítica" acabam por colocar em risco as próprias instituições. Alguns exemplos são Rodrigo Duterte, nas Filipinas; Silvio Berlusconi, na Itália; e Jair Bolsonaro, no Brasil.

A resposta que tem sido dada a esse paradoxo, em especial quando políticas anticorrupção são mobilizadas contra governos supostamente progressistas, é a de tratar tais alegações ou evidências de irregularidades como mera campanha de difamação da direita e de perseguição da mídia conservadora. Tais políticas anticorrupção adotariam uma concepção de direito punitivista, que não respeitaria o devido processo legal. A retórica anticorrupção ficaria associada à direita, e se rechaçaria a participação de quem outrora impôs perdas judiciais a líderes políticos corruptos de governos desviantes de esquerda na construção de alternativas políticas não polarizadas. O inverso também é verdadeiro. Ou seja, quando governos conservadores de direita são pegos praticando atos de corrupção, estratégias semelhantes de vitimização e de autodefesa são adotadas.

Apesar de, num primeiro momento, os movimentos de combate à corrupção terem causado um choque no mundo político, permitindo a eleição de outsiders, como Bolsonaro, eles não chegaram a enfraquecer o sistema político nem tampouco destruir o sistema partidário, como alguns imaginavam. Os resultados do primeiro turno das eleições municipais de 2020 já sinalizaram que os candidatos "antipolítica" que apostaram na polarização foram os grandes derrotados. E Jair Bolsonaro também foi derrotado quando buscou a reeleição em 2022.

É um erro, portanto, associar o combate à corrupção a uma agenda de direita, de centro ou de esquerda. Essa é fundamentalmente uma luta contra governantes de plantão que apresentam comportamento desviante. Na verdade, lutar contra a corrupção é mais do que apenas impor restrições a trocas ilícitas no sistema político, compreendendo também iniciativas que diminuam a captura do Estado e de suas instituições por interesses específicos e escusos. É, em essência, uma luta contra a privatização da vida pública.

Por mais paradoxal que possa parecer, a abundância de informações — decorrente da ação das instituições de controle e *accountability* — sobre o envolvimento de empresários, burocratas e, sobretudo, de políticos das mais variadas matizes partidárias e ideológicas em sucessivos escândalos de corrupção termina por diminuir o apoio ao governo e, em alguns casos, às próprias instituições democráticas. A luta contra a corrupção, portanto, pode ter o efeito colateral de diminuir a esperança dos eleitores de que o governo seja capaz de resolver seus problemas. E, quando eleitores estão frustrados e vendo seus governantes serem punidos, eles não necessariamente estão satisfeitos com a democracia.

O combate à corrupção magnifica a *malaise* política difusa em nosso sistema decorrente do modelo institucional híbrido, consociativo, caracterizado pela existência de múltiplos atores com poder de veto e por uma fragmentação institucional que os cidadãos interpretam como conluio generalizado da "classe política". Retomaremos essa questão no capítulo 19.

PARTE II

14. Por que a democracia brasileira não morreu?

DITADOR OU BOBO DA CORTE?

Durante a campanha presidencial de 2022, Lula afirmou que seu principal adversário na corrida, Jair Bolsonaro, parecia um "bobo da corte" e "que não manda em nada". Afirmou ainda que "Bolsonaro é refém do Congresso Nacional; Bolsonaro sequer cuida do orçamento; quem cuida do orçamento é o [presidente da Câmara, Arthur] Lira, isso nunca aconteceu [antes]".[1] Bolsonaro, por sua vez, ao ser questionado sobre sua dependência do Congresso na sabatina do *Jornal Nacional*, reagiu: "Bonner, você está me estimulando a ser um ditador? O Centrão são trezentos deputados. Se eu deixar de lado vou governar com quem?".[2]

A acusação de Lula e o reconhecimento de impotência por parte de Bolsonaro nos dão a chave para nossa discussão. A imputação de Lula é aparentemente um oximoro: como pode um governante autoritário, que foi por diversas vezes considerado uma ameaça à democracia, ser um bufão sem poder? Curiosamente, as qualificações feitas — "refém", "bobo da corte" — esclarecem por que a democracia brasileira sobreviveu a Bolsonaro.

Algumas das fragilidades de Bolsonaro estavam relacionadas ao desenho constitucional do país, e outras, às mudanças institucionais ocorridas desde a promulgação da Constituição de 1988.[3] Outras razões para a fraqueza de Bolsonaro e que ajudam a entender por que suas ameaças não foram críveis, no entanto, dizem respeito à natureza da liderança plebiscitária típica do populismo que caracterizou seu mandato.

O presidencialismo de coalizão brasileiro é caracterizado por um presidente forte que possui prerrogativas constitucionais significativas (i.e., medidas provisórias, poder de urgência, prerrogativas exclusivas de legislar em matérias orçamentária e administrativa, vetos totais e parciais etc.), um sistema partidário fragmentado e uma estrutura federal robusta. Embora o presidente continue a ter o controle da agenda e ainda detenha vários poderes constitucionais, esse "equilíbrio do presidente forte" foi recentemente atenuado por um Poder Legislativo empoderado e uma Suprema Corte altamente assertiva e independente. Nesse ambiente institucional, Bolsonaro não conseguiu alterar o status quo e acabou sucumbindo e se domesticando às forças do presidencialismo multipartidário.

De acordo com a literatura sobre recessão ou retrocesso democrático — mais conhecida como o debate sobre *backsliding* —,[4] que tem se debruçado sobre o suposto declínio global da democracia liberal, o Brasil seria o candidato ideal para um colapso democrático.

A maior parte dos cientistas ou analistas políticos esperava o pior com a chegada de um populista de extrema direita à Presidência da República. Com bazófia autoritária e retórica belicosa e polarizada, Jair Bolsonaro colocaria em risco a sobrevivência da democracia. Afirmavam que a derrocada da democracia não se daria por rupturas institucionais drásticas, golpes, tanques nas ruas, censura à imprensa e o fechamento do Congresso. A ruína da democracia viria de forma insidiosa — como se um miasma de espectro autoritário estivesse se apoderando de maneira imperceptível de uma sociedade indefesa e assim solapasse suas frágeis instituições democráticas, até que fosse tarde demais.

Mesmo antes de ser eleito em 2018, Bolsonaro já despertava expectativas sombrias por parte de pesquisadores e estudiosos, intelectuais e analistas, que argumentavam que ele representava a maior ameaça existencial à nossa democracia. Para os cientistas políticos Steven Levitsky e David Ziblatt, por exemplo, Bolsonaro obteve uma pontuação muito alta no teste que propuseram para mensurar um candidato autoritário. Os quatro sinais de alerta que identificaram estavam presentes: rejeição das regras do jogo democrático, tolerância ou incentivo à violência, negação da legitimidade dos rivais e restrições das liberdades civis. Segundo os autores, Bolsonaro era mais autoritário do que Viktor Orbán, Recep Tayyip Erdoğan, Rodrigo Duterte e até mesmo do que Hugo Chávez. Para eles, Bolsonaro foi o defensor mais enfático do regime militar brasileiro.

Em outro artigo, escrito por Levitsky e Fernando Bizzarro pouco antes das eleições presidenciais, os autores afirmaram que "Bolsonaro poderia acabar com a democracia brasileira. [...] Se Bolsonaro vencer, o Brasil ficará mais parecido com a Venezuela".[5] As expectativas eram, de fato, sombrias: "Com Bolsonaro as eleições seriam menos livres e menos justas e o Executivo abusaria constantemente do poder". Abranches, um dos intelectuais mais respeitados do Brasil, afirmou que "Bolsonaro é uma ameaça real à democracia brasileira".[6]

Em um artigo do *New York Times* intitulado "Can Brazil's Democracy Be Saved?", Robert Muggah escreveu que "Bolsonaro representa a maior ameaça existencial para a democracia brasileira".[7]

Numa mensagem de WhatsApp vazada em maio de 2020, Celso de Mello, ex-ministro do STF, escreveu: "Devemos resistir à destruição da ordem democrática para evitar o que aconteceu na República de Weimar". "A democracia brasileira está sob grave ameaça", concordou Oscar Vilhena Vieira, jurista e cientista político: "O presidente não está apenas tentando criar um conflito institucional, [mas também] tentando estimular grupos violentos".

A CHEGADA DE BOLSONARO À PRESIDÊNCIA

A ascensão de Bolsonaro ao poder em 2018 foi construída em torno de uma agenda antiestablishment e antipartidária que prometia uma "nova política". Em consonância com outros líderes populistas recentes, a viabilidade eleitoral de Bolsonaro se assentava em apelos antissistema e identitários que rejeitavam as instituições tradicionais e postulavam uma conexão direta e afetiva do líder político com seus eleitores. A oposição entre povo (pessoas comuns) e elite foi também um tema recorrente.

A chegada de um presidente populista de extrema direita em um ambiente institucional como o do Brasil levantou sérias preocupações. Bolsonaro poderia abusar dos vastos poderes que o Executivo detém e minar os freios e contrapesos existentes, fragilizando o Estado de direito para finalmente destruir a democracia brasileira.

Para piorar as coisas, a pandemia da covid-19 suscitou preocupações adicionais de que Bolsonaro, como outros populistas mundo afora, pudesse se aproveitar dessa emergência sanitária para concentrar ainda mais poderes, ultrapassar limites constitucionais, corroer liberdades civis e colocar em marcha uma agenda iliberal. A sabedoria convencional assume que situações emergenciais requerem delegação massiva de poder ao Executivo, que supostamente é o único braço do governo com informação, determinação e agilidade para responder a esse tipo de crise. Os freios e contrapesos que restringem a governança constitucional se fragilizam, ou mesmo deixam de existir, em tempos de crise. Dada essa combinação de características institucionais e políticas, não seria irrazoável esperar que a democracia liberal brasileira pudesse de fato perecer com Bolsonaro.

Entretanto, contrariando as expectativas pessimistas de muitos especialistas,[8] a democracia mostrou-se resiliente. O país não enfrentou uma transformação institucional radical, apesar dos retrocessos observados em várias políticas públicas e dos retumbantes fracassos em áreas como meio ambiente, educação e saúde. Aqui é importante fazer uma distinção entre instituições e políticas públicas, que em muitos casos podem não estar correlacionadas. Enquanto instituições representam as regras do jogo democrático, as políticas públicas são implementadas por um determinado governo. Não é incomum observar um governo democrático implementar políticas de má qualidade e vice-versa. Bolsonaro não tentou destituir juízes ou procuradores recorrendo a meios informais, com acusações forjadas de corrupção. Também não propôs alargar a dimensão dos tribunais nem perseguiu políticos e/ou jornalistas da oposição. Sua retórica belicosa e de confronto institucional, porém, não é desprovida de consequências. Afetou significativamente a vida democrática.

Ginsburg e Huq argumentam que, embora existam muitos casos em que a sobrevivência da democracia possa ser explicada pela ausência de uma ameaça crível ao sistema democrático, devemos prestar atenção a uma classe mais restrita que chamam de *near misses* democráticos: "casos em que uma democracia está exposta a forças sociais, políticas ou econômicas que poderiam catalisar retrocessos, mas de alguma forma supera essas forças e recupera o seu equilíbrio". Os autores definem um *near miss* como um caso em que um país experimenta uma deterioração na qualidade de instituições democráticas que a princípio funcionavam bem, sem cair totalmente no autoritarismo, mas depois recupera a sua democracia de alta qualidade.

Os limites entre essas categorias são confusos e é difícil caracterizar casos específicos. A diferenciação entre *near misses* e casos em que a democracia nunca esteve em risco também não é clara e é discutível em casos específicos. À primeira vista, poderíamos classificar o Brasil como um caso de recuperação rápida. Mas, considerando que o país nunca ficou abaixo do limiar do autoritarismo competitivo, isso também não seria inteiramente correto. Os especialistas e analistas políticos exageraram a ameaça que Bolsonaro representava. Mas reconhecemos que não era inconsequente. Além disso, também não está claro se o Brasil estaria dentro do subconjunto de casos em que o risco de erosão democrática substancial se tornou aparente.

O país retornou para o seu nível de democracia anterior. Na realidade, nunca foi alterado de forma significativa. Os freios e contrapesos permaneceram relativamente fortes. A Suprema Corte e o Congresso atuaram de maneira sistemática contra as preferências do governo em importantes disputas legais. A mídia permaneceu livre e competitiva. As liberdades civis foram preservadas. O calendário eleitoral foi respeitado.

E, por fim, Bolsonaro aceitou o resultado da eleição quando tentava mais um mandato, apesar do grave incidente em 8 de janeiro de 2023, quando manifestantes radicais e antidemocráticos que o apoiavam invadiram e saquearam o Congresso, a Suprema Corte e o Palácio Presidencial, ao estilo da invasão ao Capitólio dos Estados Unidos que ocorrera dois anos antes. Apesar desses eventos dramáticos, não aleatórios e sem precedentes, não houve crise constitucional aberta nem instabilidade. Pelo contrário, esses incidentes geraram uma resposta unificada e corajosa das lideranças dos três poderes e outros atores políticos.

O presidente Lula, os presidentes da Câmara dos Deputados e do Senado, ministros do Supremo Tribunal Federal e governadores de estado se reuniram na capital, Brasília, no dia seguinte. Desfilando juntos na Praça dos Três Poderes, eles deram uma robusta demonstração de unidade política em favor da democracia. Os militares não responderam aos apelos de grupos radicais minoritários para um golpe. O vencedor da eleição está governando com o apoio da maioria no Congresso, incluindo partidos e políticos associados ao ex-presidente. De fato, os presidentes das duas casas do Legislativo (Câmara dos Deputados e Senado Federal) sob Bolsonaro foram reeleitos com o apoio ativo de Lula, que, apesar de ser sustentado por apenas uma maioria simples no Congresso, negociou durante o governo de transição uma grande mudança no orçamento aprovado para 2023. E, de maneira não antecipada pelos analistas, Lula nomeou para seu gabinete um número significativo de parlamentares estreitamente associados ao governo anterior.

Jair Bolsonaro acabou sendo condenado pelo TSE por prática ilegal de abuso de poder político e pelo uso indevido dos meios de comunicação por reunir, em julho de 2022, diplomatas no Palácio da Alvorada para apresentar falsas narrativas sobre a insegurança das urnas eletrônicas e atacar ministros do TSE e do STF. Diante dessa condenação, o ex-presidente está inelegível por um período de oito anos. Embora essa punição tenha ocorrido quando Bolsonaro não estava mais na Presidência, vale destacar que foi a primeira vez na história brasileira que a corte eleitoral impôs decisão tão drástica a um ex-presidente. Essa decisão do TSE pode ser interpretada como uma clara reação aos confrontos institucionais e aos vários ataques pessoais que seus ministros sofreram do próprio Bolsonaro, de familiares dele e de integrantes de seu governo. O próprio ex-presidente pediu o impeachment de dois juízes da Suprema Corte e ameaçou descumprir suas decisões.

Além do mais, muitos manifestantes que invadiram a esplanada dos ministérios e depredaram as sedes dos três poderes estão sendo, ou já foram, punidos por crimes diversos, tais como tentativa de golpe de Estado, abolição violenta do Estado de direito, associação criminosa, dano qualificado e deterioração do patrimônio, com penas expressivas de reclusão em regime fechado.

O fato de a democracia brasileira não ter perecido apesar das inúmeras ameaças de Bolsonaro é bastante intrigante e requer uma explicação. Embora várias de suas ações possam ter sido inegavelmente ameaçadoras, as instituições políticas e a sociedade civil ofereceram respostas robustas, proporcionando grande resiliência democrática.

Bolsonaro, por exemplo, demitiu seu ministro da Defesa por não ter tolerado a politização das Forças Armadas, provocando a demissão coletiva dos ministros chefes do Exército, da Marinha e da Aeronáutica. Ele também pediu o impeachment de dois ministros do STF e chegou a entrar com um pedido de destituição do ministro Alexandre de Moraes. O presidente do Senado arquivou a proposta levando Bolsonaro a não prosseguir com a ameaça de impeachment do ministro Roberto Barroso. Isso ilustra o efeito dissuasor de um Congresso independente, que apoiou as iniciativas políticas de Bolsonaro, mas não tolerou as suas intenções hegemônicas.

Outra demonstração da busca de Bolsonaro pelo poder hegemônico foi a suspeita de interferência nas eleições. As investigações da PF revelaram evidências convincentes que sugerem tentativas de manipulação durante o segundo turno das eleições presidenciais. Silvinei Vasques, diretor da Polícia Rodoviária Federal, teria emitido ordens de blitz estratégicas com o objetivo de obstruir o acesso dos eleitores aos locais de votação em municípios situados sobretudo na região Nordeste, que demonstrou forte apoio ao rival de Bolsonaro durante o primeiro turno das eleições, onde obteve mais de 80% dos votos. A PF descobriu mapas no celular do ex-ministro da Justiça Anderson Torres, que detalhavam a distribuição dos votos no primeiro turno da eleição. Foi revelado que Torres participou pessoalmente de reuniões nesses municípios do Nordeste, poucos dias antes do segundo turno, para coordenar essas blitzes. Como resultado dessas investigações, Vasques e Torres foram presos.

Após as investigações realizadas pela Polícia Federal, insights importantes surgiram do depoimento prestado pelo assessor direto de Bolsonaro, o tenente-coronel Mauro Cid, que cooperou por meio de um acordo de delação premiada aprovado pelo STF. Essas revelações lançam luz sobre o envolvimento direto de Bolsonaro na definição de uma "peça jurídica", conhecida como "minuta do golpe". Tal minuta pretendia fornecer justificação para medidas excepcionais no caso de uma revolta popular bem-sucedida.

As evidências coletadas durante a investigação sugeriram que o prazo planejado para o golpe era 18 de dezembro, coincidindo com o dia que a Justiça Eleitoral marcou para a diplomação da presidência de Lula. A "minuta do golpe", encontrada tanto na residência quanto no celular do antigo ministro da Justiça, Anderson Torres, apelava a novas eleições presidenciais com base no que foi considerado ilegítimo e inconstitucional por parte do STF. Também mencionava a necessidade de um decreto de "Estado de Sítio" para restaurar o regime democrático no país.

Segundo Cid, Bolsonaro esteve diretamente envolvido na elaboração desse decreto, oferecendo sugestões e fazendo ajustes. Além disso, Cid revelou que Bolsonaro convocou uma reunião com os chefes das Forças Armadas para discutir o decreto golpista — essa informação foi confirmada pelos ex-comandantes do Exército e da Aeronáutica em depoimento à Polícia Federal. Durante essa reunião, o comandante da Marinha teria se mostrado disposto a apoiar o apelo presidencial. Em contrapartida, o chefe do Exército declarou explicitamente a sua relutância em participar de qualquer plano de golpe. O comandante da Aeronáutica também não apoiou a iniciativa. Consequentemente, a reunião foi concluída e o alegado plano de golpe foi posto de lado.

Embora houvesse de fato diversas ameaças à democracia brasileira, é importante destacar que essas ameaças careciam de credibilidade. Bolsonaro não possuía os meios institucionais nem obteve o apoio político necessário para suportar os custos associados à implementação de retrocessos democráticos. O sistema de freios e contrapesos do Brasil já era robusto e a sociedade permanecia vigilante. Dessa maneira, tais fatos não só permitiram respostas incisivas às iniciativas iliberais, como também serviram para dissipar e desencorajar outras iniciativas do tipo antes que pudessem ganhar impulso.

Alguns sustentam que esse resultado é fortuito e apresentam uma explicação contrafactual: se a democracia não colapsou durante o primeiro mandato de Bolsonaro, certamente teria colapsado em um segundo mandato. Líderes populistas, de acordo com esse argumento, costumam ter menos restrições em segundos mandatos. Eles se sentem livres dos freios e contrapesos, tais como o Congresso, o Judiciário independente, as agências reguladoras e a imprensa livre. Populistas tendem a redesenhar a Constituição e sempre buscam fortalecer e estender sua dominação. Basta olhar para a história recente da América Latina: Fujimori, Chávez e Morales, que pressionaram pelo prolongamento de seus mandatos por meio de várias medidas quando foram reeleitos. Gradualmente, ainda segundo esse argumento, os populistas fragilizam a democracia até a morte, como uma tendência inexorável e irreversível. À semelhança da cientista política Laura Gamboa,[9] argumentamos que a ascensão de um governo populista com aspirações hegemônicas e o colapso da democracia são processos distintos e que podem não acontecer de forma simultânea.

Kurt Weyland também é um dos autores que tem contestado essa explicação.[10] Ele argumenta que apenas 24% dos líderes populistas que assumem o poder em um país democrático dão origem a retrocessos democráticos, e apenas um terço deles causa deterioração democrática significativa. De acordo com ele, muitos estudos consideram "apenas os poucos casos emblemáticos de líderes populistas que conseguiram sufocar a democracia, uma seleção enviesada, que pinta um quadro muito mais sombrio".[11] Em vez de as democracias morrerem, é mais provável que líderes populistas se enfraqueçam em suas tentativas de asfixiá-las.

Jason Brownlee e Kenny Miao chegaram a conclusões semelhantes: o retrocesso democrático é muito menos propenso a levar à autocracia do que atualmente se supõe. Ao examinar todos os casos de retrocesso e colapso no período de 1920 a 2020, eles inferiram que "a história de retrocesso que precede o colapso tem sido muito menos comum do que a história de retrocesso — e recuperação — dentro das democracias eleitorais".[12] Em outras palavras, um século de evidências sugere que as democracias são mais resistentes do que parecem. Seu melhor preditor continua sendo renda e extensão de tempo. O único caso de erosão seguida de colapso democrático em país de renda média-alta foi na Turquia de Erdoğan.

Pablo Beramendi, Carles Boix e Daniel Stegmueller[13] também chegaram a resultados similares ao focarem em variáveis quase sempre mencionadas como potencializadoras de erosão democrática e colapso de regimes, tais como polarização, contestação do resultado das eleições e desigualdade. Eles concluíram que o efeito dessas variáveis declina rapidamente com a renda. Ou seja, é expressivo em democracias com baixa renda, mas o efeito é mitigado nas de renda média e de todo nulo nas de alta renda (acima de 30 mil dólares de renda per capita). Os autores utilizam uma base de dados abrangente que cobre o período entre 1900 e 2019.

O Brasil está no limiar superior dos países de renda média, onde se poderia esperar erosão, mas não colapso.

Com base em diversas fontes, Andrew Little e Anne Meng também não encontraram evidências sistemáticas de declínio democrático global na última década. Usando indicadores objetivos, como o desempenho do titular nas eleições, em vez de indicadores subjetivos que dependem do julgamento de "codificadores especializados", eles afirmam que as recentes quedas nas pontuações médias da democracia só podem ser causadas por mudanças no viés do codificador.

A subjetividade do codificador pode explicar parte da queda de 53% observada no Índice de Democracia Liberal do v-Dem no Brasil de 2015 a 2022 (de 0,78 para 0,51), que parece ter sido desencadeada pelo impeachment de Dilma Rousseff em 2016. A queda, portanto, antecede Bolsonaro (no governo Bolsonaro, o índice só caiu de 0,60 para 0,51). Essa nova sensibilidade à erosão democrática se reflete no debate público iniciado com a publicação de um artigo de Larry Diamond, de 2014, que deflagrou uma onda internacional em torno de "recessão democrática" e a crescente disponibilidade de informações sobre o assunto nas comunidades de cientistas políticos e analistas da democracia em geral, que formam uma espécie de comunidade epistêmica orgânica.

Outros fatores, no entanto, podem explicar a resiliência ao retrocesso. Jason Brownlee e Kenny Miao mencionam o que denominam de "momento estabilizador do multipartidarismo" e da competição política. Eles enfatizam a importância do desenvolvimento econômico, uma variável clássica nas modelagens de transição e/ou colapso da democracia. Na análise dos autores, o Brasil está no limiar de renda em que a riqueza é protetora do início do retrocesso. Kurt Weyland considera a inaptidão dos líderes populistas em lidar com emergências e as consequentes propensões a crises deflagradas por elas, mas também mostra como a competição política, o sistema partidário e os efeitos dos diferentes sistemas de governo afetam a capacidade dos populistas de minar a democracia.[14]

Os autores do artigo "How Democracies Prevail"[15] sugerem que a resiliência democrática ocorre em dois estágios: ou reagindo a qualquer ameaça desde o início, ou resistindo ao colapso quando já está na ladeira escorregadia em direção à autocratização. Eles argumentam, ainda, que as restrições impostas pelo Legislativo impedem o Executivo de se engajar em uma escalada antidemocrática, mas é a independência do Judiciário que fornece resiliência contra o colapso. Essas afirmações ajudam a entender o caso brasileiro, como nossa análise busca demonstrar.

Muitos analistas afirmam em tom apocalíptico que o principal determinante para o retrocesso democrático se localiza nas mudanças da opinião pública. Com base em indicadores sobre a satisfação com a democracia, a confiança em políticos, partidos e governos, conclui-se que o "sentimento populista" explodiu. A demanda por populistas deu um salto. "Tudo isso soa assombroso. Mas pelo menos no que se refere às atitudes e preferências do cidadão europeu comum nada disso é verdadeiro", conclui Larry Bartels.[16]

Examinando as tendências da opinião pública em 23 países europeus (350 mil entrevistados) entre 2000 e 2019 — período no qual teria ocorrido mudança nas atitudes e preferências do eleitorado —, Bartels encontra grande estabilidade global e volatilidade isolada. E alerta que os casos discrepantes recebem destaque desproporcional. Também argumenta que o apoio à democracia em autocracias como a Venezuela e a China é similar ao de países democráticos. Os dados de opinião pública requerem um escrutínio cuidadoso; não podem ser tomados pelo valor de face.

Bartels estima o chamado "sentimento populista" de direita com uma impressionante base de dados de 785 milhões de observações relativas a 43 eleições. As evidências contrariam a explicação canônica: a onda populista não pode ser explicada por mudanças na opinião pública após a crise da zona do euro e o choque imigratório de 2009 a 2012. Os níveis de satisfação com a democracia, com os serviços públicos ou de apoio à União Europeia são ligeiramente maiores depois da crise do que antes. Tampouco há evidência de grandes mudanças no autoposicionamento esquerda versus direita ou no apoio à redistribuição. O sentimento quanto à imigração não se alterou. As erosões institucionais, nos casos isolados em que são bem-sucedidas, são deflagradas de cima. Orbán, o caso canônico, tornou-se líder do Fidesz, um partido de centro, não do Jobbik, o partido da direita radical da Hungria.

A oferta de partidos populistas aumentou, mas na média são partidos pequenos, cuja votação cresceu apenas 10% no período, o dobro do ocorrido entre 1980 e 2000, ou no pós-guerra; sempre houve uma parcela de direita radical girando em torno de um quinto e um sexto do eleitorado. A democracia é tensionada quando líderes mobilizam essa reserva crítica em conjunturas específicas e em ambientes institucionais vulneráveis. Bolsonaro seria um candidato ao "colapso pelo alto", e supostamente teria apoio majoritário da população para tal. No entanto, esse argumento não se sustenta.

Seis meses antes do golpe ocorrido no Chile, em 11 de setembro de 1973, apenas 27% dos chilenos acreditavam que o golpe aconteceria.[17] Contudo, de acordo com o Datafolha,[18] mais da metade dos brasileiros (51%) acreditava que Bolsonaro poderia tentar um golpe, especialmente em caso de derrota nas eleições de 2022. Havia quem acreditasse, inclusive, que o roteiro desse golpe já estaria traçado. O primeiro passo seria incutir desconfiança sobre a lisura do processo eleitoral por meio de questionamentos sobre a segurança das urnas eletrônicas, comprometendo sua confiabilidade ("a urna não é inviolável, é penetrável, sim").[19] Há evidências cada vez mais fortes de que certos setores se organizaram com vistas a protestos violentos sem contarem, no entanto, com o apoio do alto comando das Forças Armadas. Mas aqui nos interessa apenas o sentimento público com relação à possibilidade de golpe.

O argumento central desse roteiro focava em uma hipotética "sala secreta ou escura" que contabilizaria os votos chegados ao TSE, o que afetaria a transparência da apuração. Contribuiu nessa trama o confronto direto com ministros do STF, que abusariam de sua autoridade. Outro pilar decisivo no roteiro do golpe foi desacreditar as pesquisas eleitorais, disseminando a ideia de que elas manipulavam a verdadeira intenção dos eleitores. Além disso, foram também cruciais as narrativas de que a imprensa tradicional não é confiável e de que as redes sociais são a fonte de informação mais adequada e livre de vieses ideológicos.

Mas até que ponto democracias necessitam de democratas? Antes de Bartels, Adam Przeworski já argumentava que não existe causalidade ou valor preditivo entre apoio da opinião pública e sobrevivência da democracia.[20] Ele observou que, mesmo diante da queda vertiginosa de apoio às instituições democráticas na Europa nos últimos 35 anos, nenhuma delas entrou em colapso.

Assim como as pessoas, as sociedades e suas instituições aprendem com os erros e as experiências do passado, e também tiram lições de outros países que passaram por problemas similares. A invasão do Capitólio e o uso indiscriminado de fake news nas eleições norte-americanas de 2020 são bons exemplos. Esses aprendizados previnem e ajudam a capacitar as organizações de controle e a própria sociedade contra potenciais ações iliberais dos governos de plantão.

Não observamos o contrafactual de um segundo mandato de Bolsonaro visto que ele perdeu a reeleição e muitos dos seus auxiliares imediatos foram presos, como seu ex-ministro da Justiça, Anderson Torres, por suspeita de omissão nos atos antidemocráticos de 8 de janeiro; o ex-diretor da Polícia Rodoviária Federal, Silvinei Vasques, por suspeita de uso da máquina pública para interferir no segundo turno das eleições; e o ex-ajudante de ordens de Bolsonaro, o tenente-coronel Mauro Cid, por falsificação do cartão de vacinação do ex-presidente, pela venda ilegal de joias e presentes oficiais recebidos pela Presidência e pela suposta participação na trama de golpe de Estado. Portanto, é fundamental examinar detalhadamente os mecanismos políticos e institucionais que explicam por que a democracia brasileira sobreviveu a um populista de extrema direita, mas também por que demonstrou força e capacidade de lidar com um presidente não comprometido com os princípios democráticos. Nós nos inspiramos no argumento de Nancy Bermeo, de que as questões levantadas por essa nova agenda de estudos, que desafia a interpretação até então dominante sobre ameaças à democracia, convidam a pesquisas e interpretações de casos específicos — como o brasileiro. Assim, concentramos a nossa investigação nas instituições legislativas, na fragmentação partidária, no sistema judiciário e no federalismo.

A WEAK STRONG MAN

A ascensão de Bolsonaro à Presidência foi o resultado, como vimos, de uma tempestade perfeita: a combinação de um escândalo de corrupção (Petrolão e sua operação anticorrupção, a Lava Jato) com uma crise sem precedentes resultante do mau gerenciamento econômico e do declínio do boom de commodities.[21] O resultado foi uma janela de oportunidade para um típico outsider — Bolsonaro estava em seu sétimo mandato como deputado federal do baixo clero e havia mudado de partido sete vezes. Ele, então, escolheu um dos "micropartidos de aluguel" — o Partido Social Liberal (PSL) — para concorrer à Presidência em 2018 e contou consistentemente com o apoio de um grupo específico de militantes radicais conservadores, representando cerca de 15% do eleitorado. Isso foi suficiente para garantir sua presença no segundo turno, quando se beneficiou das altas taxas de rejeição ao PT entre os eleitores e venceu com uma margem de 10%. Portanto, Bolsonaro pode ser mais bem caracterizado como um "presidente populista hiperminoritário" — ou seja, um presidente constitucionalmente forte, mas politicamente fraco.

A vitória de Bolsonaro refletiu mais um problema de oferta no mercado político do que de demanda:[22] o partido arquirrival do PT nas eleições anteriores — o PSDB — também foi atingido por escândalos de corrupção envolvendo seu ex-líder, Aécio Neves. Embora Bolsonaro tenha repetidamente criticado a alternância de líderes políticos do presidencialismo de coalizão, referindo-se a ele como "velha política", a demanda da sociedade por um político de direita radical era marginal. Seu apoio emanava de um eleitorado em grande parte insignificante. Bolsonaro decerto aproveitou a "direita envergonhada", na expressão precisa de Timothy Power,[23] que perdeu relevância política a partir do fim do regime militar, e o crescente eleitorado evangélico neopentecostal. Porém, o núcleo autoritário bolsonarista é relativamente pequeno, embora cacofônico e eficiente nas redes sociais. Sua vitória foi o subproduto dos altos níveis de rejeição ao PT entre os eleitores indecisos.[24]

Um grande grupo de congressistas aproveitou então o sucesso de Bolsonaro para se eleger na esteira de sua influência; mas tanto Bolsonaro como seus seguidores mais leais deixaram o partido, que veio a se fundir com o Democratas (de centro-direita tradicional) para formar o União Brasil. Bolsonaro ficou sem legenda por pouco mais da metade de seu mandato, contando com um grupo de apoiadores ruidosos que se acomodou na burocracia federal e que foi demitido quando se tornou disfuncional. Esse grupo de "bolsonaristas raiz", cuja facção mais conhecida são os discípulos de Olavo de Carvalho, os olavistas, tiveram todos a mesma sorte.

MUDANÇA DE ROTA PARA SOBREVIVER

Bolsonaro buscou o apoio do Centrão, um grupo heterogêneo de mais de duzentos legisladores de centro-direita e alguns de direita radical. O núcleo do Centrão — PL, Progressistas e Republicanos —, de forma similar a outros partidos pequenos, tem como principal característica o governismo empedernido e um comportamento rentista não programático, um produto de seu tamanho e posição central — ou, mais precisamente, na mediana de preferências políticas do Congresso — no espectro político. A dependência de Bolsonaro em relação ao Centrão refletiu a fragmentação do sistema de partidos brasileiro — o número efetivo de partidos políticos era de 16,4 em 2018 —, que, na ocasião, era a mais alta do mundo.

A má gestão da pandemia e as acusações de atividades ilícitas contra um de seus filhos, o senador Flávio Bolsonaro, fizeram do *rapprochement* com o Centrão uma questão de sobrevivência política, movimento que culminou com a demissão de um dos baluartes da Presidência, o ex-juiz da Lava Jato, Sérgio Moro.

Em seu segundo ano no cargo, Bolsonaro abandonou sua rejeição aos partidos e a retórica antissistema e se transformou em um animal político totalmente novo: um presidente incendiário em aliança com chefes políticos do antigo regime do Centrão, a quem ele havia criticado durante a campanha. Ao fazer isso, se tornou o bobo da corte ridicularizado por Lula.

Demorou quase dois anos de mandato para que Bolsonaro percebesse que uma atitude de negação da política de coalizão gera custos proibitivos de governabilidade. Finalmente, ele percebeu que era muito mais difícil governar sem aliados em postos-chave no Congresso. Se houve aprendizado, este se deu a partir de perdas sucessivas impostas pelas instituições políticas à sua postura de confronto permanente. Quanto mais Bolsonaro se vergou e adotou o jogo institucional do presidencialismo multipartidário, mais as instituições democráticas mostraram sua força.

Ao tomar essa decisão, o ex-presidente alienou um expressivo segmento de seu eleitorado — os defensores da Lava Jato — enquanto construía uma importante aliança legislativa com o Centrão. Foi uma jogada de muito sucesso porque ele conseguiu garantir um aliado na presidência da Câmara no início de 2021, que antes era ocupada por um rival centrista, o deputado Rodrigo Maia. Nesse processo, o chefe do Executivo cedeu às demandas do Centrão e demitiu vários de seus aliados mais radicais que pertenciam à facção olavista, como seu ministro da Educação. Weintraub criticou com virulência a entrega do Fundo de Desenvolvimento da Educação para um indicado de Ciro Nogueira, cacique do PP. Embora os militares permanecessem no governo — controlando posições-chave da burocracia federal —,[25] foram cada vez mais ofuscados pelos políticos do Centrão. O *rapprochement* com o Centrão ditou o rearranjo do portfólio ministerial. Como disse o próprio Bolsonaro: "Fui obrigado a formar uma coalizão".

O arquiteto dessa nova estratégia, o ministro Luís Eduardo Ramos, descreveu com franqueza a metamorfose que afetou Bolsonaro e exagerou seu impacto legislativo nos seguintes termos: "Nós nos reunimos com líderes dos partidos e dissemos: vocês querem participar do governo? E assim começamos a ganhar apoio no Congresso. A partir desse momento [abril de 2021], conseguimos passar a nossa agenda".[26]

Embora Bolsonaro tenha construído uma coalizão minoritária com o Centrão, ele o fez em uma situação de muita vulnerabilidade política: o poder de barganha não estava mais nas mãos do

Executivo, o que gerou altos custos de governabilidade e a necessidade de o presidente encontrar uma moeda alternativa de recompensa pelo apoio recebido. Isso aconteceu por meio das emendas de relator, que vieram a ser conhecidas como "orçamento secreto".

MOEDAS DE TROCA NO PRESIDENCIALISMO DE COALIZÃO

O presidencialismo multipartidário requer "moedas de troca" entre o Executivo e o Legislativo para alcançar funcionalidade.[27] Um presidente é incapaz de construir e manter uma coalizão majoritária sem uma "caixa de ferramentas" sob sua inteira discricionariedade, como mostramos anteriormente.[28] A execução de emendas parlamentares é uma das principais ferramentas desse jogo, já que gera governabilidade com baixa interferência em políticas de perfil universal.

As emendas individuais e coletivas funcionavam como ingredientes fundamentais nesse jogo, pois, além de serem relativamente baratas, geravam retornos para ambos os lados: eleitorais, para os legisladores, e de governabilidade, para o presidente. As emendas proporcionam recursos a redes locais de interesse que, muitas vezes, não são alcançadas por políticas nacionais; além disso, são alternativas a cargos nos ministérios quando o presidente não quer comprometer sua política de governo. Cargos são investimentos de longo prazo, na medida em que existem custos adicionais na substituição de ministros, enquanto a execução de emendas tem liquidez imediata.

O ex-presidente da Câmara dos Deputados, Eduardo Cunha, afirmava, e há evidências empíricas que lhe dão suporte, que "cargos não têm a mesma relevância que emendas. Elas entram direto nas bases dos deputados. Consolidam o prestígio, alimentam as redes locais de interesse e geram dividendos eleitorais".[29]

Já o líder do União Brasil, Elmar Nascimento, mostra que a relação entre cargos e orçamento é de substituição, não de complementariedade:

> O governo precisa dialogar e cumprir os compromissos. Principalmente fazer fluir o orçamento. [Na negociação de] cargo participa a cúpula nacional. Mas 80% do Congresso, que é o baixo clero, quer saber da execução orçamentária. Quer saber de levar o posto de saúde, a pavimentação.[30]

Embora as emendas sejam individuais, a barganha institucional é partidária e mediada por líderes, como amplamente demonstrado na literatura empírica. O processo é descrito com acuidade por Eduardo Cunha, um participante do jogo:

> Lula pode buscar apoios individuais de congressistas de outros partidos, usando cargos de segundo escalão. Não será suficiente e não conseguirá um apoio orgânico, que dará estabilidade política. Todo mundo sabe a importância dos líderes partidários para a construção da pauta e das votações. De nada adianta cooptar deputados individualmente sem o apoio orgânico dos líderes.[31]

Esse jogo, portanto, estava em relativo equilíbrio até o governo Dilma Rousseff. Como discutido anteriormente, em resposta às consequências da má gerência de suas coalizões e de sua fragilidade política no processo de impeachment, Dilma preferiu "ceder os anéis para não perder os dedos",[32] ao aceitar tornar impositivas as emendas individuais (emenda constitucional nº 86, 2015). Já Bolsonaro, por negação do presidencialismo de coalizão e para se manter fiel à sua narrativa de condenar o uso de moedas de troca com o Legislativo, cedeu às demandas dos parlamentares e tornou as emendas coletivas ou de bancada também impositivas em 2019 (emenda constitucional nº 100, 2019).

A obrigatoriedade na execução das emendas individuais e coletivas, em vez de ter sido um avanço nas relações entre Executivo e Legislativo, engessou o jogo e tornou-o mais caro.[33] No momento em que os legisladores perceberam que não precisavam mais votar de forma consistente com o Executivo para que suas emendas fossem executadas, o presidente teve de encontrar moedas alternativas de recompensa.

As "emendas de relator" foram um substituto distorcido das emendas sobre as quais o Executivo tinha poder discricionário sob sua execução. Todo o processo tornou-se opaco, com muitas possibilidades de predação e corrupção. Além dos problemas de falta de transparência, a negociação que antes ocorria entre o presidente da República e os líderes partidários passou a se dar entre os presidentes da Câmara e do Senado e os parlamentares individuais, o que fragilizou os partidos políticos. A disciplina partidária implodiu porque os membros do partido passaram a prescindir da indicação de seu líder para terem suas emendas executadas. Na realidade, o orçamento secreto foi o preço que o Centrão cobrou para preservar a cabeça de um presidente enfraquecido.

A execução equitativa das emendas, defendida por parlamentares e pela mídia, na realidade, causa distorção do jogo político da coalizão, pois gera instabilidades políticas, maiorias cíclicas e aumento dos custos governativos. Embora agrade aos legisladores, especialmente aos de oposição, ela engessa o presidencialismo de coalizão. Para proporcionar governabilidade, a destinação de recursos orçamentários pelo presidente não pode ser igualitária. Aos legisladores de partidos mais fiéis ao presidente é facultado o "prêmio" de mais emendas executadas em troca de apoio consistente. A oposição aceita jogar esse jogo na expectativa de fazer o mesmo assim que chegar sua vez de ocupar a Presidência.

As emendas impositivas são equivalentes à "isonomia salarial": reduzem os incentivos para que parlamentares participem da coalizão de governo, pois todos, sejam governo ou oposição, recebem os mesmos recursos. Um prêmio que vai automaticamente a todos não incentiva ninguém.

Mas a alternativa criada por Bolsonaro, o "orçamento secreto", se revelou cara e disfuncional. Porém, como veremos adiante, Lula, em seu terceiro mandato, contrariando o discurso de campanha, preferiu dar continuidade a uma nova forma de orçamento secreto para nutrir sua supercoalizão.

UM POPULISTA DOMESTICADO

Levitsky argumentou que a democracia brasileira sobreviveu a Bolsonaro não por causa da força das instituições ou do compromisso de seus cidadãos com os valores democráticos, mas por "sorte"[34] e/ou incompetência.[35] Bolsonaro não teve nem fortuna nem *virtú* para construir maiorias legislativas e, portanto, tampouco a força política necessária para manipular e subordinar as instituições ao seu projeto autoritário.

Esse argumento parte do pressuposto de que instituições e sociedade são vítimas indefesas de populistas eleitos. Uma vez no poder, os populistas quase sempre enfraqueceriam unilateralmente os componentes liberais da democracia. A metáfora pertinente aqui é a do sapo colocado em uma panela que é aquecida; irá morrer quando a água ferver porque só perceberá o perigo quando a situação se tornar irreversível. Luo e Przeworski fazem uso desse argumento ao inferir que a oposição seria incapaz de reagir e coordenar ações ante retrocessos democráticos. Dessa forma as instituições sucumbiriam às ameaças democráticas.

Levitsky também subestima o papel das instituições na prevenção ou facilitação do retrocesso democrático. O multipartidarismo fragmentado no Brasil funciona como um antígeno institucional endógeno contra iniciativas extremistas e/ou iliberais, tanto de populistas de direita quanto de esquerda. De fato, desde 1986, o partido do presidente eleito nunca conquistou mais de 20% das cadeiras no Congresso. Ou seja, a condição de minoria de Bolsonaro não era exceção, mas regra.

Indiscutivelmente, a fragmentação partidária e os partidos fracos facilitariam, em tese, o domínio de um "político forte" porque poderiam dividir a oposição democrática com um autocrata.[36] Mas outro cenário surgiu no caso brasileiro: Bolsonaro não conseguiu dominar os partidos conservadores e foi forçado a barganhar com eles para construir um escudo legislativo contra um impeachment. O Congresso não capitulou, tendo logrado impedir abusos críticos do Executivo. Os protagonistas desse processo não foram os partidos de oposição (como argumenta Laura Gamboa em sua análise detalhada dos casos venezuelano e colombiano),[37] mas partidos que forneceram apoio ao governo ao mesmo tempo que restringiam as suas ações. A fragmentação partidária tem moderado governos iliberais mesmo quando não está associada à política étnica, como sugere Jan Rovny.[38] Ela impõe o imperativo de barganha permanente para o qual populistas não estão equipados como discutimos no capítulo 8.[39]

Os partidos brasileiros são programaticamente fracos, mas muito centralizados. De modo paradoxal, são fracos na arena eleitoral, mas fortes dentro do Congresso.[40] Os legisladores tendem a apresentar uma disciplina partidária razoável, e a própria organização interna do Congresso é estritamente partidária: as regras que regem a nomeação dos membros das comissões permanentes, o trabalho das comissões e os direitos dos parlamentares são baseados na divisão de assentos entre os partidos. Os partidos também se beneficiam — em um nível sem paralelos em qualquer democracia — de financiamento público para seu funcionamento e suas campanhas. Quando a Suprema Corte proibiu doações de empresas a partidos políticos em 2015, as legendas reagiram criando um fundo multibilionário para a campanha eleitoral de 2017, o Fundo Especial de Financiamento de Campanha (FEFC), que distribuiu 4,9 bilhões de reais para os partidos em 2022. Os recursos do FEFC vieram, além do fundo público partidário, também do Fundo Especial de Assistência Financeira aos Partidos Políticos (FEAFPP), que distribuiu 930 bilhões de reais para 24 partidos em 2022. O União Brasil, maior partido do país em 2022, recebeu do FEFC 758 milhões de reais, e o PT, 500 milhões de reais, além de 168 milhões e 104 milhões de reais do FEAFPP, respectivamente.[41]

Ao longo da última década, o Congresso aprovou gradativamente medidas que fortaleceram o Poder Legislativo. Os presidentes foram proibidos de contingenciar as emendas individuais e coletivas dos parlamentares ao orçamento e passaram a ser obrigados a executá-las, o que enfraqueceu sua vantagem estratégica na relação com os legisladores. Como já discutimos, as emendas constitucionais de 2015 (EC 86) e 2019 (EC 100) tornaram obrigatória a execução de emendas individuais e coletivas, respectivamente, determinado o montante de verbas e garantindo, assim, um fluxo anual de recursos para projetos locais de autoria dos parlamentares (*pork barrel*).

A capacidade dos presidentes de reeditar medidas provisórias com força de lei imediata também foi drasticamente reduzida com a emenda constitucional nº 32. O objetivo da reforma constitucional era duplo: primeiro, recuperar o poder de definir a agenda do Congresso, limitando o número de novas MPs pelo presidente; depois, oferecer uma solução crível para o problema da reedição indefinida de MPs por tempo indeterminado.

O Congresso passou a ser obrigado a votar todas as MPS dentro de um período de tempo fixo. Os autores de "Agenda Power, Executive Decree Authority, and the Mixed Results in the Brazilian Congress"[42] argumentam que essa reforma não foi totalmente bem-sucedida em seus objetivos de longo prazo. Ela falhou com relação ao primeiro (o número de novas MPS aumentou após a reforma), mas cumpriu o segundo objetivo, ao reduzir o número de reedições a apenas um e restringindo o tempo de vida máximo de uma MP para 120 dias. Se o Congresso não vota uma MP dentro dos primeiros 45 dias, ela automaticamente vai para o topo da agenda do Congresso e substitui qualquer outro item que estiver sendo analisado. Esse fenômeno é conhecido como trancamento da pauta — literalmente um bloqueio da agenda. No entanto, ao fim e ao cabo, o Legislativo acabou prevalecendo com a interpretação dada pelo então presidente da Câmara, Michel Temer, em resposta à Questão de Ordem 411/2009, estabelecendo que a pauta só seria sobrestada em casos de emendas constitucionais.[43]

Essas mudanças no financiamento público dos partidos e nas prerrogativas legislativas alteraram o equilíbrio do chamado "presidente forte" que vigorava antes de Bolsonaro — e que ele não conseguiu reverter. Além disso, o acesso a recursos públicos multibilionários dos fundos eleitoral e partidário tornou os partidos muito mais autônomos em relação ao Poder Executivo. Como ilustraremos na próxima seção, essa autonomia aliada à má gerência da coalizão resultou em derrotas significativas de Bolsonaro no Congresso.

O Brasil também possui um sistema federalista com múltiplos pontos de veto, ou pontos em que iniciativas legislativas de conteúdo iliberal podem não avançar. Governadores de estado, que também são poderosos, cumprem o papel de contraponto ao poder presidencial. O ex-governador de São Paulo, João Doria, foi um exemplo ilustrativo de veto subnacional quando atuou como um rival notável de Bolsonaro. Controlando uma vasta máquina administrativa que empregava cerca de 710 mil funcionários (superando a máquina federal, com 585 mil) e amplos recursos, Doria se engajou com sucesso em uma verdadeira "corrida de cavalos" contra o governo federal para a produção e comercialização de uma vacina contra a covid-19. Ele conseguiu iniciar a produção de vacinas em uma instituição estadual, o Instituto Butantan, contrariando os interesses de Bolsonaro.

Além disso, os freios e contrapesos funcionaram, especialmente no Supremo Tribunal Federal, no Ministério Público, na Polícia Federal, nos tribunais de contas, nos órgãos reguladores autônomos e em uma mídia livre e competitiva. Todos impuseram perdas aos presidentes em exercício.[44] Os poderes Legislativo e Judiciário têm sido instrumentais, mesmo em questões "específicas" como a transparência administrativa. Por exemplo, Bolsonaro emitiu três decretos para enfraquecer a transparência e a liberdade de informação,[45] e três vezes essas medidas foram derrotadas: primeiro no Congresso, em 2019 (decreto 9690), e outras duas foram derrubadas pelo Supremo Tribunal Federal (decretos 9759 e 928). Em suma, as iniciativas iliberais de Bolsonaro, que foram muitas, encontraram respostas institucionais vigorosas, um sinal da resiliência democrática do Brasil.

É verdade que o sistema político brasileiro, cheio de vetos institucionais e partidários, tem facilitado o surgimento de impasses (*gridlocks*) entre o Executivo e o Legislativo. Tem, inclusive, contribuído para descentralizar o poder e reduzir a eficácia governamental no processo de formulação de políticas. No entanto, assim como um maior *gridlock* pode prejudicar a governabilidade, gerando ineficiências, ele também pode restringir a discricionariedade dos presidentes — e os impulsos iliberais dos populistas. Se por um lado a fragmentação partidária pode ser considerada um empecilho à governabilidade, por outro lado ela pode funcionar como um antídoto institucional contra iniciativas iliberais e anti-democráticas de presidentes populistas, sobretudo em ambientes polarizados. Em suma, múltiplos vetos institucionais e partidários funcionaram para proteger a democracia de iniciativas iliberais.

A experiência democrática anterior do Brasil (1946-64), o regime semicompetitivo e relativamente estável da Primeira República (1890-1930) e até mesmo seu oligárquico (mas também estável) Segundo Império (1840-89) contrastam com o histórico de outros casos emblemáticos de colapso democrático, como Venezuela, Nicarágua, Hungria e Polônia. Por exemplo, entre os países da América Latina, o Brasil ficou, durante um século, em primeiro lugar no indicador de estabilidade institucional da Suprema Corte.[46]

Bolsonaro não gozou de hegemonia presidencial, o que, no artigo "Presidential Hegemony and Democratic Backsliding in Latin America", é descrito como a capacidade de um presidente de exercer controle político sobre outras instituições, em particular sobre o Legislativo e o Judiciário — um dos principais impulsionadores da instabilidade democrática na América Latina. Em vez disso, a combinação de um presidente politicamente fraco (com poderes constitucionais em declínio) e um ambiente com fortes freios e contrapesos facilitou a sobrevivência democrática. Nesse ambiente institucional, os "presidentes populistas minoritários" carecem de capacidade política — tanto em termos de apoio quanto de poderes formais — para uma tomada de poder.

SUPREMA CORTE COMO CONTRAPESO DECISIVO

O confronto de Bolsonaro com o Supremo Tribunal Federal começou com uma série de eventos envolvendo sua interferência na Polícia Federal. Bolsonaro sofreu vários reveses durante a pandemia,[47] e essa incapacidade em lidar com a crise sanitária da covid-19 é consistente com o comportamento populista em geral. Porém, ao contrário de outros líderes, ele tentou jogar a culpa em governadores e prefeitos.[48] Consequentemente, nunca se beneficiou do efeito *rally 'round the flag* — conceito que descreve uma tendência em que o apoio popular a um líder político ou governo aumenta durante momentos de crise nacional ou de ameaça externa.

O governo Bolsonaro foi sistematicamente derrotado no Supremo Tribunal Federal. Segundo Diego Arguelhes, apesar dos constantes ataques do então presidente contra as instituições, o STF tem obtido relativo sucesso em conter essas ameaças:

> A capacidade do tribunal de constranger e limitar o poder de Bolsonaro se deve em grande parte ao comportamento do próprio presidente — seu comportamento incentivando protestos contra o Congresso, governadores e juízes, bem como sua negação da gravidade da pandemia. Essas ações confrontacionais e controversas, na realidade, facilitaram a Suprema Corte encontrar apoio em outras instituições e usar sua jurisdição criminal contra os principais aliados do presidente.[49]

Quanto mais o STF se sentiu ameaçado pelas iniciativas e ameaças iliberais de Bolsonaro, especialmente durante a pandemia e em sua campanha sórdida contra o voto eletrônico, maior foi o número de vezes que seus ministros se comportaram de forma unânime contra o ex-presidente. Com efeito, logo após a posse de Bolsonaro em 2019, o STF passou a funcionar como um "continente unificado", e não como "onze ilhas isoladas", revertendo uma metáfora bastante utilizada para caracterizar a falta de colegialidade do tribunal e seu comportamento individualista. Segundo o ministro Luís Roberto Barroso, "o que nos une é a defesa da democracia".[50]

Embora a Constituição brasileira de 1988 tenha estabelecido um sistema de justiça forte e independente, o Supremo Tribunal Federal tornou-se, como vimos anteriormente, um protagonista político desde o julgamento do escândalo do Mensalão, em 2012. O combate à corrupção mobilizou o trabalho da Suprema Corte devido ao seu duplo papel: além de ser um tribunal constitucional e de apelação, é também um tribunal criminal em casos envolvendo altos funcionários que desfrutam de foro privilegiado.

Ainda durante a campanha eleitoral em 2018, Bolsonaro provocou tensões com o STF ao apoiar a ideia de aumentar seu tamanho. Durante seu mandato, sem apresentar provas, afirmou ter descoberto indícios de fraude na urna eletrônica. Após essas denúncias infundadas, o TSE estipulou a maior multa já aplicada, por litigância de má-fé, ao PL, partido de Bolsonaro: 20 milhões de reais.

Como suas campanhas por cédula impressa foram rejeitadas tanto no Congresso quanto no STF, o presidente decidiu atacar ministros específicos, ameaçando dois deles de impeachment. No entanto, a aliança estratégica de Bolsonaro com o Centrão, da qual Rodrigo Pacheco, presidente do Senado, fazia parte, fracassou. O Senado nunca colocou os pedidos de impeachment dos ministros Luís Roberto Barroso e Alexandre de Moraes em votação e os arquivou em agosto de 2021.

As ameaças de Bolsonaro de desacato às decisões judiciais tiveram o mesmo destino. Ele acumulou derrotas judiciais no início de seu governo, incluindo uma nomeação para a Diretoria Geral da Polícia Federal, que foi anulada. Da mesma forma, o ministro do Meio Ambiente, um bolsonarista dos mais renitentes, renunciou em meio a alegações de que havia obstruído uma investigação policial sobre extração ilegal de madeira.

Bolsonaro não foi capaz de frear ou reformar o Judiciário, nem mesmo de ampliar o número de juízes. Nenhum outro presidente brasileiro sofreu tantas derrotas na justiça. Arguelhes afirma que a Suprema Corte foi capaz de constranger Bolsonaro como resultado de três fatores interligados: primeiro, a atitude do presidente com relação à pandemia, especificamente a falha do governo em impor medidas de distanciamento social, o uso obrigatório de máscaras e a viabilização de vacinas. Essa atitude abriu caminho para que o STF se posicionasse de forma unânime contra as preferências do chefe do Executivo federal, permitindo que governos estaduais e municipais adotassem suas próprias medidas restritivas independentemente da recomendação de política nacional do Ministério da Saúde.

Em segundo lugar, o STF ampliou sua jurisdição criminal ao longo da presidência de Bolsonaro, iniciando diretamente investigações em casos de crimes on-line contra ministros e a própria honra da corte. Essas investigações geraram várias outras e serviram como ferramentas para proteger as instituições democráticas das ameaças do presidente e de seus seguidores.

Em terceiro lugar, surgiu uma espécie de aliança informal entre a Suprema Corte e o Congresso, na qual este último bloqueou consistentemente todas as iniciativas e ataques de Bolsonaro contra a primeira. Isso incluiu tentativas de criar um comitê no Congresso para investigar o Judiciário e pedidos formais de impeachment de juízes do tribunal. Em contrapartida, a corte reviu seu apoio anterior à Operação Lava Jato, que teve muitos parlamentares envolvidos.

O Ministério Público no Tribunal de Contas da União também atuou como importante fiscalizador dos abusos de Bolsonaro. Entre 2019 e 2022, apresentou 618 pedidos de investigação de irregularidades, quase dez vezes o número de pedidos protocolados durante o governo anterior. Esses pedidos iam de irregularidades em emendas orçamentárias até o uso indevido de empréstimos de bancos públicos por Bolsonaro.[51]

A reação da Suprema Corte ao iliberalismo do Executivo culminou no chamado Inquérito das Fake News, no qual o tribunal, e não o Ministério Público, abriu um inquérito criminal. Isso levou à prisão de um deputado federal bolsonarista por ameaças contra ministros do Judiciário, além de indiciamentos e proibições de mídia social de vários influenciadores digitais e youtubers. Seguiu-se um debate nacional sobre se os tribunais haviam violado os procedimentos democráticos.[52] Qualquer que seja o mérito das ações da corte, elas impuseram limites institucionais e políticos a Bolsonaro perante o Judiciário.

Numa análise positiva, há fatores que explicam o padrão hiperbólico de atuação do STF e do TSE. Vale destacar um aspecto que não está entre os "suspeitos usuais"; não se trata de judicialização da política, ativismo processual individual ou usurpação unilateral de imaginário poder moderador pelo tribunal. Esses elementos, já assinalados, estão indiretamente presentes, mas um fator explicativo decisivo é o de que o STF e os juízes passaram a ser eles próprios alvos de ataques do bolsonarismo. Senão, vejamos.

A reação à Lava Jato e a inusitada mudança radical de posições individuais de juízes — o caso de Gilmar Mendes é emblemático — tiveram lugar após investigações que envolveram o Conselho de Controle de Atividades Financeiras (Coaf) sobre ele próprio e outros, como Dias Toffoli, dando origem ao Inquérito das Fake News, que, entre outras coisas, censurou matéria da *Revista Crusoé* a respeito deste último. Os procuradores estariam acessando dados fiscais dos ministros. Há menções de possíveis irregularidades de repasses da esposa de Toffoli como também revelações de que ele constava na planilha da Odebrecht sob o cognome "amigo do amigo de meu pai".

Os ataques ao STF tiveram início ainda antes da posse do presidente, através de Eduardo Bolsonaro, quando este disse que bastavam um soldado e um cabo para fechar o tribunal, deflagrando grande indignação a uma semana do segundo turno das eleições.[53] As diatribes de Weintraub em reunião ministerial[54] — afirmando que os juízes do STF deviam ser todos presos — e o episódio dos foguetes lançados por militantes contra o prédio do STF revelam a escalada retórica.[55] Com Daniel Silveira, que acabou perdendo o mandato e ficou proibido de participar de novas eleições, as ameaças foram particularmente virulentas. A punição assumiu inclusive a forma aberta de vendeta pessoal envolvendo o ministro do Supremo Alexandre de Moraes.

Tudo isso é inédito. Nada semelhante ocorreu durante os episódios de confrontação no Mensalão ou no Petrolão. O novo protagonismo do Judiciário na Nova República se alimentou de sua atuação como corte criminal e manifestou-se em decisões sobre costumes. Nela, atuou como árbitro, e não como parte. Isso explica o novo padrão de atuação do STF sob Bolsonaro, como assinalamos na primeira parte deste livro. Não se trata, portanto, de expansão linear de judicialização da política.

Não só as instituições formais desempenharam um papel fundamental na contenção de Bolsonaro; os atores da sociedade civil organizada, em particular a mídia independente, também o fizeram. As grandes redes de TV, incluindo a poderosa Rede Globo, confrontaram abertamente o presidente e seu governo. Todos os principais jornais — *O Globo*, *Folha de S.Paulo* e *O Estado de S. Paulo* — uniram forças como vozes críticas ao governo.[56] A mídia se juntou para questionar a propagação de desinformação, episódio que encontrou seu melhor exemplo na formação do consórcio de veículos de imprensa, que compilou dados subnacionais sobre a pandemia para compensar os duvidosos compromissos do governo Bolsonaro com a transparência. Mais importante, os números do consórcio passaram a ter status oficial. Em suma, a mídia tradicional serviu de contraponto sobretudo pela forte presença do presidente nas redes sociais e sua propagação de fake news.

UMA HISTÓRIA DE INÚMERAS DERROTAS

Em junho de 1940, logo após a rendição da França, o Reino Unido decidiu continuar a luta contra Hitler, apostando na futura entrada da União Soviética e dos Estados Unidos na guerra. Winston Churchill, primeiro-ministro do Reino Unido na época, de pronto mobilizou a população britânica a se preparar para resistir à invasão alemã por mar.

Acontece que uma invasão cruzando o Canal da Mancha era extremamente improvável. A esquadra britânica, muito maior do que a alemã, estava intacta e pronta para atacar as balsas que carregariam os soldados invasores. A decisão de invadir, portanto, era arriscadíssima para a Alemanha. Tinha tudo para ser um fiasco. Era muito improvável que Hitler desse um passo tão incerto, o que tornava sua ameaça não crível.

Contudo, a mobilização da população contra a improvável invasão foi fundamental para manter em alta o moral dos ingleses. Contribuiu para calar vozes internas dissonantes. Além do mais, ajudou a convencer os Estados Unidos a fazer o Lend-Lease, programa através do qual os norte-americanos forneceram recursos, armas e suprimentos ao Reino Unido e aos aliados europeus. Churchill fez uma grande jogada de marketing, coisa de um mestre da política.

A ameaça de golpe se traduziu na maior fake news que o bolsonarismo jogou no ar e foi reverberada à exaustão. Nenhuma outra fake news convenceu tanta gente. Bolsonaro disse que poderia haver um golpe na "salinha escura" do Tribunal Superior Eleitoral. Mas, se observarmos de forma desapaixonada, ele não tinha as mínimas condições políticas nem institucionais para causar grave dano às instituições da democracia brasileira. O impacto mais profundo de seu governo ocorreu em políticas públicas para setores específicos, dos quais a saúde, o meio ambiente e a educação foram aqueles em que se observaram retrocessos fundamentais. Bolsonaro não teve sucesso em aprovar mudanças institucionais formais, na forma de mudanças legislativas ou de alterações unilaterais por parte do Poder Executivo. Seu impacto nas regras informais é significativo pelo estilo confrontacional e cacofônico, o que tem efeitos de demonstração mais amplos. Nesse sentido, houve impacto atitudinal e comportamental, mas não mudança institucional propriamente dita. Porém, como já notamos, as evidências empíricas do papel da opinião pública na sustentação ou na morte da democracia são controversas.

A falsa ameaça de golpe, embora não crível, serviu aos propósitos de perpetuar a polarização política. Bolsonaro usou a retórica da fragilidade das urnas eletrônicas para mobilizar sua base mais identitária. Já a oposição usou a retórica do golpe para agregar em torno da candidatura de Lula eleitores receosos de quebras institucionais. A narrativa a respeito das urnas eletrônicas e de sua vulnerabilidade fornecia também um ticket de saída para Bolsonaro, em caso de fracasso. Manteria o moral da tropa bolsonarista mesmo em contexto de derrota eleitoral.

Para governar com sucesso no Congresso, presidentes quase sempre precisam construir coalizões pós-eleitorais. Ao associar diretamente à corrupção o estilo desviante específico de presidencialismo de coalizão praticado pelos governos anteriores do PT, Bolsonaro alimentou o eleitorado com uma espécie de aversão à própria política, preenchendo assim um espaço aberto para o surgimento de um perfil político como o dele e uma agenda populista de governo.

Para permanecer fiel à sua plataforma eleitoral, Bolsonaro se recusou a construir uma coalizão e optou por governar com status minoritário em uma estratégia de "governar sozinho". Para contornar essa fragilidade política, buscou estabelecer conexões diretas com os eleitores, adotando uma espécie de presidencialismo plebiscitário ou cesarista. No Congresso, Bolsonaro trabalhou construindo maiorias ad hoc e cíclicas em favor das preferências do Executivo em projetos específicos. Ele procurou motivar os legisladores mobilizando a opinião pública contra eles. Bolsonaro governou numa espécie de campanha permanente de perfil polarizado; o tom conspiratório era parte fundamental da cruzada de seu governo contra inimigos sem rosto, que surgiam todos os dias e em todos os lugares.

Com menos de um ano de governo, o chefe do Executivo decidiu deixar a sigla que usou para concorrer à Presidência, o PSL. Essa sua primeira derrota — numa disputa com o presidente do partido, Luciano Bivar (PSL-PE) — já sinalizava sua fragilidade e incapacidade de se engajar no jogo institucional. Com efeito, Bolsonaro nunca se comprometeu com a estabilidade partidária, trocando de partido nove vezes desde que iniciou sua carreira política, em 1989, como vereador da cidade do Rio de Janeiro. E seu ingresso no PL se deu pela incapacidade de mobilizar assinaturas em prol de um novo partido.

A estratégia de Bolsonaro de governar sem coalizão fracassou. Nadar contra a corrente institucional do presidencialismo multipartidário é caro e arriscado demais. Dois choques, que reduziram drasticamente sua popularidade, levaram o governo a se render ao imperativo da formação de coalizões do presidencialismo multipartidário. O primeiro choque merece um tratamento à parte pela magnitude de seu impacto e pelo contrafactual importante que carrega: teria Bolsonaro sobrevivido se não houvesse uma pandemia?

15. O primeiro choque: A pandemia

A PANDEMIA TRAZ RISCOS À DEMOCRACIA ONDE HÁ COMORBIDADES INSTITUCIONAIS

A pandemia de covid-19 foi um choque exógeno de grande magnitude, equivalente ao deslocamento de placas tectônicas. Atores e líderes políticos reagiram de forma extremada não apenas no Brasil, mas em todo o mundo. Por um lado, os mais preocupados com a rapidez do contágio, a gravidade da doença e o risco de morte manifestaram preferência por seguir as recomendações da Organização Mundial da Saúde, que prescreveu medidas de distanciamento social mesmo diante de graves consequências à economia. Por outro lado, líderes de alguns países minimizaram a virulência da pandemia e suas consequências à saúde, alegando maior preocupação com os efeitos econômicos adversos gerados pelas medidas de distanciamento social.

O ex-presidente Jair Bolsonaro foi um dos principais defensores dessa estratégia de enfrentamento. Além dele, os presidentes da Nicarágua, Daniel Ortega; da Bielorrússia, Alexander Lukashenko; e do Turcomenistão, Gurbanguly Berdimuhamedow, também se recusaram a decretar medidas de isolamento social. No início da pandemia, os presidentes dos Estados Unidos, Donald Trump; do México, López Obrador; da Rússia, Vladimir Putin; e o primeiro-ministro italiano Giuseppe Conte, também relutaram em apoiar o isolamento social, mas acabaram cedendo e mudaram de posição, passando a defender medidas restritivas de circulação.

A pandemia produziu enorme reação entre analistas quanto ao seu potencial impacto sobre a democracia.[1] Muitos atores políticos temiam que ela pudesse deflagrar um processo de autocratização devido ao alto potencial de uso abusivo de poderes emergenciais. Como já assinalado, a pandemia não produziu uma expansão dos poderes de Bolsonaro. Pelo contrário, as burocracias da área da saúde — Fundação Osvaldo Cruz e Anvisa — mantiveram forte autonomia, com a contribuição ativa da Suprema Corte. Entre muitos exemplos, o STF vetou a circulação de propagandas federais contra o lockdown. A pandemia só trouxe riscos à democracia onde havia comorbidades institucionais.

QUEM É O RESPONSÁVEL?

"Os príncipes devem transferir as decisões importunas para outrem, deixando as agradáveis para si." O conde Ciano, ministro do Exterior e genro de Mussolini, constatou ideia semelhante à de Maquiavel: "*La vittoria trova cento padri, e nessuno vuole riconoscere l'insucesso*" [A vitória encontra cem pais, e o fracasso não é reconhecido por ninguém]. Maquiavel acertou no conselho aos governantes, mas os mecanismos de reivindicação de crédito pelos acertos, bem como a transferência de culpa e responsabilidade por decisões impopulares que impõem custos à população são bem mais complexos.

Em princípio, esperamos que o eleitorado premie o bom desempenho e puna o mau. Mas, em situações de pandemias e desastres naturais, pesquisas mostram que os eleitores respondem emocionalmente, punindo os incumbentes mesmo quando não existe nenhuma razão para atribuir-lhes responsabilidade por tais eventos. A lógica é "descontar no cachorro a raiva por um mau dia", como afirmam os cientistas políticos Christopher Achen e Larry Bartels.[2] Substituir a emoção pela avaliação do desempenho equivale à falência da *accountability* democrática: os políticos não teriam incentivos para o bom desempenho e deveriam contar apenas com a sorte.

Seus críticos contra-argumentam que ocorre maior punição em situações de calamidade porque elas criam uma janela para o eleitorado observar seu representante em ação. Segundo os autores do artigo "Learning About Voter Rationality",[3] os eleitores agiriam racionalmente, e não emotivamente, punindo políticos durante crises porque só nelas podem observar o "tipo verdadeiro" de representante que têm e, assim, penalizar os maus.

Contudo, há também evidências de que o eleitorado é míope — de que desconta hiperbolicamente o futuro. Utilizando uma base de dados que cobriu 3141 condados americanos e 26 programas federais de prevenção de catástrofes no período entre 1988 e 2004, Andrew Healy e Neil Malhotra mostraram que o eleitorado premia os presidentes pelas despesas desembolsadas após os desastres, mas não por aquelas voltadas para a prevenção. Essa falha do mercado político produz gigantesca ineficiência: embora a despesa pós-evento seja estimada em quinze vezes maior que a da prevenção, os políticos não têm incentivos para alocar recursos em prevenção, apenas para atuar após o desastre.

Não há, entretanto, somente limites e vieses na atribuição de responsabilidade aos governantes. Andrew Reeve mostrou que, nas calamidades, estratégias de transferência de responsabilidade para outros atores podem sair pela culatra. Experimentos com amostras aleatórias e grupos de controle demonstraram que eleitores punem políticos que "tiram o corpo fora" e premiam os que assumem as responsabilidades e que até reconhecem seus erros.

A disputa em torno de quem é o responsável — quem merece crédito ou quem é susceptível a ser punido — é ubíqua na política, mas ela se agudiza onde há tensões na separação horizontal e vertical de poderes. O jogo da responsabilização na pandemia em nosso país foi marcado pela recusa deliberada de protagonismo presidencial: ela foi encarada como uma questão "radioativa". Bolsonaro ativamente perseguiu uma estratégia de não envolvimento direto com a crise sanitária, buscando transferir a governadores e prefeitos a culpa pelo colapso das unidades de saúde, a escalada de óbitos e os lockdowns. Ele buscou protagonismo apenas nas ações positivas que poderiam trazer dividendos políticos, como o auxílio emergencial e as linhas de crédito.

Aqui havia um modelo a ser emulado no conteúdo e na forma: o governo Trump, que fez pouco caso da covid após ser informado da tragédia em curso, ao mesmo tempo que implementava um pacote de 2,8 trilhões de dólares para combatê-la. "Quero minimizar a pandemia porque não quero criar pânico", confessou a Bob Woodward.[4] A questão é que o federalismo nos dois países é radicalmente diferente. Os Estados Unidos não têm um sistema público nacional de saúde vertebrado pelo governo federal. Aqui, a estratégia de deslocar a culpa não funcionou: o não protagonismo do governo federal foi entendido pela opinião pública como irresponsabilidade, falta de empatia e liderança. Como nos Estados Unidos, o estilo agressivo, chulo e debochado do chefe de governo em um contexto de calamidade pública e intenso sofrimento coletivo potencializou os problemas. A decisão do STF reafirmando as responsabilidades subnacionais forneceu uma justificativa para a omissão federal, mas não conteve os danos.

A omissão e falta de liderança de Bolsonaro teve enormes consequências. Ao adotar a estratégia de atribuir responsabilidade aos governadores pelo horror sanitário e o colapso da economia, mantinha uma expectativa dupla: se suas ações gerassem resultados positivos, tratava-se, como alegou, "de uma gripezinha". Caso contrário, seriam as responsáveis por piorar a situação, como havia alertado.

Seu receio maior era uma conflagração que viesse a desestabilizar o governo. Se inicialmente o auxílio emergencial foi pensado como o melhor remédio para o colapso, seu enorme potencial político foi percebido ex post, quando o Congresso elevou seu valor de 190 para 500 reais. O aumento posterior, para 600 reais, proposto por Bolsonaro, buscava torpedear a estratégia congressual para desgastá-lo, em caso de veto, e capturar esse crédito político.

A responsabilidade congressual é difusa, a presidencial é concentrada: "Todo o esforço e o trabalho que o Parlamento faz geram louros para o Executivo", lembrou o deputado Baleia Rossi, presidente do MDB.[5] De qualquer modo, interessa ao Parlamento, sobretudo à oposição, "tomar partido" e falar para seu público interno.

O auxílio emergencial e outras iniciativas, no entanto, mitigaram paulatinamente o custo político da estratégia inicial de Bolsonaro, explicando o aumento de sua popularidade mesmo diante de um quadro de, naquele momento, mais de 100 mil mortos.

A transferência de responsabilidade aos prefeitos e governadores não foi uniforme, o que impede generalizações. No entanto, ela foi facilitada pelo arranjo federativo que obscureceu e até borrou por algum tempo a responsabilidade federal. Bolsonaro estimulou uma disputa política em torno do desempenho dos estados, produzindo uma "desnacionalização" — como se houvesse 27 pandemias diferentes. E revelou escassa solidariedade inter-regional, além de mecanismos perversos de culpabilização (certas populações ou dirigentes mereceriam sua sina). Além disso, a difusão da covid não seguiu um padrão uniforme. Inicialmente, não atingiu os estados da região Sul, enquanto o Norte agonizava. Assim, esse ciclo temporal produzia uma sensação precoce de melhoria nos estados que foram atingidos primeiro, malgrado a escalada de vítimas.

A descoberta da vacina alterou, no entanto, a dinâmica da responsabilização política, que sofreu mais uma transmutação. Embora haja elementos de continuidade com seu estágio inicial (março a junho), a segunda fase — que se estendeu, grosso modo, de julho a novembro de 2020 — foi de estabilização; a nova foi marcada, como na primeira, por temores quanto a uma hecatombe econômica e social. E pelo retorno de disputas federativas e debates sobre os trade-offs entre saúde e economia (covid versus emprego).

Se antes tínhamos 27 pandemias, agora a responsabilidade política se federalizava. A institucionalidade da vacinação é federal, o que contrasta com a política de atenção à saúde em que os recursos humanos e equipamentos são locais. A iniciativa paulista que catapultou Doria como rival competitivo de Bolsonaro foi o último lance de disputas federativas.[6] Combinada com o fiasco na obtenção da vacina e o horror sanitário em Manaus — agora nacionalizado em sua responsabilização política —, a vacinação repercutiu na popularidade presidencial e recolocou o impeachment na agenda.

Bolsonaro foi um dos poucos governantes no mundo que não se beneficiou do efeito *rally 'round the flag*" (solidariedade nacional em emergências).[7] E, curiosamente, sua impopularidade tampouco se alterou quando foi acometido pela covid, como mostrou Ryan Carlin.[8]

Os fatores que garantiram popularidade a Bolsonaro — o auxílio e a guerra cultural — desapareceram (no caso do auxílio) ou tiveram retornos decrescentes: os setores raiz do bolsonarismo se desarticularam devido à ação do STF por meio do Inquérito das Fake News e muitos de seus atores evanesceram. Aos poucos, portanto, Bolsonaro, foi sendo minado pela forma como geriu a pandemia. O que coloca a questão contrafactual de que, na ausência da covid, Bolsonaro teria sido muito mais competitivo e eventualmente exitoso em instituir um regime de perfil iliberal. Essa conjetura deve ser considerada contra o pano de fundo de que o auxílio emergencial propiciado pela pandemia teve efeito positivo e que também não teria sido implementado. Ou seja, o efeito positivo do auxílio, malgrado os aspectos negativos da covid, é de uma ordem de magnitude incomparável, muito menor que o contrafactual de um país sem pandemia.

COMO A COVID IMPACTOU OS ELEITORES?

Para investigar a percepção dos brasileiros a respeito dos impactos políticos da pandemia, Carlos Pereira, Amanda Medeiros e Frederico Bertholini realizaram três rodadas de pesquisa de opinião pública on-line ao longo do ano de 2020.[9] A primeira teve a participação de 7848 respondentes entre os dias 28 de março e 4 de abril; na segunda, foram 7020 respondentes entre os dias 28 de maio e 5 de junho; e, na terceira, 4569 participantes entre 21 de outubro e 10 de novembro. Os questionários foram veiculados nas redes sociais, em especial pelo WhatsApp. O primeiro passo foi investigar o impacto político da pandemia, em particular examinando como a preferência político-ideológica dos respondentes interferia na avaliação da atuação do presidente Bolsonaro e dos governadores estaduais na gestão da pandemia. Também investigaram o impacto da proximidade dos respondentes com pessoas que contraíram a doença (em níveis variados de gravidade) e os potenciais impactos econômicos das medidas de distanciamento social.

Como pode ser observado no gráfico 8, a maioria dos respondentes concordou, total ou parcialmente, com a política de isolamento social nas três rodadas da pesquisa (83% na primeira e na segunda rodadas, e 67% na terceira). Embora na terceira rodada o apoio ao isolamento tenha diminuído, a maioria dos respondentes ainda avaliou essa política como "ótima" ou "boa", a despeito de todo o cansaço gerado pelos inconvenientes físicos e emocionais do distanciamento social, bem como dos potenciais prejuízos econômicos acarretados por essas medidas restritivas.

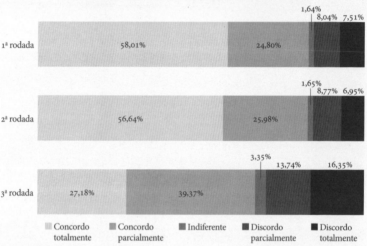

GRÁFICO 8: APOIO À POLÍTICA DE DISTANCIAMENTO SOCIAL NAS TRÊS RODADAS DA PESQUISA DE OPINIÃO

FONTE: Amanda Medeiros, Carlos Pereira e Frederico Bertholini. "Identity versus Fear of Death: Political Polarization under the Covid-19 Pandemic in Brazil". In: Michelle Fernandez e Carlos Machado (Orgs.). *Covid-19's Political Challenges in Latin America*. Nova York: Springer, 2021.

O gráfico 9 aponta que a grande maioria dos eleitores que se autodenominou de esquerda, centro-esquerda e centro, foi consistentemente favorável ao isolamento social nas três rodadas da pesquisa. Os respondentes de esquerda, centro-esquerda e centro-direita chegaram a aumentar seu apoio total ao isolamento social entre a primeira e a segunda rodadas da pesquisa (de 93% para 99%, de 97% para 98%, e de 70% para 74%, respectivamente). Entretanto, na terceira rodada, todos os segmentos ideológicos diminuíram o suporte ao isolamento, sobretudo os respondentes que se autointitularam de centro-direita e de direita. Depois de quase oito meses de distanciamento social, longe do trabalho, dos amigos e dos familiares, a sociedade como um todo apresentou um cansaço com relação a essa medida de prevenção de contágio da doença.

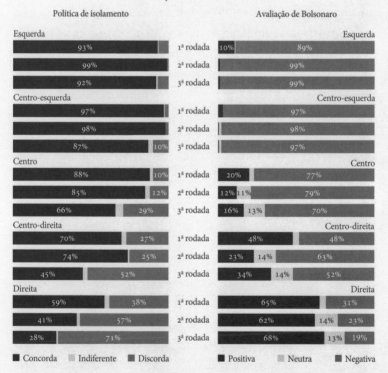

GRÁFICO 9: IDEOLOGIA, ISOLAMENTO E AVALIAÇÃO DE BOLSONARO

FONTE: Amanda Medeiros, Carlos Pereira e Frederico Bertholini. "Identity versus Fear of Death: Political Polarization under the Covid-19 Pandemic in Brazil". In: Michelle Fernandez e Carlos Machado (Orgs.). *Covid-19 Political Challenges in Latin America*. Nova York: Springer, 2021.

O gráfico 9 também mostra que a grande maioria dos respondentes que se autoidentificou como de esquerda, centro-esquerda e centro reprovava fortemente a atuação de Bolsonaro durante a pandemia nas três rodadas da pesquisa de opinião. É interessante observar uma parcela não trivial de respondentes de centro-direita (mais de 50% na segunda e na terceira rodadas) e de direita, que supostamente formam o núcleo principal dos eleitores de Bolsonaro, rachar e avaliar negativamente a performance do mandatário, sobretudo nas duas primeiras rodadas da pesquisa. Uma parcela maior desses eleitores se manteve fiel ao então presidente, mas uma parcela significativa discordou de sua atuação na pandemia.

É possível argumentar, portanto, que a forma como Bolsonaro gerenciou a pandemia reconfigurou a polarização política no Brasil ao proporcionar uma migração de parcela considerável de seus eleitores em 2018. A maioria dos eleitores da centro-direita e segmentos expressivos da direita apoiaram o isolamento social e apresentaram um posicionamento crítico à performance do presidente.

Foram várias ações que geraram antipatia e repercutiram negativamente. Bolsonaro, por exemplo, minimizou a gravidade e os riscos de contágio da doença, fez defesa ostensiva de uso de medicamentos sem comprovação científica (Cloroquina, Ivermectina etc.) para o tratamento precoce da covid, estimulou aglomerações, não fez uso da máscara. Além do mais, não se solidarizou com o sofrimento das vítimas e de seus familiares. Teve uma atuação no mínimo ineficiente na aquisição de vacinas, apostando em apenas uma delas, a Oxford AstraZeneca, produzida em parceria com a Fiocruz. Chegou a boicotar a compra da Coronavac, produzida no Instituto Butantan em parceria com o laboratório chinês Sinovac BioNTech, com receio de que seu arquirrival e então governador de São Paulo, João Doria, pudesse se beneficiar politicamente da iniciativa. Também foi contrário às vacinas a menores de idade, defendendo a necessidade de receita médica para sua administração. A maior preocupação de Bolsonaro foram os potenciais impactos negativos que a política de distanciamento social traria para a economia.

Durante a pandemia, o presidente lançou um programa de transferência de renda a título de ajuda emergencial para que a população mais pobre pudesse lidar de uma forma menos traumática com as restrições econômicas geradas pela pandemia. Pesquisas de opinião identificaram que esse programa forneceu um potencial novo "mercado eleitoral", até então inexplorado por ele.[10] O presidente começou a ser positivamente aprovado por eleitores de baixa renda, baixa escolaridade e moradores das regiões Norte e Nordeste, um eleitorado que historicamente costumava apoiar o PT.

Como pode ser visto no gráfico 10, o índice de reprovação de Bolsonaro começou a crescer em ritmo semelhante ao número de mortes na primeira onda da pandemia, no início de 2020. No entanto, seu índice de reprovação diminuiu após o lançamento do programa de ajuda emergencial no valor de seiscentos reais, no final abril de 2020, e atingiu o nível mais baixo em setembro daquele ano, apesar do número de mortes por covid ainda ser relativamente alto. No entanto, quando o número de mortes voltou a aumentar durante a segunda onda da pandemia e o valor do auxílio emergencial caiu pela metade devido a restrições fiscais, a desaprovação de Bolsonaro também aumentou quase monotonamente em linha com o número de mortes por covid. Como o número de beneficiários da transferência emergencial de renda caiu drasticamente e seu valor também foi reduzido para cerca de trezentos reais desde abril de 2021, a rejeição a Bolsonaro aumentou e não pareceu mais estar correlacionada com a redução do número de mortes por covid após julho de 2021, mas, em vez disso, com fatores econômicos, como alta inflação e desemprego.

GRÁFICO 10: TAXA DE REPROVAÇÃO DE BOLSONARO, MORTES POR COVID E AJUDA EMERGENCIAL

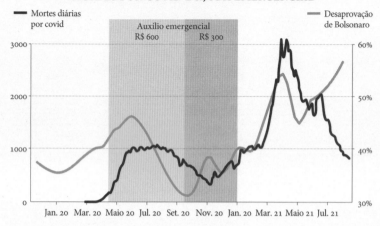

FONTE: Gráfico elaborado com dados cedidos pelos autores.

A proximidade dos respondentes com pessoas contaminadas pelo coronavírus, com graus variados de gravidade da doença, aumentava o apoio ao isolamento social inclusive de eleitores de centro-direita e de direita. Além disso, o receio de desenvolver um quadro mais grave da covid atenuava as expectativas de potenciais prejuízos financeiros com a diminuição da atividade econômica.

O erro de cálculo político de Bolsonaro, portanto, foi não ter percebido que sua estratégia de presidencialismo plebiscitário polarizado tinha limites claros quando o que estava em jogo era a vida das pessoas. As pessoas têm um medo intrínseco de adoecerem e da própria morte. Ou seja, enquanto Bolsonaro "esticava a corda" da polarização política em assuntos relacionados, por exemplo, a meio ambiente, gênero, minorias, política externa, educação e cultura, seus eleitores de centro-direita e direita permaneciam dispostos a continuar a apoiá-lo, ainda que por razões pragmáticas. Entretanto, quando foi para o extremo, posicionando-se contra a política de isolamento social com o objetivo de mitigar suas consequências econômicas, ou quando negligenciou a compra de vacinas em tempo para reduzir o número de mortes, os respondentes interpretaram que tal posicionamento oferecia riscos à vida deles e a de entes queridos.

16. O segundo choque:
A corrupção e o colapso da aliança com a Lava Jato

O segundo choque que identificamos no mandato de Bolsonaro foi uma série de escândalos de corrupção envolvendo o governo e familiares do presidente. Primeiro, o escândalo envolvendo seu filho mais velho, o então senador Flávio Bolsonaro, acusado pelo Ministério Público do Rio de Janeiro de lavagem de dinheiro quando era vereador no município do Rio de Janeiro. Além disso, Bolsonaro e seu governo foram acusados de superfaturamento na compra de vacinas da Covaxin contra a covid-19, o uso de recursos fora do orçamento, conhecidos como "orçamento secreto", para comprar apoio legislativo e esquemas de propina envolvendo ministros evangélicos do Ministério da Educação. Finalmente, surgiram suspeitas em torno de mais de cinquenta propriedades que a família Bolsonaro comprou, em dinheiro vivo, nas últimas duas décadas.

Em menos de dois anos de gestão, foram mais de sessenta pedidos formais de impeachment contra Bolsonaro que chegaram à mesa do presidente da Câmara dos Deputados. Com medo de ver seu mandato abreviado, o chefe do Executivo montou uma coalizão com os partidos do Centrão. Ainda que minoritária, essa coalizão foi suficiente para bloquear processos de impedimento do seu mandato no Legislativo. É importante destacar que, durante a campanha eleitoral, Bolsonaro havia demonizado tais coalizões, argumentando que representavam um jogo sujo da velha política.

A coalizão de Bolsonaro com o Centrão foi capaz de gerar uma "maior minoria", mas não uma coalizão majoritária. O número de cadeiras ocupadas pelos dez partidos do Centrão somava apenas 204 das 513 existentes na Câmara dos Deputados. Ou seja, era fundamentalmente uma coalizão "negativa", com capacidade apenas de vetar iniciativas legislativas consideradas indesejáveis pelo Executivo, como um impeachment. Não era uma coalizão proativa ou promotora de reformas, que seria capaz de aprovar uma agenda iliberal de enfraquecimento de outras instituições de controle do Executivo. Foi, no entanto, um sinal de que Bolsonaro havia sido colocado na linha… tinha sido domesticado pelas instituições democráticas e, a partir daquele momento, seguiria as regras do presidencialismo de coalizão brasileiro.

O próprio Bolsonaro justificou sua decisão de formar uma coalizão com o Centrão:

> Fui obrigado a formar uma coalizão […], é necessário para a governabilidade. Se alguém tem problema com um deputado do Centrão, foi você quem colocou ele lá. Com apenas 150 legisladores, eu não iria a lugar nenhum. A palavra Centrão é pejorativa […]. Eu pertenci a um dos partidos do Centrão [PP] por cerca de vinte anos […], na verdade, sou um político do Centrão.[1]

A subordinação política de Bolsonaro ao jogo do presidencialismo multipartidário foi um caminho institucional claro para a sobrevivência de um governo politicamente vulnerável.

Movimentos semelhantes para buscar apoio de partidos ideologicamente amorfos, como os do Centrão, já foram utilizados por quase todos os governos anteriores. O uso de moeda de troca política e/ou orçamentária para formar maiorias legislativas no governo Bolsonaro não é mais sujo, menos legítimo ou menos transparente do que esforços similares durante os governos petistas de Lula ou de Dilma.

Presidentes nessas circunstâncias, inclusive populistas, precisam de partidos pivôs e com perfil não ideológico ou pragmático para governar. Tais partidos impedem a aprovação de mudanças institucionais extremas e radicais. Eles restringem os governos de coalizão a negociar soluções consensuais e, consequentemente, evitam ações iliberais. Eles fornecem estabilidade democrática. Em outras palavras, o multipartidarismo gera incentivos para a moderação e a contenção contra saídas extremas.

O exercício contrafactual que fizemos anteriormente com relação à pandemia pode estender-se também aos problemas do clã familiar com a justiça. Sem eles, não teria ocorrido o colapso da coalizão com os setores que apoiaram a Lava Jato, a saída de Sérgio Moro do governo e o *rapprochement* com o Centrão para a formação de um escudo legislativo.[2] Enfim, as placas tectônicas das relações Executivo-Legislativo não teriam se movido.

A escalada do conflito com o STF nesse quadro representa menos um ataque à democracia por parte de um autocrata (como ocorreu mais tarde) do que uma demonstração de força visando a sobrevivência do clã familiar. Sem os problemas na justiça, a principal tensão seria a convivência da Lava Jato com o Centrão. A formação de uma base congressual visaria apenas a aprovação da agenda de governo — de menor importância, dada a convergência programática em torno de reformas —, e não um escudo legislativo.

A pandemia iluminou as ações do presidente no presente. O legado de malfeitos revelou o presidente no passado. A combinação foi explosiva.

BOLSONARO E O CONGRESSO: A POLÍTICA DA CONTENÇÃO

Apesar de a coalizão minoritária de Bolsonaro com o Centrão ter tido a capacidade de bloquear iniciativas de impeachment, ela foi insuficiente para proporcionar o sucesso das iniciativas do governo no Congresso. O gráfico 11 mostra a taxa de sucesso legislativo de Bolsonaro: a percentagem de projetos do Executivo aprovados pelo Congresso foi a menor entre todos os presidentes desde a redemocratização. Esses números sugerem que o Congresso funcionou como um verdadeiro ponto de veto a Bolsonaro.

GRÁFICO 11: TAXA DE SUCESSO DAS INICIATIVAS PRESIDENCIAIS NA CÂMARA DOS DEPUTADOS

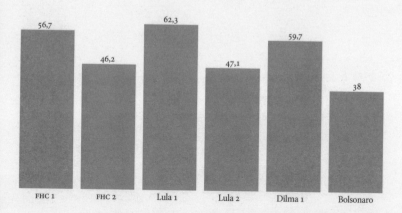

Os dados vão desde o início de cada governo até 10 de junho do último ano do mandato do presidente em exercício. Por não atingirem o mesmo período de comparação, não foram incluídos o segundo mandato de Dilma Rousseff (PT) e o mandato de Michel Temer (MDB). FONTE: Barbosa et al., apud "Bolsonaro tem recorde de vetos derrubados e menor taxa de aprovação de projetos aprovados". Folha de S.Paulo, 24 dez. 2022.

Algumas derrotas importantes são exemplares. A não aprovação da emenda constitucional sobre a cédula eleitoral impressa e a da regulamentação de conteúdo on-line foram arquivadas pelo presidente do Senado, em uma ação inédita.

O gráfico 12 mostra que Bolsonaro foi de longe o presidente com o maior número de vetos presidenciais derrubados pelo Congresso.[3] Em outras palavras, o Congresso estava pronto para confrontá-lo, inclusive quando tentou apresentar sua agenda conservadora e iliberal.

GRÁFICO 12: NÚMERO DE VETOS PRESIDENCIAIS DERRUBADOS PELO CONGRESSO

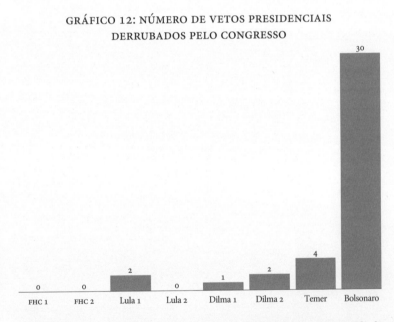

FONTE: Barbosa et al. e Oscar Vilhena et al., apud "Bolsonaro tem recorde de vetos derrubados e menor taxa de aprovação de projetos aprovados". *Folha de S.Paulo*, 24 dez. 2022.

Outro ponto atípico foi a proporção de medidas provisórias. Como mostra o gráfico 13, Bolsonaro tem o menor número de

MPs convertidas em lei (115), significando a pior taxa de conversão de MPs em lei desde Fernando Henrique (Bolsonaro, 45%; Dilma, 69%; Lula 2, 79%; Lula 1, 84%; FHC 2, 64%; e FHC 1, 88%). As MPs têm força de lei imediata após sua publicação. No entanto, precisam ser aprovadas em 120 dias pelo Congresso para se tornarem uma lei completa. Essa taxa de insucesso contrasta com o fato de Bolsonaro ter emitido o maior número de medidas provisórias (254) de qualquer governo. Estas representaram a maior parcela da atividade legislativa, com 76,5%. A conclusão é óbvia: Bolsonaro teve extrema dificuldade no Congresso e precisou se valer de mecanismos unilaterais para lidar com as restrições legislativas.

GRÁFICO 13: NÚMERO DE MEDIDAS PROVISÓRIAS INICIADAS E CONVERTIDAS EM LEI

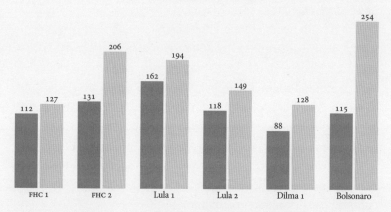

FONTE: Barbosa et al. e Oscar Vilhena et al., apud "Bolsonaro tem recorde de vetos derrubados e menor taxa de aprovação de projetos aprovados". *Folha de S.Paulo*, 24 dez. 2022.

Apesar do fraco desempenho legislativo, Bolsonaro talvez seja, sem surpresa, o presidente que editou o maior número de decretos (1462; ao passo que FHC editou 1255; Lula, 1230; Dilma, 839).

Ao contrário dos projetos de lei regulares, os decretos não são imediatamente submetidos ao escrutínio do Legislativo; em vez disso, eles entram em vigor logo após sua publicação. Essa estratégia é típica de presidentes que buscam contornar um Legislativo adversário, mas tendem a se limitar a questões administrativas. Seu grande número não deve ser interpretado como sinal de um presidente sem limites: a análise de seu conteúdo mostra que se deveu sobretudo às condições de emergência da pandemia.

A capitulação de Bolsonaro ao Centrão se materializou em uma espécie de hiperdelegação de poderes orçamentários para o presidente do Congresso. Essa transferência representou um arranjo inédito, o chamado orçamento secreto — ou seja, as emendas de relator (RP9), uma espécie de "emenda ônibus" que não é vinculada a projetos específicos de parlamentares. Isso explica o desempenho competitivo eleitoral tanto do Centrão quanto de Bolsonaro nas eleições de 2022.

O presidente da Câmara dos Deputados, Arthur Lira, negou sua existência ao argumentar que seria possível identificar na sua execução onde e quanto dos recursos estariam sendo alocados, bem como os parlamentares beneficiados. Entretanto, o que confere caráter público ao orçamento é o conhecimento ex ante dos projetos que foram aprovados pelas instâncias legislativas e suas respectivas justificativas técnicas, não bastando a divulgação ex post dos valores executados, do parlamentar e do município beneficiados. Essa publicização prévia é o que permite aos órgãos de controle fiscalizarem o orçamento.

O orçamento secreto foi consequência direta do engessamento das emendas individuais e coletivas que passaram a ter a sua execução impositiva nos governos Dilma e Bolsonaro, respectivamente. Sem essas moedas de troca que davam liquidez às relações Executivo-Legislativo, Bolsonaro se viu obrigado a encontrar outra forma de recompensar legisladores para assegurar sua sobrevivência política.

O RETORNO DA DISCRICIONARIEDADE NA EXECUÇÃO DE EMENDAS

O protagonismo do Centrão no processo orçamentário foi um dos fatores que contribuíram para a contenção de Bolsonaro. O fato de que o processo teve continuidade sob Lula ilustra como a caixa de ferramentas do presidencialismo multipartidário funciona e como a alteração de alguns de seus parâmetros altera a dinâmica das relações entre Executivo e Legislativo.

O orçamento impositivo com uma execução igualitária de emendas entre parlamentares, em vez de fortalecer o Legislativo, como alguns parlamentares acreditam, altera o equilíbrio do presidencialismo multipartidário, que pressupõe um presidente com poder de barganha para formar maiorias legislativas estáveis, coesas e disciplinadas. Ao diminuir o poder do presidente de exercer o papel de coordenador do jogo político entre o Executivo e o Legislativo, o orçamento impositivo aumenta os custos de governabilidade.

Como pode ser observado no gráfico 14, quando as emendas individuais se tornaram impositivas, no segundo mandato da ex-presidente Dilma, em 2015, o total executado em emendas, que girava em torno de 9 bilhões de reais, passou para o patamar médio de 15 bilhões de reais. Com a também impositividade das emendas coletivas no governo Bolsonaro, em 2019, a soma do total executado em emendas mais do que duplicou, alcançando o nível médio de 35 bilhões de reais. A previsão orçamentária para 2024 é que os valores de execução de emendas dos parlamentares totalizem nada menos do que 53 bilhões de reais.

Como dito anteriormente, no momento que legisladores perceberam que não mais precisavam votar de acordo com a agenda do presidente para ter acesso aos recursos orçamentários das suas emendas, surgiu a necessidade de o Executivo encontrar novas

GRÁFICO 14: EMENDAS PARLAMENTARES EXECUTADAS AO ANO (EM R$ BILHÕES)

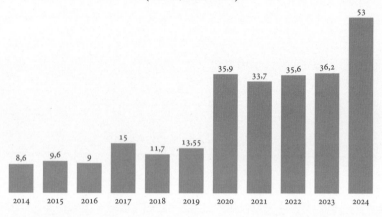

FONTE: Elaborado pelos autores.

modalidades de emendas menos transparentes, e que inflacionaram cada vez mais o jogo. A governabilidade se tornou mais cara e mais difícil, especialmente quando o presidente não faz o dever de casa ao montar uma coalizão com muitos partidos ideologicamente heterogêneos e ao não compartilhar poder e recursos de forma proporcional com os parceiros.

Em dezembro de 2022, houve a decisão do STF de considerar inconstitucional as emendas de relator. O Congresso Nacional decidiu então que metade do seu valor em 2023 seria executada via emendas individuais, e a outra metade, sob a discricionariedade do Executivo (RP2).

A recuperação parcial da discricionariedade do Executivo na execução desses recursos representou um avanço considerável nas relações Executivo-Legislativo, uma vez que, como enfatizamos antes, o presidencialismo multipartidário requer que o chefe do Executivo possua moedas de troca legais e institucionalizadas para governar. Só assim partidos têm um incentivo para fazer parte da coalizão de governo. O problema desse desenho é que a sociedade continua a não saber ex ante nem o montante dos recursos nem onde serão executados. Ou seja, a opacidade que conferia às emendas de relator o caráter secreto do orçamento permanece.

Lula foi eleito para o seu terceiro mandato com uma narrativa que condenava veementemente o "orçamento secreto": "O *orçamento secreto* não é moeda de troca, é usurpação de poder. Acabou o presidencialismo. Bolsonaro é refém do Congresso, ele sequer cuida do orçamento", afirmou. A despeito disso, decidiu recentralizar no Ministério das Relações Institucionais (Alexandre Padilha) a discricionariedade da execução de metade das antigas emendas de relator (9,8 bilhões de reais), bem como as emendas de comissão (7,6 bilhões de reais) e as de bancada estadual (R$ 7,7 bilhões), totalizando cerca de 25,1 bilhões de reais.

Entretanto, não estabeleceu a necessidade de critérios públicos ex ante de projetos tecnicamente viáveis e aprovados com antecedência pelas instâncias legislativas para que esses recursos sejam liberados para os parlamentares de forma transparente e sob o escrutínio das organizações de controle. Lula preferiu reeditar sua própria versão reciclada de orçamento secreto por meio de negociações informais e a portas fechadas com os legisladores. A sociedade e os próprios parlamentares só tomam conhecimento do valor e da localização dos recursos executados a posteriori, o que reproduz a opacidade das relações entre o Executivo e o Legislativo e abre possibilidades para comportamentos desviantes.

17. Os limites da estratégia populista de Bolsonaro

As análises existentes sobre retrocesso democrático — associadas à literatura sobre *backsliding* — sugerem que as democracias enfrentam maiores riscos ao eleger populistas, sejam eles de direita ou de esquerda. Normalmente observa-se a probabilidade de sobrevivência democrática sob a perspectiva do agressor, omitindo-se a influência da arquitetura constitucional, bem como as características institucionais e políticas que restringem o comportamento dos líderes populistas. A maioria dos estudos quantitativos existentes sobre retrocesso democrático dependem fortemente de indicadores subjetivos que resultam do julgamento do codificador especialista. Esses julgamentos podem superestimar as chances de reversões democráticas, como discutido no estudo de Little e Meng.[1]

Neste livro, avaliamos a experiência brasileira sob o governo populista de Jair Bolsonaro. Os especialistas estavam tão pessimistas sobre as perspectivas da democracia no Brasil que subestimaram os fatores que mitigaram as tentativas de Bolsonaro de corroer o Estado de direito democrático do país. Acreditamos que os elementos institucionais do nosso sistema político, sobretudo suas características consensuais — multipartidarismo, um Legislativo e um Judiciário fortes, federalismo e um legado histórico de resiliência —, fornecem antídotos contra as iniciativas iliberais e antidemocráticas do populismo. Essa visão é consistente com o argumento dos cinturões protetores e equilíbrios de longo prazo, que se estabelecem depois que as flutuações de curto prazo desaparecem, como analisado por Michael Coppedge, Amanda Edgell, Carl Knutsen e Staffan Lindberg.

Duas questões contrafactuais ajudam a esclarecer o argumento. Se Bolsonaro tivesse sido um líder político mais eficaz em sua estratégia iliberal de enfraquecer as organizações de controle, o resultado teria sido diferente? Esses fatores institucionais teriam sido relevantes mesmo na hipótese de uma boa gestão da pandemia? Nossa resposta é sim. As instituições forçaram Bolsonaro a se comprometer e abandonar sua retórica e prática antissistema.

Bolsonaro foi combatido por uma sociedade vibrante e vigilante; praticamente todos os principais jornais e conglomerados da mídia tradicional se opuseram ao seu governo, fornecendo um contraponto à sua forte presença nas redes sociais. Por ser derrotado de forma consistente tanto no Congresso quanto no Judiciário, Bolsonaro não teve outra alternativa a não ser fazer ajustes em seu discurso inicial antipolítica. Sua narrativa não lhe forneceu capacidade de governar nem minou instituições políticas. Ele foi, portanto, obrigado a ativar uma espécie de "modo de sobrevivência".

Bolsonaro nunca abandonou por completo seus confrontos com as instituições. A campanha permanente era estratégia perseguida desde o início do mandato. Ele percebeu que, por mais que tentasse, não tinha condições políticas para conseguir provocar um retrocesso importante. Nunca contou com o apoio da maioria dos eleitores para uma agenda radical e foi eleito por causa de uma forte rejeição a seu oponente. A sociedade, o Congresso e os órgãos de controle demonstraram sua força e capacidade de impor restrições e derrotas sucessivas ao presidente. Não menos importante, o alto comando do Exército não embarcou em sua aventura populista.

Diante da fortíssima rejeição à forma como administrou a pandemia, inclusive entre seus principais eleitores, ficou cada vez mais claro que ele havia perdido competitividade eleitoral. A estratégia de Bolsonaro foi, portanto, caminhar no fio da navalha. Se moderasse demais o discurso e a atitude de confronto, sinalizando que se rendera totalmente ao presidencialismo de coalizão, reduziria as chances de ter seu mandato encurtado, mas correria o risco de ver sua base eleitoral de apoio perder a coesão ou mesmo se desintegrar.

Por outro lado, se Bolsonaro ultrapassasse o sinal vermelho em seu confronto, poderia ficar ainda mais isolado, perdendo competitividade eleitoral e, mais importante, colocando em risco a viabilidade política de completar seu mandato, ou mesmo ir para a cadeia. Portanto, embora Bolsonaro tivesse de calibrar sua narrativa antissistema e populista, ele não poderia abrir mão por inteiro de seu discurso belicoso e autoritário para sobreviver politicamente.

Essa é a razão pela qual Bolsonaro, como outros populistas em democracias estáveis, continuou a confrontar as instituições, apesar de suas chances de sucesso serem bastante pequenas ou quase nulas. Tornou-se seu modus operandi de sobrevivência. Jogar o jogo democrático, mais cedo ou mais tarde, torna populistas não competitivos. Para continuar sobrevivendo, populistas precisam continuar pressionando… precisam ir até o limite para construir, pelo menos, uma estratégia de saída.

18. Lula 3: A "normalização" do presidencialismo de coalizão?

O presidencialismo de coalizão voltará ao padrão pré-Bolsonaro sob Lula 3? Esta questão exige uma perspectiva mais ampla a ser discutida. Como vimos, o presidencialismo brasileiro sofreu alterações importantes ao longo dos últimos trinta anos, malgrado terem sido poucas as mudanças formais levadas a cabo no desenho constitucional estabelecido em 1988. O sistema sofreu o teste de stress de dois impeachments e uma experiência de populismo radical sob Bolsonaro, marcada por forte confronto entre os poderes constituídos. Segundo uma linha interpretativa, a erosão do presidencialismo de coalizão tem implicado também perda de qualidade da democracia brasileira. Muitos atores têm sugerido mecanismos menos turbulentos para a solução de impasses quando o presidente perde apoio congressual e/ou vê sua popularidade afetada por escândalos; ou para reduzir a probabilidade de chegada ao poder de outsiders sem apoio majoritário no Congresso.

Instituído na década de 1940, o presidencialismo multipartidário brasileiro assumiu suas características atuais com a Constituição de 1988, como discutimos anteriormente. O arranjo que emerge da Carta é de um presidente com muitas prerrogativas constitucionais. Forjou-se um "modelo de equilíbrio de Presidência forte" que vem sendo reconfigurado, mas não afeta estruturalmente o sistema presidencial. A principal mudança tem sido a autoridade crescente do Poder Legislativo em detrimento do Poder Executivo que se manifesta sobretudo na sua influência sobre o orçamento público. A ampliação do poder orçamentário do Congresso ocorreu através da aprovação das emendas constitucionais estabelecendo a impositividade das emendas orçamentárias individuais e de bancada, em 2015 e 2019. Mas o Congresso também aumentou sua influência no processo de aprovação das leis pela redução de prerrogativas do Executivo na edição de medidas provisórias e pela derrubada crescente de vetos presidenciais. O percentual de leis aprovadas de autoria de parlamentares também aumentou. Essas mudanças formais refletem a perda de poder do Executivo em virtude de fatores contextuais, como crise econômica, escândalos de corrupção e impopularidade presidencial. E também devido ao declinante peso parlamentar do partido do presidente, ao tamanho da coalizão de apoio ao Executivo, sua heterogeneidade e o grau de partilha do poder com os parceiros (através da alocação dos ministérios aos partidos e execução de emendas orçamentárias). O Legislativo tornou-se menos dependente do Executivo após a reforma política, devido à redução da fragmentação partidária e sobretudo a criação de um fundo bilionário de campanha.

Mas o presidencialismo de coalizão não está morto, malgrado ter muitas disfuncionalidades. Um dos supostos sintomas dessa disfuncionalidade seria a fragmentação partidária. Têm sido recorrentes argumentos de que um sistema político fragmentado não possibilitaria uma clara conexão do eleitor com os partidos, mas sim com os parlamentares individuais. A individualização, ou mesmo o personalismo, seriam as características dominantes, o que ocasionaria o enfraquecimento dos partidos na arena eleitoral.

Além disso, argumenta-se que a alta fragmentação partidária dificultaria a governabilidade, uma vez que seria mais difícil ao governo contar com partidos coesos nas suas coalizões. Como a conexão na esfera eleitoral dependeria dos vínculos individuais dos parlamentares com os eleitores, os parlamentares dos partidos da coalizão de governo tenderiam a se comportar no Legislativo também de forma individual e não partidariamente.

Em 2017 foram implementadas algumas reformas, notadamente o fim das coligações nas eleições proporcionais e a cláusula de desempenho, que tinham como objetivos a diminuição da fragmentação, o fortalecimento dos partidos junto aos eleitores e o aumento da coesão partidária no Legislativo. Como já visto e em decorrência dessas reformas, a fragmentação partidária diminuiu drasticamente nas eleições de 2022, que levaram Lula pela terceira vez à Presidência da República. O gráfico 3 (ver p. 101) mostra que o número de partidos com representação na Câmara dos Deputados (dezenove) e o número efetivo de partidos (NEP), fórmula que leva em conta a força relativa das legendas (9,27), são menores do que nos governos Lula 2, Dilma 1, Dilma 2 e Temer. O mesmo pode ser dito com relação ao tamanho do partido do presidente: 69 cadeiras (13,4%), maior do que em Bolsonaro e FHC 1, e igual a Temer.

Entretanto, como podemos observar no gráfico 15, a redução da fragmentação partidária não foi acompanhada de um fortalecimento das conexões dos partidos com os eleitores. A percentagem de eleitores que votou na legenda partidária, que já era extremamente baixa (10,32%) antes das reformas de 2017, diminuiu ainda mais, especialmente nas eleições de 2022, chegando a apenas 4,13% dos eleitores.

GRÁFICO 15: VOTOS NOMINAIS E EM LEGENDAS PARTIDÁRIAS NAS ELEIÇÕES DE 2014, 2018 E 2022

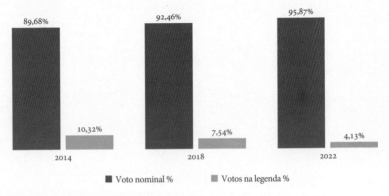

FONTE: Tribunal Superior Eleitoral (TSE).

Ou seja, a redução do número de partidos nem sempre os fortalece perante os eleitores. Na realidade, a individualização dos deputados foi fortalecida ainda mais em um sistema político já fortemente individualizado na esfera eleitoral. Outro elemento que pode ter contribuído para a redução do voto na legenda foi a Lei nº 14211, de 2021, que estabeleceu a obrigatoriedade de o candidato a deputado alcançar pelo menos 10% do coeficiente eleitoral para ter direito às sobras do partido, desestimulando assim o partido de puxar o voto na legenda e incentivando o voto individual. A criação dos fundos eleitoral e partidário milionários, bem como a impositividade das emendas dos parlamentares, também podem ter contribuído para a individualização das conexões dos parlamentares com os eleitores, uma vez que legisladores ganharam mais autonomia do Executivo e dos líderes partidários para ter acesso a tais recursos.

Todavia, ao contrário do que muitos analistas têm argumentado, a coesão partidária parece não ter sido afetada pelas reformas de 2017, em especial a cláusula de desempenho que obrigou parlamentares de preferências supostamente distintas a conviver na mesma legenda. O gráfico 16 mostra que a coesão partidária, medida pela diferença dos votos nominais no plenário da Câmara entre a maioria do partido versus a minoria (se não há dissidência, a coesão é igual a 1; mas se o partido racha ao meio, a coesão é igual a zero), tem sido consistentemente muito alta entre os partidos que vêm ocupando assento na Câmara nos últimos vinte anos.

GRÁFICO 16: COESÃO PARTIDÁRIA AGREGADA DOS PARTIDOS NA CÂMARA DOS DEPUTADOS (2003-2023)

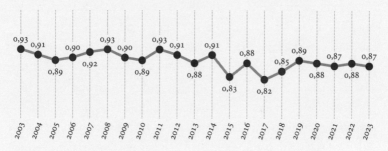

FONTE: Observatório do Legislativo Brasileiro (OLB), IESP-UERJ.

A coesão média dos dezesseis partidos que compõem a heterogênea supercoalizão do terceiro mandato do presidente Lula é extremamente alta, 0,88. O partido menos coeso da coalizão governista, o União Brasil, tem apresentado uma coesão média de 0,80. A dificuldade de Lula no Legislativo no primeiro ano de seu terceiro mandato, na realidade, não é decorrente da fragmentação partidária, mas consequência direta da sua decisão de montar uma coalizão muito grande, muito heterogênea e de não compartilhar recursos de forma proporcional com seus parceiros, sobretudo em um ambiente político altamente polarizado.

As reformas de 2017, a impositividade das emendas e a criação dos fundos partidário e eleitoral, portanto, impactaram minimamente o comportamento partidário no Legislativo e, como consequência, a governabilidade. Portanto, em que pese a redução do número de partidos não ter aumentado a identidade partidária junto aos eleitores, como se pretendia, os partidos, em média, continuam a ser muito fortes e coesos dentro do Congresso, embora, paradoxalmente fracos na sociedade.

Tem sido argumentado, por outro lado, que a execução impositiva e igualitária das emendas individuais e coletivas teria fortalecido sobremaneira o Legislativo, dificultando a formação de coalizões majoritárias e aumentado os custos de governabilidade.[1] Mas será que a impositividade dessas emendas e sua distribuição igualitária tornou o Legislativo brasileiro autônomo a ponto de não haver vantagens para que partidos participem da coalizão do presidente?

É verdade que o sucesso legislativo de presidentes caiu a patamares inferiores a partir do governo Dilma, mas o mau desempenho do Executivo no Legislativo teve início antes da impositividade das emendas individuais. Além do mais, o governo Temer teve uma performance no Legislativo bem superior à de sua antecessora, inclusive derrotando dois pedidos de impeachment da PGR, mesmo com emendas individuais já impositivas.

É importante ter em mente que a discricionariedade na execução de emendas de autoria dos parlamentares no orçamento público é apenas uma das várias ferramentas à disposição do presidente.[2] Sua perda, embora configure uma restrição, não é um impeditivo para que presidentes montem e gerenciem coalizões majoritárias sustentáveis e baratas.

A execução impositiva das emendas individuais e coletivas ocorrida nos governos Dilma e Bolsonaro criaram restrições significativas, mas é importante lembrar, como já assinalado anteriormente, que a decisão da Suprema Corte de interpretar o orçamento secreto como inconstitucional criou as condições para que o governo Lula 3 acabasse com a escassez de moedas de troca discricionárias de maior liquidez. Com essa decisão, o STF devolveu ao Executivo o poder discricionário na execução de 50% (9,8 bilhões de reais) das antigas emendas de relator, que, somadas às emendas de comissão (7,6 bilhões de reais), totalizam cerca de 18 bilhões de reais sob discricionariedade do Executivo.

Ainda por cima,[3] Lula, em seu terceiro mandato, centralizou no Ministério das Relações Institucionais a execução discricionária desses 18 bilhões de reais. Assim, não é por falta de recursos financeiros que o governo não teria uma maioria sustentável ou que venha a ter problemas de governabilidade no Legislativo.

Mesmo assumindo que parlamentares tenham ficado mais autônomos em relação ao Executivo com a impositividade igualitária das emendas individuais (21 bilhões de reais) e coletivas (7,7 bilhões de reais), não é crível supor, como demonstrado em modelos de barganha entre Executivo e Legislativo na formação de coalizões, que o parlamentar individual e seus partidos não percebam oportunidades de acesso a recursos extras em troca de participar da coalizão do presidente.[4]

Em outras palavras, a impositividade igualitária das emendas representa um piso mínimo garantido, mas o bônus eventualmente recebido pelo partido aliado e executado discricionariamente pelo presidente por participar da sua coalizão é um diferencial capaz de gerar equilíbrio no presidencialismo multipartidário. As emendas impositivas podem até gerar vantagens de incumbência sobre um concorrente que se encontra sem mandato em uma disputa eleitoral, mas, entre os parlamentares que estão em exercício, os recursos alocados de forma discricionária pelo Executivo são decisivos para a manutenção de suas respectivas conexões eleitorais e perspectivas de reeleição.

Também se tem argumentado que o Legislativo ficou mais conservador, dificultando assim as condições de governabilidade, especialmente para um presidente de esquerda como Lula. Mas, como podemos observar no gráfico 17, a preferência mediana do Legislativo brasileiro tem variado muito pouco ao longo dos anos. Obviamente, a legislatura atual está mais à direita, ainda que algumas outras legislaturas (a de FHC 1, por exemplo) tenham sido tão ou mais conservadoras. Observa-se que há uma reversão dessa tendência na década de 1990. Como enfatizado anteriormente, o grande desafio no presidencialismo multipartidário é que o presidente, seja ele de direita, centro ou esquerda, leve em consideração a preferência agregada do Legislativo na montagem de sua coalizão para que venha a obter sucesso em suas iniciativas no Congresso.

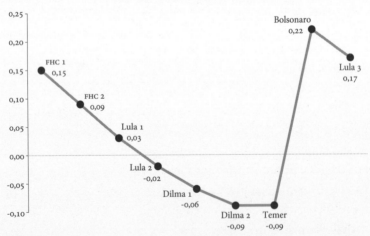

GRÁFICO 17: PREFERÊNCIA IDEOLÓGICA MEDIANA DA CÂMARA DOS DEPUTADOS

FONTE: Gráfico elaborado com dados cedidos pelos autores a partir de Cesar Zucco, "Brazilian Legislative Surveys (Waves 1-9, 1990-2021)". Harvard Dataverse, 2023.

A polarização política no Legislativo com o fortalecimento dos polos e o esvaziamento de alguns dos tradicionais partidos de centro (notadamente o PSDB e o MDB) talvez seja o único elemento mais restritivo ao governo Lula 3. Afinal de contas, é muito mais difícil negociar com um rival extremo do que com um opositor mediano. Mas essa restrição é contextual, e não institucional. É importante lembrar que, embora a oposição ao terceiro governo Lula tenha como âncora um partido de direita (e não um partido de centro, como nos seus governos anteriores), essa oposição é minoritária e as derrotas que o governo sofreu decorrem fundamentalmente de indisciplinas de membros da sua própria coalizão.

Como já mencionado, no presidencialismo multipartidário brasileiro, só tem incentivo para ser oposição o partido que tem ambições e condições de lançar um candidato competitivo à Presidência nas próximas eleições. Do contrário, vale muito mais a pena aceitar a oferta do presidente de plantão, tentar ocupar a posição de pivô da coalizão e, assim, extrair a maior quantidade possível de rendas. Todos os incentivos, portanto, são para ser governo, e não oposição.

Para atrair os antigos aliados de Bolsonaro para sua coalizão, Lula aumentou o número de ministérios (38 gabinetes), ficando próximo do recorde atingido pela malsucedida coalizão de sobrevivência pré-impeachment da ex-presidente Dilma Rousseff (39 gabinetes), que terminou se rompendo. O custo de governabilidade do governo Lula, que já era muito alto,[5] tende a ficar ainda maior. Supercoalizões, como a de Lula 3, que passou a ter dezesseis partidos com perfil ideológico extremamente heterogêneo, tendem a ser muito caras.

O mais surpreendente é que muitos observadores consideram os partidos aliados, sobretudo os novos parceiros do Centrão, ávidos por recursos e poder por condicionarem seu ingresso na coalizão de governo ao acesso a um número maior de ministérios, de mais espaços na burocracia e mais recursos financeiros. Entretanto, não qualificam o PT da mesma forma por acumular a grande maioria dos ministérios, cargos na burocracia pública e recursos orçamentários.

Essa percepção é decorrente de um viés de preferência por sistemas majoritários do tipo *"winner takes all"*. Ou seja, acredita-se que um partido vencedor em uma eleição majoritária para a Presidência deveria "levar tudo" ou, no mínimo, ter acesso a um bônus desproporcional por ser o *formateur* do governo. Entretanto, o sistema eleitoral brasileiro é híbrido: majoritário, para o Executivo, e proporcional, para o Legislativo. Um partido pode até ganhar a Presidência, mas outras legendas também são proporcionalmente vencedoras ao ocupar espaços relevantes de poder no Legislativo e/ou na esfera subnacional. Para governar, o partido majoritário vencedor terá necessariamente de alocar espaço a outros partidos, pois o peso proporcional que ocupam nas outras esferas de poder não deve ser ignorado.

Portanto, se observarmos com atenção, a maioria das restrições que o governo Lula 3 vem enfrentando já estavam presentes, muitas delas até em maior grau do que agora, e mesmo assim tais restrições não foram impeditivas para que presidentes como FHC e Temer conseguissem montar e sustentar coalizões majoritárias bem-sucedidas, aprovando a grande maioria de sua agenda a um custo relativamente baixo.

O exemplo do governo Temer é paradigmático. Governou em um ambiente político pós-impeachment extremamente inóspito, de altíssima polarização e alta fragmentação partidária, com 13,4 partidos efetivos na Câmara dos Deputados (atualmente, no governo Lula 3 são 9,27). Além disso, apenas 28% das cadeiras eram ocupadas pelos três maiores partidos na Câmara (atualmente são 45%), com as emendas individuais já impositivas e sob vigência dos fundos partidário e eleitoral.

Em consequência, não é crível transferir responsabilidades dos potenciais fracassos e dificuldades do governo Lula 3 no Legislativo a alegadas maiores restrições institucionais nem tampouco políticas, embora estas últimas tenham aumentado as restrições sob as quais o presidente opera.

Como seria possível um líder político dos mais experientes e tido como sagaz na arte de negociar estar sofrendo vários revezes no Legislativo a ponto de se colocar na posição de refém de exigências das principais lideranças do Congresso e dos seus novos (velhos) aliados do Centrão, que até bem pouco tempo eram fiéis escudeiros do ex-presidente Bolsonaro?

Se tais restrições não são suficientes ou impeditivas para gerar boa governabilidade, o que então explicaria a atual má performance de Lula no Congresso?

No artigo intitulado "Who Controls the Agenda Controls the Legislature",[6] publicado no prestigioso periódico *American Economic Review*, Nageeb Ali e coautores demonstram que o controle da agenda legislativa, em conjunto com a capacidade de manipular recursos políticos (ministérios, cargos no Executivo etc.) e orçamentários, são as variáveis-chave para o sucesso legislativo mesmo de governos minoritários. Ou seja, o poder de estabelecer a agenda legislativa, aliado à manipulação estratégica de recursos, dota o *agenda setter* de "poderes ditatoriais efetivos", fazendo com que obtenha resultados favoráveis às suas preferências independentemente da política em questão.

No Legislativo brasileiro, que é bastante hierarquizado e centralizado, os presidentes da Câmara dos Deputados e do Senado são os *de jure agenda setters*; ou seja, são os que têm o poder de pautar unilateralmente "o que" e "quando" uma matéria será votada nas respectivas casas. Quanto mais o presidente compartilha preferências políticas e ideológicas com os presidentes da Câmara e do Senado, maior será a capacidade do Executivo de exercer *de facto* o poder de agenda. Por outro lado, quando possuem preferências incongruentes, menor será o poder de agenda do Executivo.

Em raríssimas ocasiões o chefe do Executivo no Brasil deixou de ter como aliados próximos presidentes da Câmara e do Senado. As exceções são Collor (PRN) e Dilma (PT), que, não por acaso, tiveram Ibsen Pinheiro (MDB) e Eduardo Cunha (MDB) como presidentes da Câmara durante seus respectivos impeachments. Lula, em seu primeiro mandato, também teve que lidar com um não alinhado, Severino Cavalcanti (PP), na presidência da Câmara, mas por um curto intervalo de tempo, de fevereiro a setembro de 2005.

No início do seu terceiro mandato na Presidência da República, Lula teve que se resignar e apoiar a reeleição de Arthur Lira (PP) e de Rodrigo Pacheco (PSD) à Câmara e ao Senado, respectivamente. Essa decisão fez com que Lula perdesse o poder de agenda no Legislativo, diminuindo as chances de obter resultados favoráveis no Congresso às suas preferências.

Ou seja, a montagem de uma grande coalizão composta de dezesseis partidos, a recuperação da discricionariedade na execução de 50% (9,8 bilhões de reais) das antigas emendas de relator e a criação de novos ministérios para apaziguar novos aliados (PP e Republicanos) não são suficientes para gerar sucesso legislativo sem que o presidente também exerça o poder de agenda.

Como Lula não tem reputação de compartilhar poderes e recursos de forma proporcional com os aliados levando em consideração o peso político de cada um no Congresso, é difícil que sinalize crivelmente que seriam recompensados com um bônus extra no futuro para apoiar um candidato da sua confiança nas próximas eleições para os presidentes das casas em 2025.

Além do mais, como lembram Cox e Morgenstern, os Legislativos na América Latina, em particular no Chile e no Brasil, embora nunca tenham exercido um papel proativo, como tem sido o caso nos Estados Unidos, estão muito longe de ser fracos ou subservientes ao presidente. Para esses autores, o Legislativo brasileiro e o chileno têm influenciado substancialmente o processo de formulação e decisão de políticas públicas por meio de um papel eminentemente reativo, cooperando com a agenda do presidente em troca de compromissos e/ou retornos políticos/financeiros.

Entretanto, como pode ser observado no gráfico 18, o Legislativo (Câmara e Senado) assumiu uma liderança expressiva de 70% (183 iniciativas, sendo 139 na Câmara, ou 53%, e 44 no Senado, ou 17%) na autoria de iniciativas legislativas que se transformaram em leis no terceiro mandato do presidente Lula, quando o Executivo conseguiu ser o autor de apenas 24% (64 iniciativas) de todas as 263 leis que foram promulgadas. Esse é o percentual mais baixo da série histórica.

GRÁFICO 18: PERCENTAGEM DE LEIS PROMULGADAS
DE ACORDO COM A AUTORIA (2018-2023)

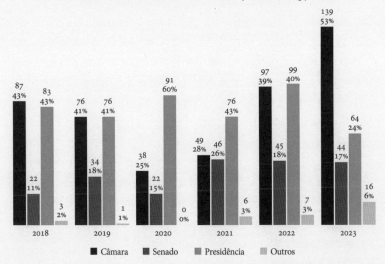

FONTE: Relatório mensal de atividade legislativa, Senado Federal.

O Congresso era o maior legislador do Brasil no período democrático de 1946 até o golpe de 1964. O presidente, constitucionalmente fraco em ambiente multipartidário, não conseguia ser atraente o suficiente para montar e gerir maiorias legislativas. Crises de governabilidade e paralisia decisória geravam instabilidades e tensões quase que permanentes à democracia. A partir da ditadura militar, o Executivo, como era de esperar em regimes autoritários, se fortaleceu com uma série de dispositivos unilaterais de governo, passando assim a ser o maior legislador, com um número muito mais alto de iniciativas legislativas que se transformavam em leis.

A despeito da volta da democracia em 1985, o padrão caracterizado pela preponderância do Legislativo do período democrático anterior não retornou. Na realidade, o Executivo não apenas continuou a ser o principal legislador, mas também o protagonista no jogo com o Congresso, que passou a ter um papel eminentemente reativo à dominância do presidente.

Ainda é muito cedo para saber se esse será o novo padrão das relações entre o Executivo e o Legislativo. O importante é indagar se uma preponderância do Legislativo no processo decisório, como verificado no primeiro ano do terceiro mandato de Lula, interessaria ou não ao governo e se isso acarretaria potenciais problemas de governabilidade.

Presidencialismo multipartidário com Legislativo preponderante sempre foi pensado como sinônimo de crises e instabilidades governativas e democráticas. Mas apesar da clara preponderância do Legislativo, o governo Lula não tem se mostrado, até o momento, vulnerável, a despeito do alto custo de governabilidade de sua grande coalizão de dezesseis partidos heterogêneos e do baixo sucesso de suas iniciativas legislativas.

Se o Legislativo está atuando em conformidade com os interesses do Executivo e não como adversário do presidente, o protagonismo dos legisladores não necessariamente geraria graves entraves ao funcionamento do presidencialismo multipartidário e à democracia. Na realidade, a sua principal consequência é obrigar o presidente a antecipar e a mirar a preferência agregada do Legislativo em busca de soluções negociadas com o Congresso.

A aprovação da reforma tributária em julho de 2023 por uma margem tão confortável (382 votos, muito acima dos necessários 308), a despeito dos múltiplos erros na montagem e na gerência de coalizão do governo Lula 3, é um bom exemplo. De acordo com o Banco Mundial, a reforma tributária é extremamente difícil de ser aprovada em qualquer país democrático do mundo. Sua aprovação jogou por terra interpretações de que o presidente Lula estaria diante de um Congresso hostil e indócil, que praticamente inviabilizaria a sua governabilidade. Destruiu também interpretações de que o presidencialismo de coalizão seria disfuncional ou que estaríamos vivendo em uma espécie de semipresidencialismo informal, em que o presidente enfraquecido estaria sendo o refém indefeso de um Legislativo dominado por um Centrão ávido por recursos e poder.

Na realidade, não apenas a reforma tributária, mas as aprovações da PEC da Transição, do marco fiscal, das aprovações de Flávio Dino para o Supremo e de Paulo Gonet para a PGR etc. demonstraram, mais uma vez, a força institucional do presidencialismo multipartidário, mesmo quando o presidente não gerencia bem a sua coalizão, como tem sido o caso de Lula.

Embora os custos de gerência de coalizão do governo Lula estejam muito altos (mais altos em termos de emendas parlamentares do que no governo Bolsonaro, que montou uma coalizão minoritária de sobrevivência) e a sua taxa de sucesso no Legislativo esteja baixa (o pior resultado em 33 anos), a governabilidade está preservada. Não vivemos paralisia decisória nem crises abertas entre poderes, mas disputas virtuosas dentro dos limites institucionais.

O alto custo de governabilidade e o relativo baixo desempenho Legislativo (especialmente a reduzida aprovação de medidas provisórias e de projetos de lei ordinários) não podem ser atribuídos a um suposto Congresso adversarial ou "indócil", nem tampouco ao enfraquecimento do Executivo, mas aos inúmeros erros de gerência de coalizão cometidos sistematicamente pelo próprio governo Lula. Diante de um Executivo constitucionalmente poderoso como o brasileiro, quando algo não funciona bem com o Legislativo, a responsabilidade é sempre do presidente. As razões da desordem, portanto, estão em casa.

Afinal de contas, como visto anteriormente, Lula escolheu montar uma coalizão muito grande, extremamente heterogênea — inclui partidos de extrema esquerda, como o Psol, partidos de centro como o PSD e o MDB, e partidos de direita, como o União Brasil e o Republicanos —, e não tem compartilhado poder e recursos de forma proporcional, levando em consideração o peso político de cada parceiro no Legislativo. Além do mais, a reforma tributária é muito complexa e multidimensional, e defronta-se com uma multiplicidade de interesses setoriais, o que fez as várias tentativas de governos anteriores de reformar o sistema tributário fracassarem.

Um dos elementos-chave para se entender o comportamento cooperativo do Legislativo com a agenda de políticas proposta pelo Executivo, sobretudo em um ambiente multipartidário, é o fato de o presidente levar em consideração a preferência mediana agregada dos parlamentares. Quando o presidente ignora o que o Legislativo deseja e tenta impor uma agenda política incongruente com as preferências deles, os custos de governabilidade aumentam e a taxa de sucesso do presidente diminui. Por outro lado, quando o presidente alinha sua agenda às preferências do Legislativo, as relações entre os dois poderes costumam ser mais cooperativas e o presidente tende a aprovar mais frequentemente sua agenda, inclusive em matérias controversas.

A reforma tributária foi gestada e lapidada por décadas por técnicos e políticos de vários governos com preferências e perfis ideológicos distintos. Trata-se de uma pauta com relativo grau de maturidade, sendo, portanto, bastante palatável para um Legislativo de perfil marcadamente de centro-direita. Ou seja, a proposta convergia para a preferência mediana do Legislativo. Mesmo assim, não saiu barato para o governo. Lula teve de executar um grande montante de emendas e fazer ajustes nos ministérios para acomodar novos partidos do Centrão em sua coalizão.

Os problemas de governabilidade e as derrotas legislativas de presidentes brasileiros, em particular do governo Lula 3, aparecem sobretudo quando o governo tenta implementar uma agenda de políticas distante das preferências do Legislativo, o que definitivamente não foi o caso da reforma tributária.

A aprovação da reforma tributária, portanto, põe por terra argumentos que sugerem supostas disfuncionalidades do presidencialismo multipartidário. É a combinação de incongruência de preferências entre o Executivo e o Legislativo aliada à má gerência da coalizão que aumentam as chances de fracassos do presidente no Congresso.

No artigo "The Executive Toolbox",[7] os autores mostram que cada tipo de ferramenta ou moeda de troca (ministérios, emendas parlamentares, cargos na burocracia pública, concessões nas políticas públicas etc.) no presidencialismo brasileiro têm características próprias que as tornam substitutos imperfeitos. A mudança de ministros gera "custos afundados" para o governo e, portanto, proporciona maior eficiência quando implementada para parceiros ideologicamente próximos; já as emendas orçamentárias são mais flexíveis, permitindo atrair parceiros ideologicamente distantes com um menor impacto nas políticas do governo.

Além disso, a eficiência do uso de moedas de troca pressupõe a sua distribuição conforme critérios exógenos, isto é, que levem em consideração a representação de cada parceiro na sociedade, medida pelo percentual de cadeiras que ocupa no Legislativo. Seguindo esse critério, o presidente se protege contra eventuais questionamentos de aliados, tirando a subjetividade da alocação de recursos. No entanto, quanto mais fizer uso de critérios endógenos aos seus interesses e de seu partido, mais dificuldade terá na gerência de sua coalizão.

Os autores de "Voting Weight and Formateur Advantages in the Formation of Coalition Government" vão além.[8] Para eles, o peso real que cada partido traz à mesa de negociação não se traduz apenas no número de assentos no Parlamento, mas na capacidade de formar uma coalizão majoritária com a sociedade. É importante que se leve em consideração a capacidade de alavancagem de um partido na coalizão a partir de seu comportamento real nas votações.

Ao contrário, portanto, do que sugerem os autores que pesquisam gerência de coalizões, o governo Lula 3, a exemplo de seus dois governos anteriores, insiste em usar critérios endógenos e desproporcionais na alocação de moedas de troca. Diante dessas escolhas, um comportamento crivelmente disciplinado, sustentável e duradouro de seus parceiros de coalizão é cada vez menos provável e mais caro. O mais provável é que o governo negocie caso a caso, dando chance aos parceiros de inflacionarem o preço do apoio.

No artigo "Congruent We Govern",[9] os autores mostram que a variável-chave para explicar o sucesso legislativo de presidentes em ambientes multipartidários não é o tamanho da maioria, mas a congruência de preferências ideológicas entre a coalizão e o plenário do Congresso. Coalizões que espelham a preferência mediana do Congresso geram mais sucesso legislativo ao presidente a um custo baixo. Por outro lado, quando as preferências da coalizão e do plenário são incongruentes, o presidente tende a enfrentar mais derrotas e o custo de gerenciar essa coalizão aumenta.

O gráfico 2 (p. 77), construído a partir de nove rodadas de *surveys* com os parlamentares de 1990 a 2021 por Cesar Zucco,[10] mostra a diferença de preferências ideológicas entre a coalizão presidencial e a Câmara dos Deputados. É possível identificar uma grande variação na composição ideológica das coalizões presidenciais de Sarney até Lula 3. Algumas são mais congruentes com o plenário, como a do governo FHC 1. Todavia, as coalizões dos governos Bolsonaro e Lula 3 apresentaram nível de incongruência com o plenário muito parecido, variando apenas o sinal do polo, que é invertido — enquanto a coalizão de Bolsonaro ficou mais à direita da preferência mediana da Câmara, a de Lula 3 ficou mais à esquerda.

Embora a coalizão de Lula 3 seja menos incongruente com o plenário do que a de seus governos anteriores, o que sugere algum aprendizado na gerência de coalizão, a despeito de possuir um maior número de partidos (dezesseis), ela é ideologicamente mais heterogênea e não aloca de forma proporcional poderes e recursos levando em consideração o peso político dos parceiros.

Talvez não seja por acaso que o governo Lula 3 tenha decidido reproduzir o orçamento secreto criado por Bolsonaro ao centralizar no Ministério das Relações Institucionais a execução de recursos discricionários. Lula foi eleito para seu terceiro mandato com uma narrativa que condenava veementemente o "orçamento secreto", moeda de troca que o governo Bolsonaro encontrou para construir e manter sua coalizão, ainda que minoritária, no Congresso, diante da obrigatoriedade da execução das emendas individuais e coletivas dos parlamentares ao orçamento da União. Durante a campanha eleitoral, Lula argumentou que Bolsonaro "parece um bobo da corte", como mencionado anteriormente. "O *orçamento secreto* não é moeda de troca, é usurpação de poder. Acabou o presidencialismo [...], o Bolsonaro é refém do Congresso Nacional. O Bolsonaro sequer cuida do orçamento", complementou o presidente.[11]

A decisão do STF pela inconstitucionalidade desse instrumento criou as condições para que o chefe do Executivo tivesse o potencial de voltar a ser o protagonista nas suas relações com o Legislativo, papel que havia perdido para os presidentes das casas legislativas com o orçamento secreto.

O novo governo Lula parece ter acertado ao decidir recentralizar no Ministério das Relações Institucionais a discricionariedade da execução dessas emendas. Entretanto, não estabeleceu a necessidade de critérios públicos ex ante de projetos tecnicamente viáveis e aprovados de antemão pelas instâncias legislativas para que esses recursos sejam liberados para os parlamentares de forma transparente e sob o escrutínio das organizações de controle. A sociedade e os próprios parlamentares só saberão o valor e a localização dos recursos executados a posteriori, o que reproduz a opacidade das relações entre o Executivo e o Legislativo.

Por que Lula resolveu trair seus eleitores ao reproduzir esse mecanismo obscuro de execução de recursos públicos já rejeitado pela sociedade e pela Suprema Corte? A manutenção do padrão secreto de execução das emendas dos parlamentares está diretamente associada às escolhas do presidente de como montar e gerenciar a sua coalizão.

Essa estratégia tende a gerar, cedo ou tarde, pressões crescentes dos aliados sub-recompensados e ideologicamente distantes para que o Executivo encontre outras moedas de troca que reequilibrem a alocação de poder e recursos dentro da coalizão. A execução secreta dos recursos orçamentários aparentemente "resolve" esse problema. Lula preferiu pagar o preço da falta de transparência na execução orçamentária em vez de convencer sua coalizão da necessidade de o Executivo reaver a discricionariedade das emendas individuais e coletivas. Essa alternativa, entretanto, exigiria do presidente o compartilhamento de poder e recursos com seus parceiros, algo que tem sido muito difícil nas gestões petistas.

19. O paradoxo: A torcida pode vaiar, mas o jogo continua

Em 2006, ao receber o prêmio pelo conjunto da obra no Congresso da International Political Science Association, em Fukuoka, no Japão, o cientista político Guillermo O'Donnell questionou: "A democracia está em crise?". E respondeu o seguinte:

> A democracia está em crise perpétua [...], temos de considerar que a democracia sempre estará em algum tipo de crise. A democracia está constantemente redirecionando o olhar do cidadão de um presente mais ou menos insatisfatório para um futuro de possibilidades ainda não realizadas. Isso ocorre porque a democracia é mais do que um tipo de arranjo político valioso. É também o sinal notório da falta. É uma perpétua ausência de algo mais, de uma agenda sempre pendente que clama pela reparação.[1]

Essa interpretação de crise permanente ou perpétua da democracia não poderia ser mais atual. Em vários países democráticos, independentemente de seu arranjo institucional, as instituições políticas não têm desfrutado da confiança de seus cidadãos, sobretudo aqueles que fazem parte do lado perdedor. Existe uma espécie de mal-estar generalizado com relação ao tema, como se algo estivesse fora do lugar, como se as instituições políticas não fossem capazes de lidar com seus conflitos perpétuos de forma democrática e pacífica, como se a democracia não pudesse aguentar.

Seria impreciso aceitar essa percepção dos cidadãos como sinônimo de fracasso das instituições democráticas.[2] Ao contrário, o sentimento de crise permanente da democracia deveria ser interpretado de outro modo: as instituições estão exercendo seu papel, mesmo que de forma não eficiente. Se não fosse assim, a democracia seria muito mais instável e quebraria com mais frequência do que temos observado no mundo.

Essa conclusão vale, mutatis mutandis, para o Brasil. As instituições políticas no país têm oferecido sucessivas demonstrações de que dispõem de mecanismos capazes de sinalizar que a água está esquentando, para retornar à metáfora do sapo na panela com água fervendo. Como mostramos em capítulos anteriores, embora marcadas por grandes imperfeições e disfuncionalidades, as instituições cumpriram papel decisivo na sobrevivência da democracia.

A discussão sobre que tipo de arranjo institucional garante melhor governança política tem longo pedigree na disciplina de ciência política. Por muito tempo, o debate girou em torno de duas opções polares: parlamentarismo versus presidencialismo. Sua formulação clássica está em *The English Constitution*, de Walter Bagehot, publicado em 1867. Bagehot está mais perto de nós do que os leitores desconfiam. Seu livro teve notável influência sobre Joaquim Nabuco, como este afirma em sua autobiografia. O fascínio que a obra exerceu sobre ele foi tamanho que Nabuco intitulou o segundo capítulo de *Minha formação* de "Bagehot". O jurista, jornalista e fundador da *The Economist* foi a semente das ideias de Nabuco e de toda uma geração, incluindo Rui Barbosa. Para Bagehot, o parlamentarismo era um modelo superior por duas razões: a eficiência e a clareza de responsabilidade que o sistema possibilitava. A eficiência resultava do "segredo eficiente": a fusão de poderes Executivo-Legislativo no governo de gabinete, garantindo eficiência e governabilidade.

Os partidos ofertavam plataformas distintas, até que os humores da opinião pública se voltassem contra elas, levando à alternância de poder. A concentração de autoridade política tinha como contrapartida a maximização da responsabilização porque os pontos de veto são mínimos. O presidencialismo, Bagehot argumentava, separava os poderes, dividia o governo, criando impasses nas relações Executivo-Legislativo. A clareza de responsabilidade ficava comprometida por não se saber quem é responsável politicamente (o presidente? O Legislativo? O Judiciário?).

Esse ideal normativo de "governo responsável" foi hegemônico na ciência política até os anos 1970. A discussão sobre sistemas de governo foi substituída pelo confronto entre modelos majoritários (o Reino Unido é o paradigma) versus modelos chamados *consociativos* ou de consenso, caracterizados por representação proporcional, multipartidarismo, grandes coalizões, Judiciário poderoso e arranjos descentralizados (por exemplo, Alemanha ou Dinamarca). O novo ideal normativo predominante é que a barganha e o consenso garantem menos volatilidade nas políticas públicas. Os ganhos de eficiência ocorrem no longo prazo; a maior inclusão gera déficit de responsabilidade, mas mais consenso. Arend Lijphart e muitos outros cientistas políticos fizeram trabalhos empíricos sobre os dois modelos.

Como analisamos em detalhes neste livro, o Brasil adota sistema híbrido com forte predominância dos traços *consociativos*, mas com um Executivo poderoso. Mas entre nós destacam-se formas degeneradas de ambos. Um sistema orientado para a captura de rendas e de baixíssima clareza de responsabilidade. A nossa patologia majoritária são os Executivos que abusam do poder, agindo como se tivessem o aval de toda a nação e não apenas da maioria que os elegeu.

Qual dos dois modelos tem maior capacidade de aprovação da agenda de governo? A reforma tributária enviada ao Congresso pelo regime militar, em 4 de novembro de 1965, foi promulgada 26 dias após sua apresentação. A natureza autoritária do regime foi essencial para o desfecho, mas não explica tudo. A reforma tributária — como a previdenciária — do governo Thatcher também foi aprovada em semanas. Em outros modelos de democracia, as reformas são processos negociados e morosos. No Reino Unido, a proposta não poderia ter sido substancialmente alterada pelos relatores ou comissões congressuais. Lá, a oposição não conta com instrumentos de ação disponíveis em países com Legislativo descentralizado (por exemplo, Brasil e Estados Unidos). A obstrução também não poderia vir de membros de coalizões governativas: o voto distrital leva ao bipartidarismo. E, por construção, o primeiro-ministro tem maioria. Tampouco se poderia questionar sua constitucionalidade (não há revisão constitucional) ou recorrer à Suprema Corte (porque inexistia tal instituição no país até 2009); o país não tem sequer Constituição escrita.

O premiê britânico não é um "ditador parlamentar": seu poder é institucional e partidário, e o mandato não é fixo. Quando Thatcher se tornou impopular ao extremo, foi desafiada internamente e acabou levando um cartão vermelho do partido. Os conservadores ainda se mantiveram no poder e, majoritários na opinião pública, ganharam as eleições.

Os sistemas com autoridade política concentrada — modelos majoritários de democracia do qual o Reino Unido é exemplo destacado — exibem alto grau de "decisividade", que é a capacidade de tomar decisões e implementar novas políticas.[3] Mas há um trade-off envolvido nesse desenho institucional: decisividade robusta está associada a alta volatilidade, que é incompatível com a previsibilidade necessária em certas áreas (regimes regulatórios, fiscais etc.); "resolutividade", nos termos dos autores. Assim, o ideal normativo de governança democrática combina capacidade de mudança e estabilidade institucional ancorada em consenso sobre objetivos de longo prazo (algo presente no Reino Unido). O nosso modelo institucional híbrido — que combina elementos majoritários e consensuais — exibe patologias. Não é totalmente paralisante nem vertical, mas é marcado por altos custos de transação e movimentos contraditórios.

De um lado, há imobilismo pelo excesso de barganhas oportunistas e comportamento rentista. De outro, há um voluntarismo majoritarista que se manifesta nas iniciativas curtoprazistas voltadas para a blindagem de políticas, estruturas burocráticas e indivíduos, criando rigidez e ineficiências crônicas. Então, o que impede que democracias consensuais — como Alemanha ou Suíça — não degenerem em corrupção e desgoverno como tem ocorrido em nosso país? A resposta à questão exige uma análise mais detida do processo de formação de coalizões que não são programáticas, mas fundamentalmente *rent-seeking*, como discutiremos a seguir.

Tomemos a atual coalizão de sustentação do governo Lula 3. A aliança que lhe dá sustentação é uma "coalizão Frankenstein". Mas isso capta apenas sua heterogeneidade e falta de coesão.[4] Não se trata de uma gerigonça brasileira; na portuguesa, os membros ocupavam posições contíguas no espaço ideológico. Tampouco é frente ampla ou governo de salvação nacional, que se caracteriza por acordos pré-eleitorais, não pós-eleitorais, e que não incluem o núcleo duro que dava suporte ao regime anterior.

"Coalizão monstro" é o termo adequado para referir-se a algo inédito nas democracias: uma coalizão assombrosa de mais de uma dezena de partidos. Com o objetivo de atingir uma maioria numérica confortável no Legislativo, suficiente para aprovar reformas constitucionais, o presidente Lula convidou para a sua coalizão — que já incluía PT, PV, PCdoB, MDB, Partido Socialista Brasileiro (PSB), PSD, PDT, Rede, Psol, União Brasil, Podemos, Avante, Solidariedade e Pros — mais dois partidos, o PP e o Republicanos. Vale salientar que esses partidos do Centrão eram, até recentemente, leais fiadores do governo de Jair Bolsonaro. O bloco parlamentar que elegeu Arthur Lira era apenas o prenúncio: reunia vinte dos 23 partidos da Câmara (87% do total), sendo composto por 496 parlamentares ou 97% dos membros da casa. O bloco reuniu, entre outros partidos, o PT e o PL.

Essa é a coalizão com maior número de partidos e ideologicamente mais heterogênea da história do presidencialismo multipartidário brasileiro. Nessa salada há partidos de extrema esquerda, de centro e de direita. A fonte de agregação não é ideológica nem programática, mas fundamentalmente a busca pela sobrevivência política e eleitoral.

Para quem argumentava que o ambiente político do novo governo Lula havia se deteriorado com a polarização e com um Legislativo supostamente mais conservador, e que as condições de governabilidade diante da fragmentação partidária e da impositividade da execução das emendas parlamentares tornariam sua coalizão menos atrativa, deve ter se surpreendido. Os únicos partidos que, até o momento, ficaram de fora foram o PL, o Novo, o PSC, o Patriota e a federação PSDB-Cidadania. Embora não seja surpresa que em algumas votações o governo conte com o apoio isolado de alguns parlamentares desses partidos de oposição.

A formação dessa grande coalizão não implica necessariamente que ela vá funcionar de forma coesa e disciplinada, nem se será estável e sustentável ao longo do governo, e a que custo. Como é sabido, quanto mais parceiros e mais heterogênea for a coalizão, maiores serão as dificuldades de coordenação, mais altos os custos de sua gerência e menos sucesso legislativo será alcançado.

Mesmo diante da reforma ministerial promovida pelo novo governo Lula para acomodar os novos aliados do Centrão (PP e Republicanos), o PT continuará a ser sobrerrecompensado, o que gerará tensões permanentes em busca de um reequilíbrio de recompensas entre os parceiros de governo.

De qualquer forma, o jogo do presidencialismo multipartidário voltou ao *business as usual*, com a maioria dos partidos funcionando como satélites do governo e apoiando a agenda presidencial, e a minoria fazendo oposição sistemática na espera de uma janela de oportunidade para virar governo e jogar o mesmo jogo amanhã.

Alianças entre forças políticas rivais não são incomuns e existem no mundo inteiro (exemplos: Áustria, Holanda, Colômbia), embora isso "soe como ato sexual pervertido", como afirmou Willy Brandt, ex-premiê alemão.[5] Ele se referia à Groko (do alemão *Grosse Koalition*, Grande Coalizão), o primeiro acordo entre social-democratas e democratas cristãos, realizado em 1966. Foram quatro Grokos no total: três das quais sob Merkel (2005-9; 2013-21).

As Grokos baseiam-se em acordos escritos que detalham compromissos programáticos e políticos. Em 1969 e sob Merkel, os acordos foram desfeitos por divergências na política econômica. Isso vale também para as negociações com coalizões compostas por Liberais e Verdes.

A reação à Groko em 1968 foi feroz; houve protestos estudantis e atos terroristas contra um "conluio da burguesia e políticos contra a nação". Recentemente, o discurso antissistema adquiriu enorme força, alimentado pelo mesmo sentimento de déficit de legitimidade dos partidos e dos governos, que estariam se voltando para si mesmos. A onda recente de populismo nutriu-se desse estado de coisas.

Em nosso país, é importante repetir, a formação de coalizões não se assenta em bases programáticas, mas em uma lógica governo/oposição. À medida que o presidencialismo de coalizão se normalizar, paulatinamente a intensa polarização dos últimos anos será atenuada — aumentando, porém, a *malaise* política. A distribuição de pastas ministeriais e cargos no primeiro escalão para antigos adversários viscerais, ainda que com sobrerrepresentação do partido do presidente (em um jogo no qual o poder do Executivo relativamente diminuiu e o do Judiciário aumentou), tem consequências.

O congraçamento de rivais figadais aparece na opinião pública como a partilha de um butim. Um conluio sistêmico, independente de quaisquer bases programáticas. O sistema político brasileiro oferece incentivos para a construção de maiorias governativas, mas apresenta déficits importantes que alimentam críticas iliberais ao seu funcionamento. Nosso dilema institucional é garantir que nosso modelo híbrido não degenere nas patologias majoritárias e consociativas, melhorando a inteligibilidade do funcionamento do sistema para a sociedade. Isso requer o fortalecimento das instituições de controle, o aumento da transparência do sistema e a eliminação das anomalias na arbitragem das relações Executivo-Legislativo.

Quatro em cada cinco brasileiros estavam insatisfeitos com a democracia no país, segundo pesquisa do Pew Research Center baseada em dados coletados entre maio e agosto de 2018. A vitória de Lula inverte o padrão, embora ainda não tenhamos pesquisas comparáveis disponíveis.

Além dos fatores conhecidos que influenciam a forma de avaliação da democracia — frustração econômica e percepção dos cidadãos quanto à prevalência de corrupção ou injustiças —, a coalizão governativa também importa, não só quem ganhou as eleições. Essa conclusão de um estudo de Singh Shane e J. Thornton ajuda a explicar a persistência do mau desempenho relativo do Brasil nas avaliações (mesmo quando a popularidade presidencial está alta).

No artigo "Strange Bedfellows",[6] os autores utilizam microdados de pesquisas realizadas entre 1996 e 2011, com 18 mil eleitores de 46 países. O estudo mostra que a avaliação da democracia é melhor entre os eleitores cujos candidatos ganharam as eleições e, portanto, estão no poder. Afinal, vencer as eleições produz um senso de eficácia política, de que o voto teve impacto. Mas os parceiros da coalizão também importam, porque, se há o que os autores chamam de "ambivalência de coalizão" (*coalition ambivalence*) — ou seja, se os parceiros de coalizão são rejeitados —, a avaliação do governo e do funcionamento da democracia piora. Governar com más companhias cobra um preço. Quanto maior a distância ideológica entre o chefe do Executivo e os partidos de sua coalizão de apoio, maior será a ambivalência.

Para um governante de centro-esquerda há, assim, um custo em governar com parceiros do extremo ideológico oposto, como tornou-se padrão no Brasil durante os governos do PT, inclusive o terceiro mandato de Lula. A cooptação generalizada produz cinismo cívico, que foi instrumental para a ascensão de Bolsonaro.

Isso poderia explicar sua relutância em montar a base aliada com parceiros que foram objeto de dura rejeição durante a campanha. Governar sem aliados, no entanto, tem custos para a implementação da agenda do governo, criando-se uma tensão estrutural.

Os autores argumentam que o efeito da ambivalência sobre a avaliação de governos e do funcionamento da democracia vale tanto para quem votou de modo estratégico (o voto útil) quanto para os que votaram sinceramente. Assim, teremos cidadãos sempre insatisfeitos, e a *malaise* política dificilmente se dissipará. *E la nave va*: o jogo continua, embora a torcida possa vaiar e mostrar grande insatisfação com a democracia brasileira.

Agradecimentos

Este livro reúne e consolida nossas reflexões e análises sobre a política brasileira ao longo da última década. Muitas das ideias subjacentes apareceram primeiro em trabalhos acadêmicos e colunas publicadas nos jornais *Folha de S.Paulo* e *Estado de S. Paulo*, onde somos colunistas e discutimos temas da conjuntura. O público-alvo do livro é o leitor interessado em entender o funcionamento do sistema político brasileiro. Daí termos buscado combinar uma apresentação sem as tecnicalidades típicas dos trabalhos acadêmicos e uma discussão de eventos da conjuntura recente informada pelas questões estruturais e permanentes identificadas pela literatura da ciência política.

No percurso de produção do texto, nos beneficiamos de comentários, sugestões e críticas de muitos colegas. Os amigos Sérgio Abranches, Barry Ames, Fabrício Bandeira, Heitor Werneck, Renato Fragelli e Maria Hermínia Tavares leram todo o manuscrito ou partes importantes dele. Frederico Bertholini, André Regis, Lúcio Rennó, Ivan Jucá, Wendy Hunter, Gregory Michener, Matthew Taylor, Diego Arguelhes, Sérgio Fausto e James Manor fizeram críticas detalhadas a partes do manuscrito. George Avelino, Joaquim Falcão, Daniel Brinks, Adam Przeworski, Lucas Novaes, Gabriel Negretto, Alfred Montero e Julio Ríos-Figueroa também ofereceram críticas e sugestões valiosas.

Nossos colegas e alunos na Universidade Federal de Pernambuco (UFPE) e na Fundação Getúlio Vargas (FGV) — muito numerosos para serem citados — foram interlocutores assíduos de discussões de conjuntura. Alguns de nossos colegas e coautores — André Regis, Gregory Michener, Ivan Jucá, Leonardo Gil, Samuel Pessoa e Frederico Bertholini — estão presentes neste trabalho de forma indireta, pois foram cruciais para o desenvolvimento das ideias aqui apresentadas.

Partes do texto se basearam em apresentações realizadas em seminários nas Universidades de Osaka, Kyoto, Oslo Metropolitan, Hertie School e Stanford. Em Stanford, recebemos críticas e sugestões de Larry Diamond, Francis Fukuyama, Luís Roberto Barroso e Alberto Diaz-Cayeros.

Vinicius Mota e João Gabriel de Lima têm sido interlocutores frequentes e grandes incentivadores de nossos textos na imprensa. Com eles aprendemos muito sobre o valor da concisão e da clareza na exposição de ideias.

Um agradecimento muito especial aqui para Daniela Duarte, nossa editora na Companhia das Letras. O zelo com que se debruça sobre o texto e as valiosíssimas sugestões editoriais tornaram o manuscrito original significativamente melhor.

Queremos registrar também o apoio institucional que recebemos da UFPE, da FGV e do Conselho Nacional de Desenvolvimento Científico e Tecnológico (CNPq) para realizar nossas pesquisas.

Por fim, dedicamos este livro às nossas famílias.

Posfácio

*Barry Ames**

Para os cientistas políticos, fazer previsões é um jogo perigoso. Se a passagem do tempo for favorável, como ocorreu com a previsão de Guillermo O'Donnell de que Chile e Uruguai seguiriam o caminho de Argentina e Brasil rumo ao autoritarismo burocrático, seu trabalho receberá aplausos. Se a passagem do tempo sugerir que o prognóstico foi um doloroso e profundo equívoco, a exemplo do vaticínio de Irving Louis Horowitz acerca de uma revolução operária no Brasil, publicado alguns meses antes do golpe militar de 1964, a reputação do autor da previsão equivocada sofrerá um tremendo baque. Em ambos os casos, outros estudiosos não demorarão a refutar, esmiuçar e analisar a previsão com olhar crítico.

A literatura sobre o "declínio da democracia" recebeu um enorme impulso imediatamente após a eleição de Donald Trump, em 2016, com a publicação de *Como as democracias morrem*, de

---

* Professor emérito da cadeira "Andrew Mellon" de Política Comparada, na Universidade de Pittsburgh.

Steven Levitsky e Daniel Ziblatt. Em tom acadêmico, mas acessível, o livro examina não apenas o desequilibrado populista Trump, mas também casos na Europa e na América Latina em que líderes democraticamente eleitos conduziram suas nações em direção ao autoritarismo. *Como as democracias morrem* sublinha os fracassos de elites políticas como os conservadores alemães e italianos da década de 1930, que julgaram ser capazes de controlar Hitler e Mussolini.*

E então, no Brasil, ascendeu ao poder Jair Bolsonaro: um populista de direita, defensor do golpe militar de 1964, glorificador da violência e da tortura. Uma figura que via o comunismo e a subversão escondidos em todo canto e à espreita debaixo de cada cama, Bolsonaro era um típico exemplo de populista para a literatura sobre o declínio democrático. Mas ele era de fato perigoso? Escrevendo entre o primeiro e o segundo turnos da eleição de 2018, que levou Bolsonaro à Presidência, Levitsky e Fernando Bizzarro argumentaram que Bolsonaro era capaz de acabar com a democracia brasileira. Segundo juízo dos autores, ele era mais autoritário do que Tayyip Erdoğan, Rodrigo Duterte e até mesmo Hugo Chávez. O Brasil sob Bolsonaro se tornaria uma Venezuela. As eleições brasileiras seriam menos livres e justas; recrudesceria a militarização; haveria mais violência e violações dos direitos civis; e o Executivo abusaria de seus poderes.**

Nada disso aconteceu. Segundo a convincente argumentação de Marcus André Melo e Carlos Pereira neste excelente livro, os sonhos autoritários de Bolsonaro nunca tiveram a menor chance

---

* Enquanto escrevo este texto, as eleições parlamentares na Polônia resultaram na derrota do autoritário partido Lei e Justiça por uma coligação da oposição democrática.

** Steven Levitsky e Fernando Bizzarro, "A hora e a vez dos democratas do Brasil". *Folha de S.Paulo*, 17 out. 2018.

de se tornar realidade. É verdade que ele poderia ter sido reeleito caso tivesse enfrentado a pandemia com um mínimo de bom senso, mas as instituições democráticas do Brasil sobreviveriam a um segundo mandato de Bolsonaro tal como sobreviveram ao primeiro. Por que a democracia do Brasil se mostrou tão resiliente?

Para Marcus André e Carlos, a resposta pode ser resumida em uma palavra: "instituições". O sistema brasileiro de presidencialismo de coalizão tem muitos pontos de veto. A coordenação entre os vários atores institucionais é difícil; as alianças sempre se fazem necessárias. Mas as coalizões brasileiras não se baseiam em acordos programáticos; pelo contrário, fundamentam-se na distribuição de benefícios concretos, na política do "toma lá, dá cá": a troca de benefícios atrelados à prática de emendas dos parlamentares infiltradas no orçamento para atender a interesses individuais e eleitorais de congressistas. Os partidos e os políticos com preferências hegemônicas se deparam com a necessidade de lutar por concessões, transigência e consenso, com uma multiplicidade de pontos de veto, a lentidão na tomada de decisões e a necessidade de oferecer transferências compensatórias em troca de cooperação.

Há quase 160 anos, Walter Bagehot descreveu o governo de gabinete da Inglaterra como o "segredo eficiente" do sistema político inglês. Embora, em termos formais, as autoridades legislativas e executivas estejam separadas, o gabinete inglês leva a uma "união estreita, à fusão quase completa dos poderes Executivo e Legislativo".* Se o sucesso do governo inglês se deveu a seu segredo eficiente, a democracia do Brasil sobrevive com base exatamente na lógica oposta, ou seja, no "segredo ineficiente" de seu sistema político.

O sistema eleitoral brasileiro — representação proporcional de lista aberta combinada com imensa magnitude dos distritos

---

* Walter Bagehot, *The English Constitution*. 1. ed. Londres: Chapman & Hall, 1867.

eleitorais e limiares muito baixos para representação partidária — produz inevitavelmente um grande número de partidos políticos nas legislaturas. Esses partidos tendem a carecer de bases sociais ou ideologias claras e discerníveis porque os líderes partidários não são capazes de controlar os candidatos que vão concorrer nas urnas, uma vez que os distritos eleitorais (os estados do Brasil) são grandes e heterogêneos e os parlamentares são empreendedores verdadeiramente independentes.

No Brasil, o presidente da República nunca tem apoio legislativo suficiente para governar sem firmar alianças. Ao contrário das coalizões existentes nas democracias parlamentares europeias, as coalizões legislativas que dão sustentação política aos presidentes brasileiros não se assentam em programas ou agendas políticas, mas na alocação de ministérios e na distribuição de recursos como moeda de troca para angariar apoio político, por meio de emendas ao orçamento e pactos com governos municipais. O Executivo aceita esse jogo em troca de votos para a aprovação de leis de seu interesse no Legislativo. O elemento-chave para o sucesso presidencial é a formação de uma coalizão congruente com a preferência média do Congresso.

Para começo de conversa, como Bolsonaro chegou à Presidência? Sob a batuta do governo do PT nos mandatos de Luiz Inácio Lula da Silva e Dilma Rousseff (2002-16), o país viveu um ciclo econômico de expansão e retração: o superciclo das commodities do período 1996-2011 e seu declínio pós-2011. A corrupção atingiu patamares inauditos, o que acarretou imensas perdas às empresas estatais e claramente contribuiu para a crise econômica. Ademais, os governos do PT geriram mal suas alianças, tomando para si ministérios em demasia, negligenciando a "política corpo a corpo" e (devido à heterogeneidade das coligações) deixando um rastro de aliados ressentidos e uma população cínica com o sistema político.

Para o eleitor brasileiro médio, a questão central era a corrupção. Uma vez que não fazia parte de uma coalizão de governo tradicional, Bolsonaro conseguiu tirar proveito da onda de sentimentos anticorrupção e anti-PT para ser alçado à Presidência. Chegando ao poder, todavia, constatou que era difícil vender o combate à corrupção como um programa de governo. Por um lado, graves escândalos macularam a própria família de Bolsonaro. Por outro, o número de "olavistas" — os políticos que genuinamente endossavam os ataques de Bolsonaro aos "subversivos" e a política bolsonarista pró-militarista, pró-armas e calcada na retórica da intransigência — era bastante reduzido. Na Câmara dos Deputados, os olavistas "raiz" mal chegavam a cinco parlamentares (de um total de 513 congressistas). Não havia a possibilidade de Bolsonaro criar uma coalizão legislativa majoritária baseada na quantidade de deputados que simplesmente se opunham aos projetos de emendas parlamentares para a destinação de dinheiro a seus redutos eleitorais. Com efeito, o deputado "conservador" mediano estava *mais* interessado em seu quinhão de benesses do que o deputado "de esquerda" mediano.

Já que iniciei este texto com um comentário sobre os perigos da previsão, vamos incorporar algumas ideias acerca da natureza tradicionalmente clientelista da política brasileira, ideias que publiquei antes de Bolsonaro assumir o poder em 2019:

> Dada a enorme desigualdade do Brasil, a grande maioria dos eleitores se beneficia de políticas públicas em prol dos pobres. Para sobreviver, a direita deve ser clientelista em vez de ideológica. A esquerda tinha uma vantagem no jogo político, porque um presidente de centro-esquerda pode subornar a oposição de direita com favores clientelistas e gastança das emendas orçamentárias, ao passo que um presidente de centro-direita enfrenta uma oposição da esquerda unida, mas ainda tem de mimar e comprar a direita.

A prolongada vulnerabilidade econômica, juntamente com a criminalidade violenta, empurrou a classe média — enraivecida com a corrupção, com os programas de assistência aos pobres, com a precariedade dos serviços públicos e com a insegurança pessoal — para a oposição. O antipetismo e o revanchismo evidentes nos comentários sobre Dilma e o PT na mídia tradicional e nas redes sociais instigaram os ideólogos conservadores, e o legislador mediano no Congresso se deslocou à direita. Conseguirão os conservadores ideológicos do Brasil seguir os passos de seus homólogos dos Estados Unidos e promover uma clivagem duradoura em torno de questões como criminalidade, aborto e homossexualidade? Uma clivagem dessa natureza seria capaz de melhorar suas chances eleitorais, mas será difícil de forjar. No Brasil não há o racismo empedernido e de especificidades regionais, que facilita o sucesso da direita republicana nos Estados Unidos.*

Sem dúvida, o legislador mediano eleito em 2018 e 2022 era mais conservador do que o legislador mediano dos anos Lula-Dilma. Porém, essa diferença é mais um resultado do antipetismo motivado pelo histórico de corrupção dos governos do PT do que de uma clivagem social ao estilo dos EUA. Para o legislador conservador mediano, as mensagens de Bolsonaro contrárias à farra da dinheirama das emendas parlamentares eram mais ameaçadoras do que convincentes.

Ao fim e ao cabo, Bolsonaro sobreviveu formando uma coalizão legislativa com o Centrão, o conjunto de partidos de centro e centro-direita que representam a mais pura essência da velha guarda conservadora e fisiológica da política brasileira. Ele cons-

---

* Barry Ames, "Politics in Brazil". In: Paulette Kurzer (Org.). *Comparative Governance.* CREATE/McGraw Hill, 2019. Disponível em: <http://www.mcgrawhill-create.com/compgov>. Acesso em: 17 nov. 2023.

truiu essa aliança abandonando o discurso anticorrupção que o levou ao poder. Marcus André e Carlos deixam claro que o próprio Bolsonaro entendeu com precisão a importância dessa aproximação com a direita e o centro clientelista como um fator de garantia de sua sobrevivência política.

Os autores apresentam também uma penetrante reflexão no que tange a outros elementos institucionais da resistência do Brasil ao autoritarismo, incluindo o sistema judiciário, os órgãos de controle (a exemplo do Tribunal de Contas da União, TCU), as forças armadas e os fortes governadores criados pelo federalismo brasileiro. No Brasil, os juízes tornam-se mais autônomos quando os poderes Executivo e Legislativo se dividem e os presidentes administram mal suas alianças. Em relação a outras nações latino-americanas, o Supremo Tribunal Federal do Brasil (STF) ocupa uma posição elevada em termos de estabilidade institucional e espírito de corpo profissional. No fim das contas, os tribunais defenderam as liberdades civis e a liberdade dos meios de comunicação social, tentaram limitar a desinformação nas redes sociais e respeitaram o calendário eleitoral. Os órgãos de controle foram criados e fortalecidos pela Assembleia Constituinte de 1987-8 para contrabalançar o poderoso Executivo da nação (por sua vez criado como reação ao fraco Executivo consagrado na Constituição de 1946). Essas instituições levaram a cabo investigações sobre acusações de corrupção até o ponto em que pessoas foram efetivamente para trás das grades.* Num país em que a "impunidade"

---

* Acompanhado de colegas brasileiros e norte-americanos, recentemente implementei uma pesquisa on-line junto a todas as agências de diversas burocracias estatais brasileiras. Um dos órgãos de controle, o Tribunal de Contas do Estado de Rondônia, revelou-se uma exceção entre todas as agências por nós estudadas, precisamente por causa do alto nível de especialização profissional e autonomia que seus funcionários expressaram em nosso questionário.

tem sido uma palavra de ordem, esse resultado é um bom presságio para o futuro.

Um exemplo histórico de efetivo colapso democrático salienta ainda mais a importância das instituições. O golpe militar no Chile em 1973 é amiúde atribuído à extrema polarização do país, tanto no aspecto social quanto no legislativo. Essa explicação é, decerto, decisiva. Mas é importante reconhecer que a polarização no Congresso chileno foi exacerbada pelo fato de que, nos anos da presidência de Allende, os deputados chilenos perderam o incentivo para cooperar com projetos de outros partidos a despeito de divergências político-ideológicas. Como argumentam Patricio Navia e Rodrigo Osorio, em 1970 o presidente Eduardo Frei (1964-70) impôs à força a aprovação de uma emenda constitucional que reduzia os poderes dos congressistas da oposição. A mudança constitucional proibiu projetos de lei particularistas e limitou as alterações que os legisladores poderiam introduzir.* A reforma se aplicava a emendas ao orçamento anual, modificações no sistema fiscal, aumentos salariais dos trabalhadores do setor público e modificações no programa de Previdência Social — tudo isso passou a ser atribuição exclusiva do presidente. Valenzuela e Wilde salientam que "os legisladores da oposição se sentiram especialmente amargurados. A seu ver, em governos anteriores, todos os congressistas se beneficiaram das barganhas de emendas para atender às suas demandas particularistas, mas sob Frei eles foram simplesmente excluídos de muitos benefícios".** Matthew Shugart e John Carey de-

---

* Patricio Navia e Rodrigo Osorio, "The Wrong Poster Child for Legislative Paralysis: Salvador Allende and Legislative Output in Chile, 1932-1973". *Social Science History*, v. 47, 2023, pp. 41-66. Ver também Patricio Navia, Rodrigo Osorio e Pablo Toro Monroy, "Where is Linz's Gridlock? Salvador Allende and the Success of Presidential Bills in Chile, 1958-1973". *The Journal of Legislative Studies*, 2023. Sou grato a Patricio Navia pela ajuda sobre o caso chileno.

** Arturo Valenzuela e Alexander Wilde, "Presidential Politics and the Decline

fendem a mesma posição: "Se o governo Eduardo Frei não tivesse obtido um enfraquecimento constitucional do Congresso chileno, no início da década de 1970 a oposição de centro-direita talvez lograsse restringir o programa de Allende e possivelmente teria evitado o agravamento da crise de 1973, que culminou com a tomada do poder pelos militares, com substancial apoio civil".* Em outras palavras, as instituições do Chile mudaram de uma forma que intensificou a polarização da legislatura.

Se as reformas constitucionais do Chile de 1970 aumentaram a polarização no Legislativo e, portanto, o enfraqueceram, no Brasil o Poder Legislativo tem se movido na direção oposta. Desde o impeachment de Dilma Rousseff em 2016, o Congresso ganhou poder em relação ao Executivo. Os presidentes estão mais dependentes do que nunca de suas coalizações e alianças legislativas. Como resultado, agora o poder de veto do Congresso se estende a mais questões do que antes; porém, os chefes do Executivo com pretensões hegemônicas serão ainda menos capazes de concretizá-las. Se sua gestão da pandemia não tivesse sido tão desastrosa, Bolsonaro provavelmente seria reeleito, mas seu segundo mandato teria sido ainda mais ineficaz do que o primeiro.

Anos atrás, havia certa resistência por parte dos cientistas sociais brasileiros quanto aos comentários de estudiosos estrangeiros sobre as instituições políticas do país. À medida que os Estados Unidos continuam trilhando o caminho trumpista rumo ao autoritarismo, essa resistência parece anacrônica. Na verdade, se Trump conseguir evitar a prisão e ser reeleito, o Brasil provavel-

---

of the Chilean Congress". In: Joel Smith e Lloyd Musolf (Orgs.). *Legislatures in Development: Dynamics of Change in New and Old States.* Durham, Carolina do Norte: Duke University Press, 1979, p. 205.

* Matthew S. Shugart e John M. Carey, *Presidents and Assemblies: Constitutional Design and Electoral Dynamics.* Nova York: Cambridge University Press, 1992, p. 35.

mente ultrapassará os EUA nas classificações e análises internacionais sobre a qualidade da democracia. O livro de Marcus André e Carlos é um excelente guia para as virtudes do "segredo ineficiente" do Brasil.

Tradução de Renato Marques

Notas

1. COPO MEIO CHEIO OU MEIO VAZIO? [pp. 19-26]

1. Pierre Rosanvallon, *Counter-Democracy*: *Politics in the Age of Distrust*. Cambridge: Cambridge University Press, 2008.

2. Gilberto Amado, *Eleição e representação*. Brasília: Senado Federal, 1999 [1931].

3. Pierre Rosanvallon, op. cit., 2008.

4. Lapop. "AmericasBarometer 2021: Pulse of Democracy". Disponível em: <www.vanderbilt.edu/lapop/ab2021/2021_LAPOP_AmericasBarometer_2021_Pulse_of_Democracy.pdf>. Acesso em: 7 nov. 2023.

2. O PRESIDENCIALISMO DE COALIZÃO E SUAS PATOLOGIAS IMAGINÁRIAS [pp. 27-38]

1. Sérgio Abranches, *Presidencialismo de coalizão: Raízes e evolução do modelo político brasileiro*. São Paulo: Companhia das Letras, 2018.

2. Paul Chaisty, Nic Cheeseman e Timothy Power, *Coalitional Presidentialism in Comparative Perspective*. Oxford: Oxford University Press, 2018.

3. David Samuels e Matthew Shugart, *Presidents, Parties, and Prime Ministers: How the Separation of Powers Affects Party Organization and Behavior*. Cambridge: Cambridge University Press, 2010.

4. Cf. Timothy Power e Paul Chaisty, "Flying Solo: Explaining Single-Party Cabinets under Minority Presidentialism". *European Journal of Political Research*, v. 58, n. 1, pp. 163-83, 2019. Presidentes minoritários que se defrontam com partidos majoritários no Legislativo são situações encontradas nesse período apenas nos Estados Unidos e em anos isolados em El Salvador e na Colômbia.

5. Afonso Arinos e Raul Pilla, *Presidencialismo ou parlamentarismo?* Brasília: Senado Federal, Conselho Editorial, 1999, p. 92. A citação é do parecer de 1949.

6. Ibid., p. 89.

7. Ibid., p. 90.

8. Ibid., p. 92.

9. Ibid., p. 93.

10. Sérgio Abranches, "Presidencialismo de coalizão: o dilema institucional". *Dados: Revista de Ciências Sociais*, v. 31, n. 1, p. 19, 1988.

11. Sérgio Abranches, *Presidencialismo de coalizão*, op. cit., p. 24.

12. Sérgio Abranches, *Presidencialismo de coalizão*, op. cit., p. 30; e Afonso Arinos e Raul Pilla, *Presidencialismo ou parlamentarismo?* Brasília: Senado Federal, 1999, p. 5.

13. Eric Raile, Carlos Pereira e Timothy Power, "The Executive Toolbox: Building Legislative Support in a Multiparty Presidential Regime". *Political Research Quarterly*, v. 64, n. 2, pp. 323-34, 2011.

3. AS INSTITUIÇÕES ESTÃO FUNCIONANDO? [pp. 39-43]

1. Andrew Reeves e Jon C. Rogowski, "Democratic Values and Support for Executive Power". *Presidential Studies Quarterly*, v. 53, n. 2, pp. 293-312, 2022.

2. Brandon Bartels e Eric Kramon, "Does Public Support for Judicial Power Depend on Who Is in Political Power? Testing a Theory of Partisan Alignment in Africa". *American Political Science Review*, v. 114, n. 1, pp. 144-63, 2020.

3. Luciano Da Ros e Matthew Taylor, "Bolsonaro and the Judiciary: Between Accommodation and Confrontation". In: Peter Birle e Bruno Speck (Orgs.). *Ibero-Online.de: Brazil Under Bolsonaro. How Endangered Is Democracy?* Berlim: Ibero-Amerikanisches Institut Preußischer Kulturbesitz, 2022.

4. Letícia Paiva, "Brasileiros estão rachados quanto à confiança no STF, diz pesquisa AtlasIntel-Jota", *Jota*, 13 jan. 2023.

5. Adam Przeworski, "The Last Instance: Are Institutions the Primary Cause of Economic Development?". *European Journal of Sociology*, v. 45, n. 2, pp. 165--88, 2004.

4. ANTES DA CRISE, O EQUILÍBRIO [pp. 44-8]

1. Marcus André Melo e Carlos Pereira, *Making Brazil Work*. Nova York: Palgrave/Macmillan, 2013; e Marcus André Melo, "Political Malaise and the New Politics of Accountability: Representation, Taxation, and the Social Contract". In: Ben R. Schneider (Org.). *New Order and Progress: Development and Democracy in Brazil*. Nova York: Oxford University Press, 2016.

2. Lee Alston, Marcus Melo, Bernardo Mueller e Carlos Pereira, *Brazil in Transition: Beliefs, Leadership, and Institutional Change*. Princeton: Princeton University Press, 2016.

3. Francis Fukuyama, *O fim da história e o último homem*. Rio de Janeiro: Rocco, 1992, p. 12.

4. Bo Rothstein, "Anti-Corruption: The Indirect Big Bang Approach". *International Political Economy Review*, v. 18, n. 2, pp. 228-50, 2011.

5. Steven Kaplan, *Globalization and Austerity Politics in Latin America*. Nova York: Cambridge University Press, 2013.

5. O DUPLO CHOQUE E O "PASSAPORTE PARA O FUTURO" [pp. 49-54]

1. "Brazil takes off". *The Economist*, 12 nov. 2009.

2. "Filling up the future". *The Economist*, 5 nov. 2011.

3. Lee Alston, Marcus Melo, Bernardo Mueller e Carlos Pereira, *Brazil in Transition: Beliefs, Leadership, and Institutional Change*. Princeton: Princeton University Press, 2016.

4. Marcos Lisboa e Zeina Latif, "Democracy and Growth in Brazil", 2013, mimeo.

5. Lula citado por Palocci, "Pré-sal estimulou a corrupção, afirma Palocci em depoimento". *Folha de S.Paulo*, 7 set. 2017. Segundo o texto, Lula ainda acrescentou: "Eu quero que o Gabrielli faça as sondas pensando neste grande projeto para o Brasil".

6. Ryan E. Carlin et al., "Cushioning the Fall: Scandals, Economic Conditions, and Executive Approval". *Political Behavior*, n. 1, pp. 117-30, mar. 2015.

6. JUNHO DE 2013: O QUE ESTAVA ERRADO? [pp. 55-9]

1. IBGE, Pesquisa Nacional por Amostra de Domicílios Contínua (PNAD Contínua). Disponível em: <https://www.ibge.gov.br/estatisticas/sociais/traba-

lho/9173-pesquisa-nacional-por-amostra-de-domicilios-continua-trimestral. html>. Acesso em: 7 nov. 2023.

2. Tesouro Nacional Transparente, "Entendendo os gráficos: resultado primário e estoque da dívida pública federal". Disponível em: <https://www.tesourotransparente.gov.br/historias/entendendo-os-graficos-resultado-primario-e-estoque-da-divida-publica-federal>. Acesso em: 7 nov. 2023.

3. Marcus André Melo, "Political Malaise and the New Politics of Accountability: Representation, Taxation, and the Social Contract". In: Ben R. Schneider (Org.). *New Order and Progress: Development and Democracy in Brazil*. Nova York: Oxford University Press, 2016.

4. Ted Gurr, *Why Men Rebel*. Boulder (EUA): Paradigm Publishers, 2010 [1970].

5. Ivan Chaves Jucá, Marcus Melo e Lucio Rennó, "The Political Cost of Corruption: Scandals, Campaign Finance, and Reelection in the Brazilian Chamber of Deputies". *Journal of Politics in Latin America*, v. 8, n. 2, 2016.

7. IMPEACHMENT COMO BOMBA ATÔMICA: DA DISTRIBUIÇÃO À CONTENÇÃO [pp. 60-96]

1. Juan Linz, "The Perils of Presidentialism", *The Journal of Democracy*, v. 1, n. 1, pp. 51-69, 1990.

2. Adwaldo L. Peixoto Neto, "Muitos crimes, pouca responsabilidade: os pedidos de impeachment sob a Constituição de 1988". In: Magna Inácio (Org.). *Presidentes, gabinetes e burocracias*. São Paulo: Hucitec, 2023.

3. Mariana Llanos e Aníbal Pérez-Liñán, "Oversight or Representation? Public Opinion and Impeachment Resolutions in Argentina and Brazil". *Legislative Studies Quarterly*, v. 46, n. 2, pp. 357-89, 2020.

4. Aníbal Pérez-Liñán, *Presidential Impeachment and the New Political Instability in Latin America*. Nova York: Cambridge University Press, 2007. Kathryn Hochstetler e David Samuels, "Crisis and Rapid Re-Equilibration: The Consequences of Presidential Challenge and Failure in Latin America". *Comparative Politics*, v. 43, n. 2, pp. 127-45, 2011.

5. Aníbal Pérez-Liñán, op. cit.

6. Sérgio Praça, Andréa Freitas e Bruno Hoepers, "Political Appointments and Coalition Management in Brazil, 2007-2010". *Journal of Politics in Latin America*, v. 3, n. 2, pp. 141-72, 2011.

7. Eric Raile, Carlos Pereira e Timothy Power, "The Executive Toolbox: Building Legislative Support in a Multiparty Presidential Regime". *Political Research Quarterly*, v. 64, n. 2, pp. 323-34, 2011.

8. Cesar Zucco e Timothy Power, "The Ideology of Brazilian Parties and Presidents: A Research Note on Coalitional Presidentialism Under Stress", 2023, mimeo.

9. Octavio Amorim Neto, *Presidencialismo e governabilidade nas Américas*. Rio de Janeiro: Konrad-Adenauer-Stiftung, FGV, 2006.

10. Frederico Bertholini e Carlos Pereira, "Pagando o preço de governar: custos de gerência de coalizão no presidencialismo brasileiro". *Revista de Administração Pública*, v. 51, n. 4, jul.-ago. 2017.

11. Marcus André Melo, "O impeachment como jogo evolucionário". *Blog do Cepesp*, 15 dez. 2015.

12. Gabriela Valente, "Servidores convocam manifestação contra indicação de Gim Argello ao TCU". *O Globo*, 7 abr. 2014.

13. Carlos Pereira, Frederico Bertholini e Marcus Melo, "Congruent We Govern: Cost of Governance in Multiparty Presidentialism". *Government & Opposition*, v. 58, n. 4, pp. 843-61, 2023.

14. Alessandra Modzeleski, "Raquel Dodge diz que vai 'redobrar' combate à corrupção ao comentar 'desconfianças' sobre atuação da PGR". G1, 2017.

15. "Nossa instituição apoia a atuação contra a corrupção empreendida no âmbito da Operação Lava Jato, de modo a fixar o montante exatamente solicitado pelos integrantes da força-tarefa". Rafael Moraes Moura, "MPF triplica orçamento da Lava Jato e aprova alta salarial de 16%". *Exame*, São Paulo, 25 jul. 2017.

16. Ranier Bragon e Gustavo Uribe, "PT decide votar contra Cunha, que pode deflagrar impeachment de Dilma". *Folha de S.Paulo*, 2 dez. 2015.

17. Rodrigo Rangel, "Campanha de Dilma em 2010 pediu dinheiro ao esquema do 'petrolão'". *Veja*, 27 set. 2014.

18. Michele Buttó, Carlos Pereira e Matthew Taylor, "Sunshine or Shadow? Secret Voting Procedures and Legislative Accountability". *Journal of Artificial Societies and Social Simulation*, v. 17, n. 4, pp. 1-16, 2014.

19. Adriana Justi, Bibiana Dionísio e Marcelo Rocha, "Lula interferiu na indicação de Costa para diretoria da Petrobras, diz Corrêa". G1, 27 maio 2016.

20. Valdo Cruz, Daniela Lima e Marina Dias, "Em carta, Temer acusa Dilma de mentir e sabotar o PMDB". *Folha de S.Paulo*, 7 dez. 2015.

21. "Cunha: a gente finge que está no governo, eles também". *Congresso em Foco*, 29 mar. 2015.

22. Fernando Taquari, "Não quero o impeachment, quero ver a Dilma sangrar, diz tucano". *Valor Econômico*, 9 mar. 2015.

23. Eliane Cantanhêde, "'Não é hora de afastar Dilma nem de pactuar', diz FHC". *Estadão*, 10 mar. 2015.

24. A frase é do deputado José Geraldo (PT-PA). Cf. Ranier Bragon e Gusta-

vo Uribe, "PT decide votar contra Cunha, que pode deflagrar impeachment de Dilma". *Folha de S.Paulo*, 2 dez. 2015.

25. Eric Raile, Carlos Pereira e Timothy Power, "The Executive Toolbox: Building Legislative Support in a Multiparty Presidential Regime". *Political Research Quarterly*,v. 64, n. 2, pp. 323-34, 2011.

26. Ver, dos autores, *Bicameralism*. Cambridge: Cambridge University Press, 2009.

8. OS TRADE-OFFS DO DESENHO INSTITUCIONAL DO PRESIDENCIALISMO DE COALIZÃO [pp. 97-111]

1. Allen Hicken, Samuel Baltz e Fabricio Vasselai, "Political Institutions and Democracy". In: Michael Coppedge et al. (Org.). *Why Democracies Develop and Decline*. Cambridge: Cambridge University Press, 2022, pp. 163-84.

2. Marcus André Melo, "Political Malaise and the New Politics of Accountability: Representation, Taxation, and the Social Contract". In: Ben R. Schneider (Org.). *New Order and Progress: Development and Democracy in Brazil*. Nova York: Oxford University Press, 2016.

3. Timothy Power, *The Political Right in Postauthoritarian Brazil: Elites, Institutions, and Democratization*. University Park: Penn State University Press, 2000, pp. 77-81.

4. Carlos Pereira, Mariana Batista, Sérgio Praça e Felix Lopez, "Watchdogs in our Midst: How Presidents Monitor Coalitions in Brazil's Multiparty Presidential Regime". *Latin American Politics and Society*, v. 59, n. 3, pp. 27-47, 2017.

9. COLEIRA FORTE PARA CACHORRO GRANDE [pp. 112-20]

1. "A prática das delegações legislativas é normal nos regimes presidenciais, inclusive no americano... Trata-se de delegações de colaboração e não de delegações renúncia." Ver Ministério da Justiça e Negócios Interiores. Reforma constitucional. *Sugestões para a Reforma Constitucional apresentada ao Ministro Nereu Ramos, pela Comissão de Juristas, constituída em março de 1956*. Rio de Janeiro: Imprensa Nacional, p. 26. A comissão também se referia ao aumento desmedido de vencimentos e cargos recentemente aprovados e que não tinham viabilidade fiscal (p. 24). A crítica volta-se para o Legislativo como fonte de irracionalidades com as quais o Executivo teria de arcar.

2. A comissão era integrada por Carlos Medeiros (futuro presidente do STF), Aliomar Baleeiro, Hermes Lima (futuros ministros do STF), dentre outros mem-

bros destacados da elite judiciária sob o regime militar. Para os trabalhos da comissão, ver Hermes Lima, *Travessia: memórias*. Rio de Janeiro: José Olympio, 1974, pp. 166-70.

3. O argumento é analisado em detalhes e estendido a outros países latino--americanos em Marcus Melo e Carlos Pereira, "The Surprising Success of Multiparty Presidentialism". *Journal of Democracy*, v. 23, n. 3, pp. 156-70, 2012.

4. Apud Emília Viotti da Costa, *O Supremo Tribunal Federal e a construção da cidadania*. São Paulo: Unesp, 2006, p. 188.

5. Julio Ríos-Figueroa e Jeffrey K. Staton, "An Evaluation of Cross-National Measures of Judicial Independence". *Journal of Law, Economics and Organization*, v. 30, n. 1, pp. 104-37, 2014.

6. Para maior detalhamento da questão, ver Marcus Melo e Carlos Pereira, "The Surprising Success of Multiparty Presidentialism", op. cit.

7. Sobre o papel de crenças e expectativas, ver: Bo Rothstein, "Anti-Corruption: The Indirect Big Bang Approach". *International Political Economy Review*, v. 18, n. 2, pp. 228-50, 2011; Miriam Golden e Ray Fisman, *Corruption: What Everybody Needs to Know*. Nova York: Oxford University Press, 2017; e Gretchen Helmke, "Public Support and Judicial Crises in Latin America". *Journal of Constitutional Law*, v. 13, n. 2, 2010.

8. Há numerosos estudos de caso na América Latina que ilustram empiricamente o argumento. Com relação ao México, ver John Ackerman, *Organismos autónomos y democracia: el caso de México*. México: Siglo XXI, 2007; e Julio Ríos--Figueroa, "The Fragmentation of Power and the Emergence of an Autonomous Judiciary in Mexico, 1994-2002". *Latin American Politics and Society*, v. 49, n. 1, 2007.

10. O PONTO DE VIRADA: O JULGAMENTO DO MENSALÃO [pp. 121-9]

1. Diego Zambrano et al., "How Latin America's Judges Are Defending Democracy". *Journal of Democracy*, v. 35, n. 1, pp. 118-33, jan. 2024.

2. Jeferson Ribeiro, "Ex-ministro do STF Ayres Brito faz apelo pela Lava Jato". *O Globo*, 13 fev. 2017.

3. Cássio Dias, "Para brasileiro, corrupção é o principal problema do país". Conselho Federal de Administração, 28 jan. 2016.

11. VIESES NA PERCEPÇÃO DA JUSTIÇA [pp. 130-4]

1. Mariana Furuguem, *Impunity versus Coordination Under Polarization: The*

Paradox of the Hurdles Against Corruption. Rio de Janeiro: FGV, 2021. 48 pp. Dissertação de mestrado.

2. Felipe Borba e Steven Dutt-Ross, "Quem não confia nas urnas eletrônicas?". Disponível em: <https://inteligencia.insightnet.com.br/quem-nao-confia-nas-urnas-eletronicas/>. Acesso em: 17 nov. 2023.

3. Letícia Paiva, "Brasileiros estão rachados quanto à confiança no STF, diz pesquisa AtlasIntel-Jota". *Jota*, 13 jan. 2023.

12. A CORRUPÇÃO É BANDEIRA ANTI-INCUMBENTE [pp. 135-8]

1. Disponível em: <https://twitter.com/joseantoniokast/status/1437949809466482689>. Acesso em: 17 nov. 2023.

2. Disponível em: <https://acervo.oglobo.globo.com/frases/acabar-com-corrupcao-o-objetivo-supremo-de-quem-ainda-nao-chegou-ao-poder-21092714>. Acesso em: 17 nov. 2023.

3. Marko Klašnja, Noam Lupu e Joshua Tucker, "When Do Voters Sanction Corrupt Politicians?". *Journal of Experimental Political Science*, n. 8, pp. 161-71, 2021.

4. Alina Mungiu-Pippidi e Paul M. Heywood (Orgs.). *A Research Agenda for Studies of Corruption*. Cheltenham: Edward Elgar Pub, 2020.

5. Monika Bauhr, Nicholas Charron e Lena Wängnerud, "Exclusion or Interests? Why Females in Elected Office Reduce Petty and Grand Corruption". *European Journal of Political Research*, v. 58, n. 4, pp. 1043-65, 2019.

6. Disponível em: <https://www.transparency.org/pt/gcb/latin-america/lat-in-america-and-the-caribbean-x-edition-2019>. Acesso em: 17 nov. 2023.

7. Disponível em: <https://www.vanderbilt.edu/lapop/ab2021.php>. Acesso em: 17 nov. 2023.

14. POR QUE A DEMOCRACIA BRASILEIRA NÃO MORREU? [pp. 145-80]

1. "Lula no Jornal Nacional: 'Bolsonaro parece o bobo da corte, não manda nada'". *Extra*, 28 ago. 2022.

2. "Bolsonaro no Jornal Nacional: 'O Centrão são mais ou menos 300 parlamentares, se eu deixar de lado, eu vou governar com quem?'", *G1*, 22 ago. 2022.

3. Marcus Melo e Carlos Pereira, "The Surprising Success of Multiparty Presidentialism". *Journal of Democracy*, v. 23, n. 3, 2012.

4. Larry Diamond, "Facing up to the Democratic Recession". *Journal of Democracy*, v. 26, n. 1, 2015; Yascha Mounk, *The People vs. Democracy: Why our*

Freedom Is in Danger and How to Save It. Cambridge: Harvard University Press, 2018; Stephan Haggard e Robert Kaufman, *Backsliding: Democratic Regress in the Contemporary World*. Cambridge: Cambridge University Press, 2018.

5. Steven Levitsky e Fernando Bizzarro, "A hora e a vez dos democratas do Brasil". *Folha de S.Paulo*, 17 out. 2018.

6. "Bolsonaro, uma ameaça para a democracia". Disponível em: <www.youtube.com/watch?v=GFfXMpOZGhI>. Acesso em: 17 nov. 2023.

7. Robert Muggah, "Can Brazil's Democracy Be Saved?". *The New York Times*, 8 out. 2018.

8. Larry Diamond e Mark Plattner (Orgs.), *Democracy in Decline?* Baltimore: John Hopkins University, 2015; Levitsky e Ziblatt, 2018; Mark Graber, Sanford Levinson e Mark Tushnet, *Constitutional Democracy in Crisis?* Oxford: Oxford University, 2018.; Jordan Kyle e Yascha Mounk, *The Populist Harm to Democracy: An Empirical Assessment*. London: Tony Blair Institute for Global Change, 2018.

9. Laura Gamboa, *Resisting Backsliding: Opposition Strategies Against the Erosion of Democracy*. Cambridge: Cambridge University Press, 2022.

10. Kurt Weyland, "Populism's Threat to Democracy: Comparative Lessons for the United States". *Perspective on Politics*, v. 18, n. 2, 2020; Kurt Weyland, "How Populism Dies: Political Weakness of Personalistic Plebiscitarian Leadership". *Political Science Quarterly*, v. 137, n. 1, 2022. Ver também: Adam Przeworski, *Crises of Democracy*. Cambridge: Cambridge University Press, 2019; Daniel Treisman, "How Great is the Current Danger to Democracy: Assessing the Risk with Historical Data". *Comparative Political Studies*, 2023.

11. Kurt Weyland, "How Populism Dies", op. cit., p. 12. Tradução livre.

12. Jason Brownlee e Kenny Miao, "Why Democracies Survive". *Journal of Democracy*, v. 33, n. 4, 2022. Tradução livre.

13. Pablo Beramendi, Carles Boix e Daniel Stegmueller, "Resilient Democracies". Trabalho apresentado em seminário, Princeton/Duke, 2023.

14. Kurt Weyland, "Populism's Threat to Democracy", op. cit.

15. Vanessa Boese, Amanda Edgell, Sebastian Hellmeier, Seraphine Maerz e Staffan Lindbergh, "How Democracies Prevail: Democratic Resilience as a Two--Stage Process". *Democratization*, v. 28, n. 5, 2021.

16. Larry Bartels, *Democracy Erodes from the Top: Leaders, Citizens, and the Challenge of Populism in Europe*. Princeton: Princeton University Press, 2023. Tradução livre.

17. Patricio Navia e Rodrigo Osorio, "Make the Economy Scream? Economic, Ideological and Social Determinants of Support for Salvador Allende in Chile, 1970-3". *Journal of Latin American Studies*, v. 49, n. 4, 2017.

18. Igor Gielow, "Datafolha: metade dos brasileiros diz acreditar que Bolsonaro pode dar golpe". *Folha de S.Paulo*, 18 set. 2021.

19. Rodrigo Vasconcelos, "Bolsonaro volta a questionar segurança da urna eletrônica: 'É penetrável, sim'". *CNN*, 14 abr. 2022.

20. Adam Przeworski, *Crises of Democracy*, op. cit.

21. Marcus André Melo, "Latin America's New Turbulence: Crisis and Integrity in Brazil". *Journal of Democracy*, v. 27, n. 2, 2016.

22. Sheri Berman, "The Causes of Populism in the West". *Annual Review of Political Science*, n. 42, pp. 71-88, 2021.

23. Timothy Power, *The Political Right in Postauthoritarian Brazil: Elites, Institutions, and Democratization*. University Park: Penn State University Press, 2000.

24. Wendy Hunter e Timothy Power, "Bolsonaro and Brazil's Backlash". *Journal of Democracy*, v. 30, n. 1, 2019.

25. Wendy Hunter e Diego Vega, "Populism and the Military: Symbiosis and Tension in Bolsonaro's Brazil". *Democratization*, v. 29, n. 2, 2022.

26. Thiago Bronzatto, "Luiz Eduardo Ramos: 'É ultrajante dizer que o Exército vai dar golpe'". *Veja*, 12 jun. 2020.

27. Marcus Melo e Carlos Pereira, *Making Brazil Work: Checking the President in a Multiparty System*. Nova York: Palgrave/Macmillan, 2013.

28. Eric Raile, Carlos Pereira e Timothy Power, "The Executive Toolbox: Building Legislative Support in a Multiparty Presidential Regime". *Political Research Quarterly*, v. 64, n. 2, 2011.

29. Eduardo Cunha, "Lula 3 ameaça repetir Dilma 2". *Poder 360*, 21 jan. 2023.

30. Thiago Resende e Julia Chaib, "União Brasil não será base de Lula, e governo precisa agilizar emendas ao baixo clero, diz líder do partido". *Folha de S.Paulo*, 17 mar. 2023.

31. Eduardo Cunha, "Lula 3 ameaça repetir Dilma 2", op. cit.

32. A metáfora é do cientista político Cláudio Gonçalves Couto. Ver: "Dilma cedeu os anéis para não entregar os dedos", *Insper*, 17 abr. 2015.

33. Frederico Bertholini e Carlos Pereira, "Pagando o preço de governar", op. cit.

34. Uirá Machado, "Derrotar autoritários como Bolsonaro é prioridade, diz Steven Levitsky". *Folha de S.Paulo*, 14 mar. 2022.

35. Janaína Figueiredo, "De Trump a Maduro". *O Globo*, 15 jan. 2023.

36. Nancy Bermeo, "Questioning Backsliding". *Journal of Democracy*, v. 33, n. 4, 2022.

37. Cf. *Resisting Backsliding*, de 2022.

38. Jan Rovny, "Antidote to Backsliding: Ethnic Politics and Democratic Resilience". *American Political Science Review*, First View, 2023, pp. 1-19.

39. Allen Hicken, Samuel Baltz e Fabricio Vasselai, "Political Institutions and Democracy". In: Michael Coppedge et al. (Orgs.). *Why Democracies Develop and Decline*. Cambridge: Cambridge University Press, 2022.

40. Carlos Pereira e Bernardo Mueller, "Weak Parties in the Electoral Arena and Strong Parties in the Legislative Arena: The Electoral Connection in Brazil". *Dados*, v. 46, n. 4, 2003.

41. "Fundo partidário distribuiu mais de R$ 1 bilhão ao longo de 2022 para 24 partidos". Tribunal Superior Eleitoral, 13 jan. 2023.

42. Artigo de Carlos Pereira, Timothy Power e Lucio Rennó, de 2008, publicado em *Legislative Studies Quarterly*.

43. Lucas Cordova Machado, *Dilemas institucionais e cenários políticos: análise do discurso da alteração do sobrestamento da pauta na Câmara dos Deputados*. Monografia apresentada ao Cefor, 2011.

44. Marcus André Melo e Carlos Pereira, *Making Brazil Work*. Nova York: Palgrave/Macmillan, 2013.

45. Gregory Michener, "Transparency versus Populism". *Administration & Society*, v. 55, n. 4, 2023.

46. Aníbal Pérez-Liñán e Andrea Castagnola, "Presidential Control of High Courts in Latin America: A Long-Term View (1904-2006)". *Journal of Politics in Latin America*, v. 1, n. 2, pp. 87-114, 2009.

47. Tom Ginsburg e Mila Versteeg, "Biding the Unbound Executive: Balances in Time of Pandemic". *Public Law and Legal Theory Research Paper Series*, n. 52, 2020; Mariana Llanos e Cordula T. Weber, "Court-Executive Relations during the Covid-19 Pandemic: Business as Usual or Democratic Backsliding?". In: Mariana Llanos e Leiv Marsteintredet (Orgs.). *Latin America in Times of Turbulence: Presidentialism under Stress*. Nova York: Routledge Press, 2023.

48. Kurt Weyland, "How Populism Dies: Political Weakness of Personalistic Plebiscitarian Leadership". *Political Science Quarterly*, v. 137, n. 1, 2022; Gregory Michener, "Transparency versus Populism", op. cit.

49. Diego Werneck Arguelhes, "Public Opinion, Criminal Procedures, and Legislative Shields: How Supreme Court Judges Have Checked President Jair Bolsonaro in Brazil". *SFS*, 25 abr. 2022. Tradução livre.

50. "Democracia e governabilidade". *Insper*, 6 ago. 2021. Vídeo disponível em: <https://www.insper.edu.br/agenda-de-eventos/democracia-e-governabilidade-06-08-2021/>. Acesso em: 17 nov. 2023.

51. Disponível em: <https://www1.folha.uol.com.br/poder/2023/01/procuradoria-no-tcu-pediu-10-vezes-mais-investigacoes-no-governo-bolsonaro.shtml>. Acesso em: 17 nov. 2023.

52. Diego Arguelhes e Felipe Recondo, "Nem Carta Branca, nem Ditadura Judicial". *Jota*, 2023. Disponível em: <https://www.jota.info/opiniao-e-analise/artigos/nem-carta-branca-nem-ditadura-judicial-27012023>. Acesso em: 17 nov. 2023.

53. A frase foi dita em julho em uma palestra. Disponível em: <https://www1.folha.uol.com.br/poder/2018/10/basta-um-soldado-e-um-cabo-para-fechar-stf-disse-filho-de-bolsonaro-em-video.shtml>. Acesso em: 17 nov. 2023.

54. Disponível em: <https://www1.folha.uol.com.br/poder/2020/05/por-mim-colocava-esses-vagabundos-todos-na-cadeia-comecando-no-stf-diz-weintraub-em-video.shtml>. Acesso em: 17 nov. 2023.

55. Disponível em: <https://www1.folha.uol.com.br/poder/2020/06/apos-desmonte-de-acampamento-pro-bolsonaro-manifestantes-lancam-fogos-de-artificio-contra-o-stf.shtml>. Acesso em: 17 nov. 2023.

56. Gregory Michener, op. cit., p. 16.

15. O PRIMEIRO CHOQUE: A PANDEMIA [pp. 181-93]

1. Tom Ginsburg e Mila Versteeg, "Biding the Unbound Executive: Balances in Time of Pandemic". *Public Law and Legal Theory Research Paper Series*, n. 52, 2020.

2. Ver *Democracy for Realists: Why Elections does not Produce Responsive Government.* Princeton: Princeton University Press, 2016.

3. Scott Ashworth, Ethan Bueno de Mesquita e Amanda Friedenberg, "Learning About Voter Rationality". *American Journal of Political Science*, v. 62, n. 1, pp. 37-54, 2018.

4. Bob Woodward, *Rage*. Nova York: Simon & Schuster, 2020. Tradução livre.

5. "Fator que impulsiona Bolsonaro, auxílio que foi criado para sufocá-lo quando se falava em impeachment". *Folha de S.Paulo*, Coluna Painel, 14 ago. 2020.

6. Igor Gielow, "Doria tem maior vitória sobre Bolsonaro, humilhado até pela Anvisa". *Folha de S.Paulo*, 17 jan. 2021.

7. Shoon Murray, *The "Rally-Round-the-Flag" Phenomenon and the Diversionary Use of Force.* Oxford: Oxford University Press, 2017.

8. Ryan Carlin, "Does the Public Rally Behind Leaders Who Get Covid-19?". *The Washington Post*, 22 jan. 2021.

9. Carlos Pereira, Amanda Medeiros e Frederico Bertholini, "Fear of Death and Polarization: Political Consequences of the Covid-19 Pandemic". *Revista de Administração Pública*, v. 54, n. 4, pp. 952-68, 2020.

10. Amanda Gorziza e Renata Buono. "Popularidade de Bolsonaro cresceu 11 pontos percentuais no período do auxílio emergencial". *piauí*, 3 dez. 2021.

16. O SEGUNDO CHOQUE: A CORRUPÇÃO E O COLAPSO DA ALIANÇA COM A LAVA JATO [pp. 194-203]

1. "'Eu sou do Centrão', afirma Bolsonaro". *Poder 360*. Disponível em: <www.youtube.com/watch?v=nav6ZX6zZow>. Acesso em: 17 nov. 2023.

2. Julia Chaib, Mateus Vargas e Washington Luiz, "Centrão faz apelo e espera moderação no discurso de Bolsonaro após live com mentiras sobre urnas". *Folha de S.Paulo*, 30 jul. 2021.

3. Wendy Hunter e Timothy Power, "Lula's Second Act". *Journal of Democracy*, v. 34, n. 1, 2023.

17. OS LIMITES DA ESTRATÉGIA POPULISTA DE BOLSONARO [pp. 204-6]

1. Andrew Little e Anne Meng, "Subjective and Objective Measurement of Democratic Backsliding", 2023, mimeo.

18. LULA 3: A "NORMALIZAÇÃO" DO PRESIDENCIALISMO DE COALIZÃO? [pp. 207-26]

1. Rodrigo Faria, *Emendas parlamentares e processo orçamentário no presidencialismo de coalizão*. Tese (Doutorado). Departamento de Direito da Universidade de São Paulo, 2023.

2. Eric Raile, Carlos Pereira e Timothy Power, "The Executive Toolbox: Building Legislative Support in a Multiparty Presidential Regime". *Political Research Quarterly*, v. 64, n. 2, 2011.

3. Portaria Interministerial MPO/MGI/SRI-PR nº 1, 3 mar. 2023. Disponível em: <https://www.gov.br/transferegov/pt-br/legislacao/portarias/portaria-interministerial-mpo-mgi-sri-pr-no-1-de-3-de-marco-de-2023>. Acesso em: 17 nov. 2023.

4. David P. Baron e John A. Ferejohn, "Bargaining in Legislatures". *American Political Science Review*, v. 83, n. 4, dez. 1989.

5. Daniel Weterman, "Lula se torna o presidente que mais liberou emendas parlamentares em um único mês". *Estadão*, 19 ago. 2023.

6. S. Nageeb Ali et al., "Who Controls the Agenda Controls the Legislature". *American Economic Review*, v. 113, n. 11, pp. 3090-128, nov. 2023.

7. Eric Raile, Carlos Pereira e Timothy Power, op. cit., pp. 323-34.

8. Stephen Ansolabehere et al., "Voting Weight and Formateur Advantages in the Formation of Coalition Government". *American Journal of Political Science*, v. 49, n. 3, 2005.

9. Carlos Pereira, Frederico Bertholini e Marcus André Melo, "Congruent We Govern: Cost of Governance in Multiparty Presidentialism". *Government & Opposition*, v. 58, n. 4, 2023.

10. Disponível em: <https://dataverse.harvard.edu/dataverse/bls>. Acesso em: 17 nov. 2023.

11. Isabella Cavalcante e Leonardo Martins. "Lula diz que Bolsonaro 'não manda nada' e parece 'bobo da corte'". UOL, 25 ago. 2022.

19. O PARADOXO: A TORCIDA PODE VAIAR, MAS O JOGO CONTINUA [pp. 227-35]

1. Guillermo O'Donnell, "The Perpetual Crises of Democracy". *Journal of Democracy*, v. 18, n. 1, 2007.

2. Por exemplo, o informe do Latinobarómetro de 2023, intitulado "La Recesión Democrática de América Latina", indica que 69% da população latino-americana apresenta insatisfação com a democracia na região, especialmente entre os jovens de 16 a 25 anos. Nessa faixa etária, que não viveu períodos ditatoriais, a opção autoritária tem a preferência de 20%. Disponível em: <https://www.latinobarometro.org/lat.jsp>. Acesso em: 17 nov. 2023.

3. Stephan Haggard e Matthew McCubbins, *Presidents, Parliaments, and Policy*. Cambridge: Cambridge University Press, 2001.

4. Carlos Melo e Marcos Mendes, "Presidencialismo de coalizão tem exigido mais e entregado cada vez menos". *Folha de S.Paulo*, 30 jul. 2023.

5. "Germany prepares for another grand Coalition". *The Economist*, 8 fev. 2018, p. 48.

6. Shane P. Singh e Judd R. Thornton. "Strange Bedfellows: Coalition Make-up and Perceptions of Democratic Performance Among Electoral Winners". *Electoral Studies*, v. 42, jun. 2016.

Referências bibliográficas

ABRANCHES, Sérgio. "Presidencialismo de coalizão: o dilema institucional". *Dados — Revista de Ciências Sociais*, v. 31, n. 1, p. 19, 1988.

_____. *Presidencialismo de coalizão: Raízes e evolução do modelo político brasileiro*. São Paulo: Companhia das Letras, 2018.

ACKERMAN, John. *Organismos autónomos y democracia: el caso de México*. Cidade do México: Siglo XXI, 2007.

ALI, S. Nageeb et al., "Who Controls the Agenda Controls the Legislature". *American Economic Review*, v. 113, n. 11, pp. 3090-128, nov. 2023.

ALSTON, Lee et al. *Brazil in Transition: Beliefs, Leadership and Institutional Change*. Princeton: Princeton University Press, 2016.

AMADO, Gilberto. *Eleição e representação*. Brasília: Senado Federal. Coleção Biblioteca Básica Brasileira, 1999 [1931].

AMORIM NETO, Octavio. *Presidencialismo e governabilidade nas Américas*. Rio de Janeiro: Konrad-Adenauer-Stiftung, FGV, 2006.

ANSOLABEHERE, Stephen et al. "Voting Weight and Formateur Advantages in the Formation of Coalition Government". *American Journal of Political Science*, v. 49, n. 3, pp. 550-63, 2005.

ARCHEN, Christopher; BARTELS, Larry. *Democracy for Realists: Why Elections does not Produce Responsive Government*. Princeton: Princeton University Press, 2016.

ARGUELHES, Diego W. "Public Opinion, Criminal Procedure, and Legislative

Shields: How Supreme Court Judges Have Checked President Jair Bolsonaro in Brazil". *Georgetown Journal of International Affairs*, 25 abr. 2022.

ARGUELHES, Diego W. *O Supremo: Entre o direito e a política*. Rio de Janeiro: Editora História Real, 2023.

ARGUELHES, Diego W. RECONDO, Felipe. "Nem 'carta branca', nem 'ditadura judicial'". *Jota*, 27 jan. 2023.

ARINOS, Afonso; PILLA, Raul. *Presidencialismo ou parlamentarismo?* Brasília: Senado Federal, Conselho Editorial, 1999.

ASHWORTH, Scott; BUENO DE MESQUITA, Ethan; FRIEDENBERG, Amanda. "Learning About Voter Rationality". *American Journal of Political Science*, v. 62, n. 1, pp. 37-54, 2018.

BARTELS, Larry. *Democracy Erodes From the Top: Leaders, Citizens, and the Challenge of Populism in Europe*. Princeton: Princeton University Press, 2023.

BARTELS, Larry; KRAMON, Eric. "Does Public Support for Judicial Power Depend on Who is in Political Power? Testing a Theory of Partisan Alignment in Africa". *American Political Science Review*, v. 114, n. 1, pp. 144-63, 2020.

BAUHR, Monika; Nicholas, CHARRON; WÄNGNERUD, Lena. "Exclusion or Interests? Why Females in Elected Office Reduce Petty and Grand Corruption". *European Journal of Political Research*, v. 58, n. 4, pp. 1043-65, 2019.

BERAMENDI, Pablo; BOIX, Carles; STEGMUELLER, Daniel. "Resilient democracies". Seminar paper. Princeton/Duke University, 2023.

BERMAN, Sheri. "The Causes of Populism in the West". *Annual Review of Political Science*, n. 42, pp. 71-88, 2021.

BERMEO, Nancy. "Questioning backsliding". *Journal of Democracy*, v. 33, n. 4, pp. 155-9, 2022.

BERTHOLINI, Frederico; PEREIRA, Carlos. "Pagando o preço de governar: custos de gerência de coalizão no presidencialismo brasileiro". *Revista de Administração Pública*, v. 5, n. 4, pp. 528-50, 2017.

BOESE, Vanessa et al. "How Democracies Prevail: Democratic Resilience in Two-Stage Process". *Democratization*, v. 28, n. 5, pp. 885-907, 2021.

BROWNLEE, Jason; MIAO, Kenny. "Why Democracies Survive". *Journal of Democracy*, v. 33, n. 4, pp. 133-49, 2022.

BUTTÓ, Michele; PEREIRA, Carlos; TAYLOR, Matthew. "Sunshine or Shadow? Secret Voting Procedures and Legislative Accountability". *Journal of Artificial Societies and Social Simulation*, v. 17, n. 4, pp. 1-16, 2014.

CARLIN, Ryan E.; LOVE, Gregory J.; MARTÍNEZ-GALLARDO, Cecilia. "Cushioning the Fall: Scandals, Economic Conditions, and Executive Approval". *Political Behavior*, n. 1, pp. 117-30, 2015.

CASTAÑEDA, Jorge. "Latin America's Left Turn". *Foreign Affairs*, v. 85, n. 3, pp. 28-43, maio-jun. 2006.

CHAISTY, Paul; CHEESEMAN, Nic; POWER, Timothy. *Coalitional Presidentialism in Comparative Perspective*. Oxford: Oxford University Press, 2018.

CHAVEZ, Rebecca; FEREJOHN, John; WEINGAST, Barry. "A Theory of the Politically Independent Judiciary". In: Gretchen Helmke e Julio Ríos-Figueroa (Orgs.). *Courts in Latin America*. Cambridge: Cambridge University Press, 2011, pp. 219-47.

COPPEDGE, Michael et al. "Causal Sequences and Long-Term Democratic Development and Decline". In: Michael Coppedge et al. (Orgs.). *Why Democracies Develop and Decline*. Cambridge: Cambridge University Press, 2022, pp. 219-60.

COX, Garry; MORGENSTERN, Scott. "Epilogue: Latin America Reactive Assemblies and Proactive Presidents". In: Scott Morgenstern e Benito Nacif (Orgs.) *Legislative Politics in Latin America*. Cambridge: Cambridge University Press, 2010.

DA ROS, Luciano; TAYLOR, Matthew. "Bolsonaro and the Judiciary: Between Accommodation and Confrontation". In: Peter Birle e Bruno Speck (Orgs.). *Ibero-Online.de: Brazil Under Bolsonaro. How Endangered is Democracy?* Berlim: Ibero-Amerikanisches Institut Preußischer Kulturbesitz, 2022.

DIAMOND, Larry. "Democracy's Deepening Recession". *The Atlantic*, 2 maio 2014. Disponivel em: <https://www.theatlantic.com/international/archive/2014/05/the-deepening-recession-of-democracy/361591/>. Acesso em: 17 nov. 2023.

_____. "Facing up to the Democratic Recession". *Journal of Democracy*, v. 26, n. 1, pp. 141-55, 2015.

_____. "Democracy's Arch: From Resurgent to Imperiled". *Journal of Democracy*, v. 33, n. 1, pp. 163-79, 2022.

DIAMOND, Larry; PLATTNER, Mark (Orgs.). *Democracy in Decline?* Baltimore: John Hopkins University, 2015.

FARIA, Rodrigo. "Emendas parlamentares e processo orçamentário no presidencialismo de coalizão". Tese (Doutorado). Departamento de Direito da Universidade de São Paulo, 2023.

FUKUYAMA, Francis. *O fim da história e o último homem*. Rio de Janeiro: Rocco, 1992.

FURUGUEM, Mariana. *Impunity versus Coordination Under Polarization:The Paradox of the Hurdles Against Corruption*. Rio de Janeiro: FGV, 2021. 48 pp. Dissertação de mestrado.

GAMBOA, Laura. *Resisting Backsliding: Opposition Strategies against the Erosion of Democracy*. Cambridge: Cambridge University Press, 2022.

GINSBURG, Tom; VERSTEEG, Mila. "Biding the Unbound Executive: Balances in Time of Pandemic". *Public Law and Legal Theory Research Paper Series*, n. 52, 2020.

GOLDEN, Miriam; FISMAN, Ray. *Corruption: What Everybody Needs to Know*. Oxford: Oxford University Press, 2017.

GRABER, Mark; LEVINSON, Sanford; TUSHNET, Mark. *Constitutional Democracy in Crisis?* Oxford: Oxford University, 2018.

HAGGARD, Stephan; KAUFMAN, Robert. *Backsliding: Democratic Regress in the Contemporary World*. Cambridge: Cambridge University Press, 2021.

HAGGARD, Stephan; MCCUBBINS, Matthew. *Presidents, Parliaments, and Policy*. Cambridge: Cambridge University Press, 2001.

HEALY, Andrew; MALHOTRA, Neil. "Myopic Voters and Natural Disaster Policy". *American Political Science Review*, v. 103, n. 3, pp. 387-406, 2009.

HELMKE, Gretchen. "Public Support and Judicial Crises in Latin America". *Journal of Constitutional Law*, v. 13, n. 2, pp. 397-411, 2010.

HICKEN, Allen; BALTZ, Samuel; VASSELAI, Fabricio. "Political Institutions and Democracy". In: Michael Coppedge et al. (Orgs.). *Why Democracies Develop and Decline*. Cambridge: Cambridge University Press, pp. 163-84, 2022.

HIRSCHL, Ran. "The Political Origins of Judicial Empowerment through Constitutionalization: Lessons from Four Constitutional Revolutions". *Law & Society Inquire*, v. 25, n. 1, pp. 91-149, 2000.

HOCHSTETLER, Kathryn; SAMUELS, David. "Crisis and Rapid Re-equilibration: The Consequences of Presidential Challenge and Failure in Latin America". *Comparative Politics*, v. 43, n. 2, pp. 127-45, 2011.

HUBER, John; SHIPAN, Charles. *Deliberate Discretion? The Institutional Foundation of Bureaucratic Autonomy*. Cambridge: Cambridge University Press, 2002.

HUNTER, Wendy. "Lula's Second Act". *Journal of Democracy*, v. 34, n. 1, pp. 126-40, 2023.

HUNTER, Wendy; POWER, Timothy. "Bolsonaro and Brazil's Backlash". *Journal of Democracy*, v. 30, n. 1, pp. 68-82, 2019.

HUNTER, Wendy; VEGA, Diego. "Populism and the Military: Symbiosis and Tension in Bolsonaro's Brazil". *Democratization*, v. 29, n. 2, pp. 337-59, 2022.

KAPLAN, Steven. *Globalization and Austerity Politics in Latin America*. Nova York: Cambridge University Press, 2013.

KLAŠNJA, Marko; LUPU, Noam; TUCKER, Joshua. "When do Voters Sanction Corrupt Politicians?". *Journal of Experimental Political Science*, n. 8, pp. 161-71, 2021.

KYLE, Jordan; MOUNK, Yascha. *The Populist Harm to Democracy: An Empirical Assessment*. London: Tony Blair Institute for Global Change, 2018.

JUCÁ, Ivan Chaves; MELO, Marcus; RENNÓ, Lucio. "The Political Cost of Corruption: Scandals, Campaign Finance, and Reelection in the Brazilian Chamber of Deputies". *Journal of Politics in Latin America*, v. 8, n. 2, pp. 3-36, 2016.

LLANOS, Mariana; PÉREZ-LIÑÁN, Aníbal. "Oversight or Representation? Public Opinion and Impeachment Resolutions in Argentina and Brazil". *Legislative Studies Quarterly*, v. 46, n. 2, pp. 357-89, 2020.

LLANOS, Mariana; WEBER, Cordula T. "Court-Executive Relations during the Covid-19 Pandemic: Business as Usual or Democratic Backsliding?". In: Mariana Llanos e Leiv Marsteintredet (Orgs.). *Latin America in Times of Turbulence: Presidentialism under Stress*. Nova York: Routledge, 2023.

LÉVI-STRAUSS, Claude. *O pensamento selvagem*. Campinas: Papirus, 1980.

LEVITSKY, Steven; WAY, Lucan. "The Myth of Democratic Recession". *Journal of Democracy*, v. 26, n. 1, pp. 45-58, 2015.

LEVITSKY, Steven; ZIBLATT, David. *How Democracies Die*. Nova York: Viking Penguin, 2018.

LIMONGI, Fernando. *Operação Impeachment: Dilma Rousseff e o Brasil da Lava Jato*. São Paulo: Todavia, 2023.

LINZ, Juan. "The perils of presidentialism". *The Journal of Democracy*, v. 1, n. 1, pp. 51-69, 1990.

LISBOA, Marcos; LATIF, Zeina. "Democracy and Growth in Brazil", 2013, mimeo.

LITTLE, Andrew; MENG, Anne. "Subjective and Objective Measurement of Democratic Backsliding", 2023, mimeo.

LUPU, Noam. *Party Brands in Crisis: Partisanship, Brand Dilution, and the Breakdown of Political Parties in Latin America*. Nova York: Cambridge University Press, 2016.

MACHADO, Lucas Cordova. *Dilemas institucionais e cenários políticos: análise do discurso da alteração do sobrestamento da pauta na Câmara dos Deputados*. Monografia apresentada ao Programa de Pós-graduação do Centro de Formação e Aperfeiçoamento da Câmara dos Deputados/Cefor como parte da avaliação do Curso de Especialização em Processo Legislativo, 2011.

MARAVALL, José María. "The Rule of Law as a Political Weapon". In: Jose María Maravall e Adam Przeworski (Orgs.). *Democracy and the Rule of Law*. Cambridge: Cambridge University Press, 2003, pp. 261-301.

MEDEIROS, Amanda; PEREIRA, Carlos; BERTHOLINI, Frederico. "Identity versus Fear of Death: Political Polarization under the Covid-19 Pandemic in Brazil". In: Michelle Fernandez e Carlos Machado (Orgs.). *Covid-19's Political Challenges in Latin America*. Nova York: Springer, 2021.

MELO, Marcus André. "O impeachment como jogo evolucionário". *Blog do Cepesp*, 15 dez. 2015. Disponível em: <http://www.cepesp.io/marcus-melo-o impeachment-como-jogo-evolucionario/>. Acesso em: 17 nov . 2023;

_____. "Latin America's New Turbulence: Crisis and Integrity in Brazil". *Journal of Democracy*, v. 27, n. 2, pp. 50-65, 2016a.

_____. "Political Malaise and the New Politics of Accountability: Representation, Taxation and the Social Contract". In: Ben R. Schneider (Org.). *New Order and Progress: Development and Democracy in Brazil*. Nova York: Oxford University Press, 2016b.

MELO, Marcus André; PEREIRA, Carlos. "The Surprising Success of Multiparty Presidentialism". *Journal of Democracy*, v. 23, n. 3, pp. 156-70, 2012.

_____. *Making Brazil Work: Checking the President in a Multiparty System*. Nova York: Palgrave/Macmillan, 2013.

MICHENER, Gregory. "Transparency versus Populism". *Administration & Society*, v. 55, n. 4, pp. 1-23, 2023.

MOUNK, Yascha. *The People vs. Democracy: Why our Freedom is in Danger and how to Save it*. Cambridge: Harvard University Press, 2018.

MUNGIU-PIPPIDI, Alina; HEYWOOD, Paul M. (Orgs.). *A Research Agenda for Studies of Corruption*. Cheltenham: Edward Elgar Pub, 2020.

MURRAY, Shoon. *The "Rally-Round-the-Flag" Phenomenon and the Diversionary Use of Force*. Oxford: Oxford University Press, 2017.

NABUCO, Joaquim. *Minha formação*. Progresso Editorial, 1949 [1877].

O'DONNELL, Guillermo. "The Perpetual Crises of Democracy". *Journal of Democracy*, v. 18, n. 1, pp. 5-11, 2007.

PEIXOTO NETO, Adwaldo Lins. "Muitos crimes, pouca responsabilidade: os pedidos de impeachment sob a Constituição de 1988". In: Magna Inácio (Org.). *Presidentes, gabinetes e burocracias*. São Paulo: Hucitec, 2023.

PEREIRA, Carlos; BERTHOLINI, Frederico; MELO, Marcus Andre. "Congruent We Govern: Cost of Governance in Multiparty Presidentialism". *Government & Opposition*, v. 58, n. 4, pp. 843-61, 2023.

PEREIRA, Carlos et al. "Watchdogs in our Midst: How Presidents Monitor Coalitions in Brazil's Multiparty System". *Latin American Politics and Society*, v. 59, n. 3, pp. 27-47, 2017.

PEREIRA, Carlos; MEDEIROS, Amanda; BERTHOLINI, Frederico. "Fear of Death and Polarization: Political Consequences of the Covid-19 Pandemic". *Revista de Administração Pública*, v. 54, n. 4, pp. 952-68, 2020.

PEREIRA, Carlos; MUELLER, Bernardo. "Weak Parties in the Electoral Arena and Strong Parties in the Legislative Arena: The Electoral Connection in Brazil". *Dados*, v. 46, n. 4, pp. 735-71, 2003.

PEREIRA, Carlos; POWER, Timothy; RENNÓ, Lucio. "Agenda Power, Executive Decree Authority, and the Mixed Results in the Brazilian Congress". *Legislative Studies Quarterly*, v. XXXIII, n. 1, pp. 5-33, 2008.

PÉREZ-LIÑÁN, Aníbal. *Presidential Impeachment and the New Political Instability in Latin America*. Nova York: Cambridge University Press, 2007.

PÉREZ-LIÑÁN, Aníbal; SCHMIDT, Nicholás; VAIRO, Daniela. "Presidential Hegemony and Democratic Backsliding in Latin America". *Democratization*, v. 26, n. 4, pp. 606-25, 2019.

PÉREZ-LIÑÁN, Aníbal; CASTAGNOLA, Andrea. "Presidential Control of High Courts in Latin America: A Long-Term View (1904-2006)". *Journal of Politics in Latin America*, v. 1, n. 2, pp. 87-114, 2009.

POWER, Timothy. *The Political Right in Postauthoritarian Brazil: Elites, Institutions, and Democratization*. University Park: Penn State University Press, 2000.

POWER, Timothy; ZUCCO, Cesar. "Elite Preferences in a Consolidating Democracy: The Brazilian Legislative Surveys, 1990-2009". *Latin American Politics and Society*, v. 54, n. 4, pp. 1-27, 2012.

PRAÇA, Sérgio; FREITAS, Andréa; HOEPERS, Bruno. "Political Appointments and Coalition Management in Brazil, 2007-2010". *Journal of Politics in Latin America*, v. 3, n. 2, pp. 141-72, 2011.

PRZEWORSKI, Adam. "The Last Instance: Are Institutions the Primary Cause of Economic Development?". *European Journal of Sociology*, v. 45, n. 2, pp. 165-88, 2004.

_____. *Crises of Democracy*. Cambridge: Cambridge University Press, 2020.

RAILE, Eric; PEREIRA, Carlos; POWER, Timothy. "The Executive Toolbox: Building Legislative Support in a Multiparty Presidential Regime". *Political Research Quarterly*, v. 64, n. 2, pp. 323-34, 2011.

REEVES, Andrew; ROGOWSKI, Jon C. "Democratic Values and Support for Executive Power". *Presidential Studies Quarterly*, v. 53, n. 2, pp. 293-312, 2022.

RÍOS-FIGUEROA, Julio. "The Fragmentation of Power and the Emergence of an Autonomous Judiciary in Mexico 1994-2002". *Latin American Politics and Society*, v. 49, n. 1, pp. 31-57, 2007.

RÍOS-FIGUEROA, Julio; STATON, Jeffrey K. "An Evaluation of Cross-National Measures of Judicial Independence". *Journal of Law, Economics and Organization*, v. 30, n. 1, pp. 104-37, 2014.

ROMERO, Sílvio. *Parlamentarismo e presidencialismo ou na República brasileira. Cartas ao conselheiro Rui Barbosa*. Rio de Janeiro: Companhia Impressora, 1893.

ROSANVALLON, Pierre. *Counter-Democracy: Politics in the Age of Distrust*. Cambridge: Cambridge University Press, 2008.

ROTHSTEIN, Bo. "Anti-Corruption: The Indirect Big Bang Approach". *International Political Economy Review*, v. 18, n. 2, pp. 228-50, 2011.

ROVNY, Jan. "Antidote to Backsliding: Ethnic Politics and Democratic Resilience". *American Political Science Review*, First View, pp. 1-19, 2023.

SAMUELS, David; SHUGART, Matthew. *Presidents, Parties, and Prime Ministers: How the Separation of Powers Affects Party Organization and Behavior.* Cambridge: Cambridge University Press, 2010.

SHANE, Singh; THORNTON, Judd. "Strange Bedfellows: Coalition Make-up and Perceptions of Democratic Performance Among Electoral Winners". *Electoral Studies*, v. 42, pp. 114-25, 2016.

SHEFTER, Martin. *Political Parties and the State: The American Historical Experience.* Princeton: Princeton University Press, 1994.

STATON, Jeffrey K. *Judicial Power and Strategic Communication in Mexico*. Nova York: Cambridge University Press, 2010.

STRUFALDI, Bernardo. *Custo de formação de coalizões no presidencialismo brasileiro*. Monografia apresentada ao Departamento de Economia da UNB para a obtenção do título de Bacharel em Economia, 2023.

TREISMAN, Daniel. "How Great is the Current Danger to Democracy: Assessing the Risk with Historical Data". *Comparative Political Studies*, 2023.

TSEBELIS, George; MONEY, Jeannette. *Bicameralism*. Cambridge: Cambridge University Press, 2009.

VILHENA, Oscar; BARBOSA, Ana Laura; GLEZER, Rubens, apud GALF, Renata. "Bolsonaro tem recorde de vetos derrubados e menor taxa de aprovação de projetos aprovados". *Folha de S.Paulo*, 24 dez. 2022.

WEYLAND, Kurt. "Populism's Threat to Democracy: Comparative Lessons for the United States". *Perspective on Politics*, v. 18, n. 2, pp. 389-406, 2020.

_____. "How Populism Dies: Political Weakness of Personalistic Plebiscitarian Leadership". *Political Science Quarterly*, v. 137, n. 1, pp. 9-42, 2022.

ZUCCO, Cesar; POWER, Timothy. "The Ideology of Brazilian Parties and Presidents: A Research Note on Coalition Presidentialism Under Stress", 2023, mimeo.

Índice remissivo

Números de páginas em *itálico* referem-se a gráficos

8 de janeiro de 2023, atos antidemocráticos de, 150, 159-60

Abranches, Sérgio, 29-30, 249-50
abuso de poder, 21-2, 111, 118, 129, 136, 151
accountability, 23, 32, 38, 104, 111-2, 141, 183, 251-2, 254
Achen, Christopher, 183
África, 39
"Agenda Power, Executive Decree Authority, and the Mixed Results in the Brazilian Congress" (Pereira et al.), 170
agronegócio, 48, 50
Alemanha, 34, 46, 61, 178, 229, 231, 240; República de Weimar, 61, 148
Ali, Nageeb, 217, 262
Allende, Salvador, 61, 246-7, 257
alternância de poder, 32, 45, 57, 118-9, 229

Amado, Gilberto, 22, 99, 249
"ambivalência de coalizão" (*coalition ambivalence*), 235
América Latina, 24, 48, 93, 108, 138, 154, 172, 218, 240, 255
American Economic Review (revista), 217, 262
Américas, 39, 253
antissistema, discursos e ações, 148, 162, 205-6, 233
Anvisa (Agência Nacional de Vigilância Sanitária), 182, 260
Aras, Augusto, 85, 130
Argello, Gim, 83, 253
Argentina, 24, 48, 114, 138, 239
Arguelhes, Diego Werneck, 124, 173-5, 259-60
Arinos, Afonso, 28, 30, 114, 250
Arruda, Roberto, 86
Assembleia Constituinte (1987-8), 29, 32-3, 38, 114, 245; *ver também* Constituição brasileira (1988)

Áustria, 233

autocratização, processo de, 157, 182

autoritarismo, 27, 122, 127-8, 136, 145-7, 150, 152, 161, 167, 206, 220, 230, 239-40, 245, 247, 258, 262

auxílio emergencial, 184-5, 187, 191, *192*, 261

Avante (partido brasileiro), 232

backsliding (retrocesso democrático), 146, 155, 157, 168, 172, 204, 239

Bagehot, Walter, 228-9, 241

Baleeiro, Aliomar, 254

Banco Mundial, 221

bancos centrais, 51

Barbalho, Hélder, 109

Barbosa, Rui, 228

barganhas, 22, 25, 36, 38, 68, 76, 91, 99, 109, 163, 165, 168, 201, 213, 229, 231, 246; *ver também* fisiologismo político; moedas de troca

Barroso, Luís Roberto, 152, 173-4

Bartels, Larry, 157, 159, 183, 250, 257

Batista, Joesley, 85

Beramendi, Pablo, 155, 257

Berdimuhamedow, Gurbanguly, 182

Berlusconi, Sílvio, 140

Bertholini, Frederico, 73-4, 187, 188-9, 253, 258, 260, 262

Bicudo, Hélio, 90

Bielorrússia, 181

bipartidarismo, 29, 230

Bizzarro, Fernando, 147, 240, 257

blame shifting, 108, 119

BNDES (Banco Nacional de Desenvolvimento), 51, 53

Boix, Carles, 155, 257

Bolívia, 48

bolsonarismo/bolsonaristas, 40, 161, 174, 176, 178-9, 186, 243; "bolsonaristas raiz" (olavistas), 161-3, 243

Bolsonaro, Eduardo, 176

Bolsonaro, família, 151, 194

Bolsonaro, Flávio, 162, 194

Bolsonaro, Jair, 16, 19-21, 25-6, 36, 38, 40, 44, 48, 54, 63, 69, 75, 85, 96, 104, 111, 113, 129-34, 137, 140, 145-54, 156, 158-63, 165, 167-8, 170-82, 184-7, *189*, 190-1, *192*, 194-201, 203-9, 212, 215, 217, 221, 225, 232, 235, 240-5, 247, 250, 256-62

Bonner, William, 145

Borba, Felipe, 132, 256

Boric, Gabriel, 135

Bradesco, 67

Brandt, Willy, 233

Brasília (DF), 74, 151, 249-50

Brindeiro, Geraldo, 85

Brito, Ayres, 122, 255

Brizola, Leonel, 136

Brownlee, Jason, 155-6, 257

"caixa de ferramentas", 31-2, 96, 126, 164, 201, 223

Caixa de Pandora, Operação, 85

Calheiros, Renan, 109

Câmara dos Deputados, 31, 58-9, 65, 72, 76, *77*, 87-90, 92, 98, 100, *101*, 102, *103*, 116, 125, 145, 151, 164, 166, 170, 194-5, *197*, 200, 209, 216-9, 225, 243, 259; coesão partidária na, *211*; preferência ideológica mediana na, *214*; presidência da,

76, 87, 89-90, 145, 163-4, 170, 194, 200, 218

câmbio flutuante, 45

"Can Brazil's Democracy Be Saved?" (Muggah), 147, 257

capitalismo, 46, 47

Capitólio, invasão ao (EUA, 2021), 150

Cardoso, Fernando Henrique, 14-5, 45, 63, 67, 69, 72-6, 84-5, 107, 109-10, 125, 199, 209, 214, 216, 225, 253

Carey, John, 246

Carlin, Ryan, 186, 251, 260

Carvalho, Olavo de, 162; e olavistas, 161-3, 243

Casa Civil, 122

Castañeda, Jorge, 47

Cavalcanti, Severino, 218

censura, 132, 147

Centrão, 15, 25, 75, 137, 145, 162-3, 166, 174, 195-7, 200-1, 215, 217, 221, 223, 232-3, 244, 256, 261; *rapprochement* de Bolsonaro com o, 25, 162-3, 195-6

centro político, 16, 75-6, 81, 86, 105, 140, 158, 161-2, 188-90, 192, 215, 223, 232, 235, 243-4, 247; centro-direita, 75, 135, 161-2, 188-90, 192, 223, 243-4, 247; centro-esquerda, 135, 188, 190, 235, 243

Chávez, Hugo, 147, 154, 240

checks & balances, sistemas de, 23-4; *ver também* pesos e contrapesos, concepção madisoniana de

Chicago, Universidade de, 67

Chile, 61, 115, 135, 138, 158, 218, 239, 246-7, 257

Chile Vamos (partido), 135

China, 48, 50, 157

Churchill, Winston, 178

Ciano, conde, 182

Cid, Mauro, 153, 160

Cidadania (partido brasileiro), 232

cinismo cívico, 38, 58, 104, 107, 111, 235

"cisne negro" da crise política brasileira, 53, 94, 117

clareza de responsabilidade, 108, 110, 229

classe média, 56, 244

clientelismo, 243, 245

Cloroquina, 190

CNBB (Conferência Nacional dos Bispos do Brasil), 59

CNI (Confederação Nacional da Indústria), 123

Coaf (Conselho de Controle de Atividades Financeiras), 176

Coalitional Presidentialism in Comparative Perspective (Chaisty et al.), 27, 249

coalizões, 14-5, 25, 28-30, 33-4, 58, 67-8, 71, 73-4, *77*, 78, 81-2, 98-9, 104-7, 109, 111, 117, 128, 163, 165, 179-80, 195, 209, 212-3, 216, 224-5, 229-31, 233, 241-2; alianças entre forças políticas rivais, 233; "ambivalência de coalizão" (*coalition ambivalence*), 235; gerência de coalizão, 33, 68, 74, 78, 82, 221-2, 224-5, 253; Groko (*Grosse Koalition*, Grande Coalizão, Alemanha), 233; heterogeneidade média (HM) das, 106; supercoalizões, 25, 167, 215, 221,

231-2; *ver também* multipartidarismo; presidencialismo de coalizão

Collor, Fernando, 63-5, 67, 69, 84, 106, 116, 218

Colômbia, 168, 233, 250

commodities, 48-50, 55, 111, 160, 242

Como as democracias morrem (Levitsky e Ziblatt), 239-40

compartilhamento de poder (*power sharing*), 31, 72, 226

Congresso chileno, 246-7

Congresso Nacional, 14, 28, 31, 34, 36, 59, 61, 68-71, 75-6, 78-9, 81, 83, 90, 102, 104-5, 117-8, 145, 147, 150-1, 162-3, 168-70, 175, 179, 185, 197, *198*, 202, 205-6, 218, 220, 222, 224-5, 230; número efetivo de partidos (NEP), 69; *ver também* Câmara dos Deputados; Senado

congruências e incongruências, 66, 105, 223-5

"Congruent We Govern" (Pereira et al.), 224

consocialismo, 31

Constituição brasileira (1946), 29, 114, 245

Constituição brasileira (1988), 14, 30, 39, 61, 63, 115, 121, 129, 146, 174, 207, 252

contas públicas, equilíbrio das, 50

Conte, Giuseppe, 182

controle, instituições/organizações de, 19-20, 22, 24, 32, 37, 40-1, 45, 54, 57, 81, 83, 94, 111-8, 121, 123-4, 126-7, 133-4, 139, 141, 159, 195, 203, 205, 226, 234

Copa do Mundo (2014), 50, 53, 57

Coppedge, Michael, 205, 254, 259

Corrêa, Pedro, 89

corrupção, 13, 20, 22, 24-5, 32, 38, 41, 47-9, 53, 57-9, 64-5, 80-1, 85-6, 88, 90, 96, 108-10, 113, 116, 118, 121, 123-4, 129-31, 133-41, 149, 160-1, 166, 174, 179, 194, 208, 231, 234, 242-5, 251, 253, 255-6, 261; anticorrupção, 25, 61, 139-40, 160, 243, 245; combate à, 57, 86, 123, 130-1, 133-4, 136, 139-41, 174, 243, 253; passiva, 13, 20, 85; *petty corruption* (corrupção de pequena escala) e *grand corruption* (de grande escala), 138

covid-19, pandemia de, 14, 137, 148, 162, 172-3, 175, 177, 180-2, 184, 186-7, *188*, 190-1, *192*, 194, 196, 200, 205-6, 241, 247, 260; distanciamento social na, 175, 181-2, 187-92; *ver também* vacinas

Cox, Garry, 218

CPIs (Comissões Parlamentares de Inquérito), 116-8

crime de responsabilidade, 65, 87, 95

crise econômica mundial (2008), 51-2

Crusoé (revista), 176

Cunha, Eduardo, 61, 76, 80, 87, 89, 92, 164-5, 218, 258

Dahl, Robert, 22

De Gaulle, Charles, 114

delação premiada, 58, 89, 124, 153

democracia: análises internacionais sobre a qualidade da, 248; avaliação da, 234-5; brasileira, 11, 13, 16, 20-1, 31, 35, 61, 63-4, 113, 145-8, 152, 154, 160, 167, 178, 207, 235, 240-1, 248, 256; colapso da, 146, 154-6, 172, 246; concepção madisoniana de pesos e contrapesos, 24, 41, 148; contemporânea, 28; democracias com baixa renda, 155; democracias consensuais, 34, 38, 231; democracias emergentes, 27, 47; dependente da posição do Judiciário, 128; "desconfiança democrática", 24; desencantamento público em relação à, 21, 23; erosão democrática, 150, 155-6; escolhas ou trade-offs na, 32, 41, 97, 104, 186; estabilidade democrática, 15, 30, 44-5, 53, 57, 63-4, 103, 172, 196, 231, 245; impacto da pandemia de covid-19 sobre a, 181-2; instabilidade democrática, 35-6, 172; instituições democráticas, 14, 39- 41, 43, 93, 141, 147, 150, 159, 163, 175, 195, 228, 241; jogo democrático, 63, 128, 147, 149, 206; liberal, 46-7, 146, 149; países democráticos, 28, 157, 227; resiliência democrática, 20, 54, 93, 124, 152, 156-7, 171, 205; retrocesso democrático (*backsliding*), 146, 155, 157, 168, 172, 204, 239; sobrevivência da, 16, 20, 39, 146, 149, 159, 228; terceira onda da, 28

desemprego, 52, 55, 57, 123, 191, 251

desequilíbrio descontínuo (*punctuated equilibrium*), 91

desigualdade, 15, 37, 45, 47, 56, 155, 243

Dino, Flávio, 221

Dirceu, José, 59, 122

direita política, 76, 81, 105, 131-2, 135-6, 140, 157-8, 161-2, 168, 189-90, 192, 204, 214-5, 222, 232, 240, 243, 245; extrema direita, 14, 105, 146, 148, 158, 160-2

direitos civis, 240

"disrepresentação" política, 22

Distrito Federal, 86

ditadura militar brasileira (1964-85), 29, 46, 51-2, 117, 136, 147, 161, 220, 230, 255

Dodge, Raquel, 84-6, 253

Doria, João, 170-1, 186, 190, 260

Duterte, Rodrigo, 140, 147, 240

economia: crescimento/desenvolvimento econômico, 15, 50, 56, 156; deterioração da economia brasileira, 47, 52-3, 55, 242; equilíbrio macroeconômico, 31, 37, 45-7; intervenção estatal, 51-2; "nova matriz macroeconômica", 52; recessão econômica, 52, 156

Economist, The (revista), 49-51, 228, 251, 262

Edgell, Amanda, 205, 257

El Salvador, 250

eleições: de 2022, 105, 132, 158, 200, 209, *210*; estelionato eleitoral, 53, 67; horário eleitoral gratuito, 99; impacto da pandemia de covid-19 nos eleitores, 187-8, 191, *192*; livres e limpas, 47; "mercado eleitoral", 191; sistema eleitoral brasileiro, 216, 241; urnas eletrônicas, 36, 132, 151, 158, 179, 256; voto útil, 235; votos nominais e legendas partidárias, *210*

emendas parlamentares, 73, 164, *202*, 221, 223, 232, 243-4, 261; "emendas de relator", 164, 166, 200, 202-3, 213, 218

empreiteiras, 48

English Constitution, The (Bagehot), 228

Equador, 48, 95

equilíbrio político/institucional, 14-5, 20, 31-3, 44, 46-7, 49, 51, 57, 83, 91-4, 113, 122, 133-4, 146, 150, 165, 170, 201, 205, 208, 213, 233; desequilíbrio descontínuo (*punctuated equilibrium*), 91; "equilíbrio do presidente forte", 57, 146, 170

Erdoğan, Recep Tayyip, 147, 155, 240

esquerda política, 13, 47, 50, 71, 130-2, 135-6, 140, 168, 188, 190, 204, 214, 243; "esquerda responsável", 47; extrema esquerda, 222, 232

Estado de direito, 148, 152, 204

Estado de S. Paulo, O (jornal), 177

Estados Unidos, 24, 29-30, 37, 51, 61, 70, 87, 95, 97, 114, 136, 150, 178, 182-4, 219, 230, 244, 247, 250

Europa, 29, 37, 50, 70, 114, 136, 157, 159, 178, 240; União Europeia, 158

"Executive Toolbox, The" (Raile et al.), 223, 250, 252, 254, 258, 261-2; *ver também* "caixa de ferramentas"

Executivo, Poder, 14-5, 20, 29-31, 35-7, 39-40, 53-4, 60-7, 69-71, 75-6, 78-9, 81, 93, 95-6, 103, 111-2, 114-5, 117-9, 126-8, 134, 147-8, 157, 163-4, 166, 168, 170-1, 175-6, 179-80, 185, 194-7, 200-3, 208, 212-3, 216-8, 220, 222-3, 226, 229, 234-5, 240-2, 245, 247, 254

Fachin, Edson, 85

fake news, 132, 159, 177-8; desinformação e, 177, 245; Inquérito das Fake News, 176, 186

Farias, Paulo César, 116

federalismo, 31, 40, 65, 160, 184, 205, 245

Feliciano, Marco, 58

Fernandes, Millôr, 136

Ferreira, Aluísio Nunes, 90

FHC *ver* Cardoso, Fernando Henrique

Ficha Limpa, Lei da, 59, 124

Fidesz (partido húngaro), 158

Filipinas, 140

fim da história e o último homem, O (Fukuyama), 46, 251

Fiocruz (Fundação Oswaldo Cruz), 182, 190

fisiologismo político, 34, 244; *ver também* barganhas; moedas de troca

Folha de S.Paulo (jornal), 177, 251, 253-4, 257-8, 260-2

Forças Armadas, 152-3, 159

fragmentação partidária, 16, 32-3, 45, 69, 75, 77-8, 98-9, *101*, 102, *103*, 105, 107, 160, 168, 171, 208-9, 211, 216, 232

França, 114, 136, 178

Franco, Itamar, 63, 69, 84, 106

Frei, Eduardo, 246, 247

Fujimori, Alberto, 154

Fukuoka (Japão), 227

Fukuyama, Francis, 46-7, 251

Fundo de Desenvolvimento da Educação, 163

fundo partidário, 98-100, 169, 210

Gamboa, Laura, 154, 168, 257

Genoíno, José, 59

gerência de coalizão, 33, 68, 74, 78, 82, 221-2, 224-5, 253

Ginsburg, Tom, 149, 259-60

globalização, 48; *globalization losers*, 48

Globo, O (jornal), 177, 253, 255, 258

Globo, Rede, 177

golpe militar brasileiro (1964), 220, 239-40

golpe militar chileno (1973), 158, 246

golpismo bolsonarista, 151-2, 154, 158-60; "minuta do golpe", 153

Gonet, Paulo, 221

Goulart, João, 116

governabilidade, 14, 30, 34, 68, 73-5, 77-8, 82, 97-8, 102, 151, 162, 164, 166, 171, 195, 201-2, 209, 212-5, 217, 220-3, 229, 232, 253, 259; Índice de Custo de Governabilidade (ICG), 73

governo dividido, 70, 97

Groko (*Grosse Koalition*, Grande Coalizão, Alemanha, 1966), 233

guerra cultural, 186

Guimarães, Ulysses, 136

Gurr, Ted, 58, 252

Haddad, Fernando, 58

Healy, Andrew, 183

Hirschl, Ran, 127

Hitler, Adolf, 178, 240

Hochstetler, Kathryn, 93

Holanda *ver* Países Baixos

Horowitz, Irving Louis, 239

"How Democracies Prevail" (Boese et al.), 157, 257

Huber, John, 126

Hungria, 158, 172

identificabilidade, problema da, 105, 108-10

imigração, 48, 158

impeachment: bases institucionais e políticas do, 62-4; "cisne negro" da crise política brasileira, 53, 94, 117; de Dilma Rousseff, 61, 79, 83-4, 86, 89, 96, 116-7, 156, 247, 253-4; determinantes de um, 64; efeitos econômicos e políticos de impeachments, 93-4; em um sistema político híbrido, 65-7; pedidos de, 41, 63-4, 84, 174, 212, 252; sistema presidencial, 60

imprensa, 32, 45, 109, 122, 147, 154, 159, 177; *ver também* mídia

impunidade, 122, 136-7, 245-6

inclusão social, 31, 37, 45-50, 136; redistributivismo e, 48

incongruências e congruências, 66, 105, 223-5

Índice de Custo do Governabilidade (ICG), 73, *74*

inflação, 45, 52, 55-7, 191; hiperinflação, 46

Inglaterra, 35, 241; *ver também* Reino Unido
Instituto Butantan, 171, 190
inteligibilidade, problema da, 104-5, 108, 234
Irã-Contras, caso (EUA, 1986), 95
Itália, 140, 182, 240
Ivermectina, 190

Japão, 227
Jobbik (partido húngaro), 158
joias, escândalo das (2023), 137, 160
Jornal Nacional (telejornal), 145, 256
José Geraldo, 253
Journal of Experimental Political Science, 137, 256
Judiciário, Poder, 16, 19-20, 32, 39-40, 65, 80, 111, 113, 115, 118-9, 122, 124-5, 127-31, 154, 157, 171-2, 174-7, 205, 229, 234; justiça como "arma política", 128; reforma do, 119, 125
junho de 2013, manifestações de, 38, 53, 55-6, 58, 83, 251
Justiça Eleitoral, 28, 153

Kast, José Antonio, 135
Knutsen, Carl, 205
Kubitschek, Juscelino, 116

Lapop (Latin American Public Opinion Project), 24, 138
Lava Jato, Operação, 21, 44, 53, 55, 79-81, 83-6, 89-90, 94, 113, 116, 122-4, 127, 130-1, *132*, 133, 137, 160, 162-3, 175-6, 194, 196, 253, 255

lavagem de dinheiro, 13, 20, 85, 194
Le Pen, Marine, 48
"Learning about Voter Rationality" (Ashworth et al.), 183
Legislativo, Poder, 14-6, 27, 30-1, 33-5, 40, 61-2, 64-5, 68-72, 76, 78, 81, 84, 93, 98-9, 102-4, 112, 115, 117, 119, 126, 128, 134, 146, 151, 157, 164, 166, 169-72, 195-6, 200-3, 205, 208-9, 212-24, 226, 229-32, 234, 241, 245, 247, 250, 254
legitimidade dual, problema de, 61
Lei da Ficha Limpa, 59, 124
"leis ônibus", 114
leniência, acordos de, 58, 124-5
Lévi-Strauss, Claude, 11
Levitsky, Steven, 147, 167-8, 240, 257-8
Levy, Joaquim, 67, 72
liberdades civis, 147-8, 150, 245
Lijphart, Arend, 31, 229
Lima, Geddel Vieira, 86
Lima, Hermes, 254-5
liminares, 119, 125
Limongi, Fernando, 79, 81
Lindberg, Staffan, 205
Linz, Juan, 41, 60-1, 252
Lira, Arthur, 145, 200, 218, 232
Little, Andrew, 156, 204
Llanos, Mariana, 63, 259
López Obrador, Andrés Manuel, 182
Lukashenko, Alexander, 181
Lula da Silva, Luiz Inácio, 13, 19-20, 25, 38, 40, 44-5, 48, 52, 63, 68, 69, 73-4, 81-2, 89, 104, 107-8, 111, 117, 122, 130-1, 133, 145, 151, 153, 162, 165, 167, 179, 196, 199, 201,

203, 207, 209, 211, 213-26, 231-5, 242, 244, 251, 253, 256, 258, 261-2

Lupu, Noam, 108, 256

Madison, James, 24, 41, 117-8

Maia, Marcos, 116

Maia, Rodrigo, 163

malaise (mal-estar), 20-2, 25, 35, 37-8, 52, 98, 104, 109, 111, 141, 228, 234-5, 251-2, 254

Malhotra, Neil, 183

Maluf, Paulo, 58, 104, 136

Manaus (am), 186

Maquiavel, Nicolau, 182

Maravall, José Maria, 128

Marcos, Ferdinand, 136

mdb (Movimento Democrático Brasileiro), 85-6, 89, 102, 185, 197, 215, 218, 222, 232; *ver também* pmdb (Partido do Movimento Democrático Brasileiro)

Medeiros, Amanda, 187-9, 260

Medeiros, Carlos, 254

Mello, Celso de, 148

Melo, Marcus André, 240-1, 245, 248, 251-4, 258-9, 262

Mendes, Gilmar, 176

Meng, Anne, 156, 204

Mensalão, escândalo do, 25, 40, 59, 80, 121, 124, 174, 177, 255

mercado financeiro, 48

mercado político, falhas do, 161, 183

Merkel, Angela, 233

metáfora do sapo na panela, 167, 228

México, 138, 182, 255

Miao, Kenny, 155-6, 257

mídia, 59, 118, 122, 134, 140, 150, 166, 171, 176-7, 205, 244; *ver também* imprensa

Minha formação (Nabuco), 7, 228

Ministério da Defesa, 152

Ministério da Educação, 163, 194

Ministério da Fazenda, 67

Ministério da Justiça, 153, 159

Ministério das Relações Institucionais, 203, 213, 225-6

Ministério do Meio Ambiente, 174

Ministério Público, 19, 32, 65, 79, 83, 85-6, 111, 113, 116, 119-20, 122, 125-6, 171, 175-6, 194

"minuta do golpe", 153

mobilidade social, 56

moedas de troca, 32, 79, 82, 92, 164-6, 196, 200, 202-3, 213, 223-6, 242; *ver também* barganhas; fisiologismo político

Moraes, Alexandre de, 132, 152, 174, 177

Morales, Evo, 154

Morgenstern, Scott, 218

Moro, Sérgio, 130-1, 162, 196

mps (medidas provisórias), 169-70, 199, 222

Muggah, Robert, 147, 257

multipartidarismo, 19, 29-31, 57, 70-1, 156, 168, 196, 205, 220, 222, 229; *ver também* coalizões; presidencialismo de coalizão

muro de Berlim, queda do (1989), 46

Mussolini, Benito, 182, 240

Nabuco, Joaquim, 7, 47, 102, 228

Nascimento, Elmar, 165

Navia, Patricio, 246, 257
Neves, Aécio, 85-6, 161
New York Times, The (jornal), 147, 257
Nicarágua, 172, 181
Nogueira, Ciro, 163
Nordeste brasileiro, 50, 153, 191
North, Douglass, 23, 40
Nova República, 30, 42, 136, 177
Novo (partido brasileiro), 232

O'Donnell, Guillermo, 227, 239, 262
Occupy Wall Street, 55
Odebrecht (empreiteira), 125, 176
Olimpíadas (2016), 50, 53
Operação Impeachment: Dilma Rousseff e o Brasil da Lava Jato (Limongi), 79
opinião pública, 39, 80, 83, 94, 115, 123, 134, 137, 157, 158-9, 179-80, 184, 187, *188*, *192*, 229,-30, 234
Orbán, Viktor, 147, 158
"orçamento secreto", 137, 164, 166-7, 194, 200, 203, 213, 225, 226
Organização Mundial da Saúde, 181
Ortega, Daniel, 181
Osorio, Rodrigo, 246, 257

Países Baixos, 34, 233
pandemia *ver* covid-19, pandemia de
Paraguai, 95, 138
parlamentarismo, 29, 62, 70, 110, 228, 250
Parlamentarismo e presidencialismo na República brasileira (Romero), 60
party brand, 108
Pascoal, Hildebrando, 85
Patriota (partido brasileiro), 232
PCdoB (Partido Comunista do Brasil), 101, 232

PDT (Partido Democrático Trabalhista), 102, 232
"pedaladas fiscais", 87, 90
Pereira, Carlos, 73-4, 187-9, 240-1, 245, 248, 250-6, 258-62
Peréz-Liñán, Aníbal, 63, 64
Peru, 24, 138
pesos e contrapesos, concepção madisoniana de, 24, 41, 148
Petrobras, 49, 53, 89, 92, 116, 253
Petrolão, escândalo do, 87, 100, 137, 160, 177
petróleo, 49-50
PFL (Partido da Frente Liberal), 72
PGR (Procuradoria-Geral da República), 84-6, 212, 221, 253
Piauí, 102
PIB (produto interno bruto), 50-2, 56-7, 73
Pinheiro, Ibsen, 218
PL (Partido Liberal), 89, 101-2, 104, 137, 162, 174, 180, 232
Plano Real, 45-7, 84
PMDB (Partido do Movimento Democrático Brasileiro), 67-8, 72, 75-6, 79, 81-5, 89-92, 100, 105, 253; *ver também* MDB (Movimento Democrático Brasileiro)
Podemos (partido brasileiro), 232
polarização, 16, 20, 30, 45, 63, 78, 133, 140, 155, 179, 190, 192, 215-6, 232, 234, 246-7
Polícia Federal, 32, 85-6, 113, 152-3, 171-2, 174
Polícia Rodoviária Federal, 152, 160
policy switch, 66, 108
políticas públicas, 15, 34-5, 56-7, 72, 78, 110, 139, 149, 178, 219, 223, 229, 243

Polônia, 172

popularidade presidencial, 53, 95-6, 185-6, *189*, *192*, 234

populismo, 14, 48, 102, 137, 139, 146, 148, 154-8, 160-1, 167-8, 171-3, 179, 196, 204-7, 233, 240, 258, 261

Power, Timothy, 77, 161, 214, 225, 249-50, 252-4, 258-9, 261-2

PP (Partido Popular), 68, 79, 81, 89, 102, 105, 163, 195, 218, 232-3

Praça dos Três Poderes (Brasília), 151

pré-sal, descoberta do, 49-50, 52

Presidência da República, 14, 19, 25, 40, 44, 62, 66-7, 74, 83-4, 106, 146, 151, 160, 162, 166, 180, 209, 215-8, 220, 240, 242

presidencialismo, 60, 71, 87, 93, 98; "presidencialismo de transação", 28; bipartidário, 70; de coalizão, 14, 16, 25, 27-8, 30, 42, 44, 71, 94, 97, 108, 110-1, 146, 161, 164-6, 179, 195, 206-7, 221, 234, 241, 249, 254, 261; "equilíbrio do presidente forte", 57, 146, 170; fragmentação partidária e, 103; multipartidário, 13-4, 15, 27, 31, 34-5, 37, 56, 70, 79, 98, 111, 146, 163-4, 180, 195, 201-2, 207, 213-5, 221, 223, 232-3; parlamentarismo versus, 228; "poder pessoal" do presidente, 31; "presidencialismo imperial", 29, 31; semipresidencialismo, 28, 61, 110, 221; *ver também* coalizões

"Presidential Hegemony and Democratic Backsliding in Latin America" (Pérez-Liñán et al.), 172

Primavera Árabe (2011), 55

PRN (Partido da Reconstrução Nacional), 218

propinas, 25, 85, 92, 138, 194

propriedades compradas pela família Bolsonaro, 194

Pros (Partido Republicano da Ordem Social), 76, 100, 232

Przeworski, Adam, 159, 167, 250, 257-8

PSB (Partido Socialista Brasileiro), 232

PSC (Partido Social Cristão), 105, 232

PSD (Partido Social Democrático), 76, 100, 218, 222, 232

PSDB (Partido da Social Democracia Brasileira), 45, 72-3, 75, 79, 83-6, 90-1, 161, 215, 232

PSL (Partido Social Liberal), 160, 180

Psol (Partido Socialismo e Liberdade), 222, 232

PT (Partido dos Trabalhadores), 45, 58-9, 61, 66-8, 70, 72-4, 76, 78-82, 84, 90-2, 99, 101-2, 104-5, 107, 109, 116, 130, 134, 136-7, 161, 169, 179, 191, 197, 216, 218, 232-3, 235, 242-4, 256, 261

PTB (Partido Trabalhista Brasileiro), 68, 81, 89

"Pulso Brasil" (pesquisa da Ipsos), 123

punctuated equilibrium (desequilíbrio descontínuo), 91

Putin, Vladimir, 182

PV (Partido Verde), 101, 232

Ramos, Luís Eduardo, 163

Ramos, Nereu, 115, 254

Reagan, Ronald, 95

realpolitik no Brasil, 79

recursos naturais, maldição dos (*natural resource curse*), 52

Rede (partido brasileiro), 232

redistributivismo, 48

Reeve, Andrew, 183
reforma tributária, 221-3, 230
regime militar *ver* ditadura militar brasileira (1964-85)
Reino Unido, 48, 178, 229-30; *ver também* Inglaterra
República Velha, 29, 42, 172
Republicanos (partido brasileiro), 102, 162, 218, 222, 232-3
resiliência democrática, 20, 54, 93, 124, 152, 156-7, 171, 205
responsabilidade: clareza de, 108, 110, 229; fiscal, 46-7, 51
"Retratos da Sociedade Brasileira – Problemas e Prioridades para 2016" (Confederação Nacional da Indústria), 123
retrocesso democrático (*backsliding*), 146, 155, 157, 168, 172, 204, 239
risco moral (*moral hazard*), 118
Romero, Sílvio, 60, 62
Rosanvallon, Pierre, 21, 23-4, 249
Rossi, Baleia, 185
Rousseff, Dilma, 16, 19-20, 38, 47-8, 52-3, 56, 58, 61, 63, 65-70, 72-5, 79-87, 89-92, 94-6, 107-8, 110-1, 113, 116-7, 156, 165, 196-7, 199-201, 209, 212, 215, 218, 242, 244, 247, 253-4, 258; impeachment de, 61, 79, 83-4, 86, 89, 96, 116-7, 156, 247, 253-4
Rússia, 99, 182; *ver também* União Soviética

Samuels, David, 93, 249, 252
sapo na panela, metáfora do, 167, 228
Sarkozy, Nicolas, 136
Sarney, José, 69, 106-7, 109, 225
saúde pública, 137, 184

Segunda Guerra Mundial, 178
Senado, 31, 61, 88, 92, 116, 151-2, 166, 174, 198, 217-9, 249-50
separação de poderes, 23, 41, 62, 93, 114
Shefter, Martin, 136-7
Shipan, Charles, 126
Shugart, Matthew, 246, 249
Silveira, Daniel, 177
Singh, Shane P., 234, 262
Sinovac BioNTech (laboratório chinês), 190
sistema político brasileiro, 15, 33, 65-6, 171, 234
Skala, Operação, 84
Sociedade Química e Mineira (SQM, Chile), 135
Solidariedade (partido brasileiro), 232
Somoza, Anastasio, 136
Stegmueller, Daniel, 155, 257
STF (Supremo Tribunal Federal), 13, 20-1, 30, 40, 61, 84-5, 87-8, 94, 100, 115, 119, 121-2, 124-5, 129-33, 148, 150-3, 159, 171-7, 182, 184, 186, 196, 202, 213, 221, 226, 245, 250, 254-6, 260; hiperprotagonismo do, 20-1, 129
"Strange Bedfellows" (Singh e Thornton), 235, 262
Suíça, 231
superávit primário, 45, 50, 55
Suprema Corte do Brasil *ver* STF (Supremo Tribunal Federal)
Suprema Corte dos Estados Unidos, 30
Supremo: Entre o direito e a política, O (Arguelhes), 124

TCU (Tribunal de Contas da União), 83, 87, 90, 116, 175, 245, 253, 259

Temer, Michel, 19-20, 38, 44, 63, 69, 75-81, 83-6, 90, 94-6, 107, 110-1, 113, 170, 197, 209, 212, 216, 253

Thatcher, Margaret, 35, 230

Thornton, Judd R., 234, 262

Tocqueville, Alexis de, 22

Toffoli, Dias, 125, 176

toolbox ver "caixa de ferramentas"

Torres, Anderson, 153, 159

trade-offs, 32, 41, 97, 104, 186

transporte público, 50, 56

Trump, Donald, 48, 182, 184, 239, 240, 247

TSE (Tribunal Superior Eleitoral), 40, 59, 94-5, 100, 132, 151, 159, 174, 176, 178, 210, 259

Turcomenistão, 182

Turquia, 55, 155

UKIP (Partido de Independência do Reino Unido, na sigla em inglês), 48

União Brasil (partido), 102, 161, 165, 169, 211, 222, 232, 258

União Soviética, 46, 178; *ver também* Rússia

Unidad Constituyente (partido chileno), 135

urnas eletrônicas, 36, 132, 151, 158, 179, 256; *ver também* eleições

vacinas, 171, 175, 186, 190, 193-4; Coronavac, 171, 190; Covaxin, 194; falsificação do cartão de vacinação de Bolsonaro, 160; Oxford Astra-Zeneca, 190; *ver também* covid-19, pandemia de

Vargas, Getúlio, 114, 136

Vasques, Silvinei, 152, 160

Venezuela, 48, 95, 147, 157, 168, 172, 240

vetos presidenciais, 198, 208

Vieira, Oscar Vilhena, 148

"Voting Weight and Formateur Advantages in the Formation of Coalition Government" (Ansolabehere et al.), 224, 262

voto útil, 235

Weimar, República de, 61, 148

Weintraub, Abraham, 163, 177

Weyland, Kurt, 155-6, 257, 259

WhatsApp, 148, 187

"Who Controls the Agenda Controls the Legislature" (Ali et al.), 217, 262

Why Democracies Develop and Decline (Coppedge et al.), 103, 254, 259

Why Men Rebel (Gurr), 58, 252

"*winner takes all*", sistemas políticos do tipo, 33, 216

Woodward, Bob, 184, 260

World Values Survey, 24

Yeltsin, Boris, 99

Yunes, José, 86

Zambrano, Diego, 122, 255

Ziblatt, David, 147, 240, 257

Zucco, Cesar, 77, 214, 225, 253

ESTA OBRA FOI COMPOSTA PELO ACQUA ESTÚDIO EM MINION E IMPRESSA
EM OFSETE PELA GRÁFICA PAYM SOBRE PAPEL PÓLEN NATURAL
DA SUZANO S.A. PARA A EDITORA SCHWARCZ EM ABRIL DE 2024

A marca FSC® é a garantia de que a madeira utilizada na fabricação do papel deste livro provém de florestas que foram gerenciadas de maneira ambientalmente correta, socialmente justa e economicamente viável, além de outras fontes de origem controlada.